国家社会科学基金重点招标项目"创新创业教育的评价体系和监测研究"成果(批准号：AIA170007)

国家社会科学基金重大招标项目成果
"高校创新创业教育研究"丛书

丛书主编◎黄兆信

新生代创业教育论

Xinshengdai Chuangye Jiaoyulun

黄兆信 等著

中国社会科学出版社

图书在版编目（CIP）数据

新生代创业教育论/黄兆信等著. —北京：中国社会科学出版社，2018.11

ISBN 978-7-5203-2869-2

Ⅰ.①新… Ⅱ.①黄… Ⅲ.①高等学校—创造教育—研究—中国 Ⅳ.①G640

中国版本图书馆 CIP 数据核字（2018）第 165814 号

出 版 人	赵剑英
责任编辑	王　曦
责任校对	孙洪波
责任印制	戴　宽
出　　版	中国社会科学出版社
社　　址	北京鼓楼西大街甲 158 号
邮　　编	100720
网　　址	http://www.csspw.cn
发 行 部	010-84083685
门 市 部	010-84029450
经　　销	新华书店及其他书店
印刷装订	北京君升印刷有限公司
版　　次	2018 年 11 月第 1 版
印　　次	2018 年 11 月第 1 次印刷
开　　本	710×1000　1/16
印　　张	21
插　　页	2
字　　数	351 千字
定　　价	89.00 元

凡购买中国社会科学出版社图书，如有质量问题请与本社营销中心联系调换
电话：010-84083683
版权所有　侵权必究

总　序

2002年我曾经写过一篇短文《高等学校要向学生进行创业教育》，是基于我自1999年高等学校扩大招生以后大学毕业生就业困难而发出的倡议，想说明社会不仅要给大学毕业生提供就业的机会，大学还应该教育学生具备自己创业的意识和技能。2009年我到温州参加他们学校创业教育的课题结项鉴定会，实地参观了他们的创业园，看到学生开的各种公司、创造的产品、经营的状况，感到非常兴奋。今年又一次访问温州，再一次来到他们的创业园，发现他们的创业园不仅规模扩大了，而且在理念上有了更新，从理论和实践上又上了一个台阶。创业教育学院黄兆信院长详细介绍了他们的研究成果和对创业教育的理念，回到北京，又在《新华文摘》上读到转载的黄老师的文章，更加感到他们学校对大学生的创业教育有很深入的研究。

用什么理念来对大学生进行创业教育？是简单地给学生讲授一些创业的知识，还是给学生提供创业的条件，让学生去尝试、体验，毕业以后能够自己创业？黄兆信教授认为，不是那么简单。他认为，"创业是自我实现与自我超越的行为。"因此，"大学教育的目的不仅是传授给学生必要的专业知识和专业技能，更重要的是使大学生更深刻地理解他们所掌握的知识和技能可以改变这个世界，在实现自我价值的同时为社会的发展作出贡献。"我非常同意他的观点，而且受到启发。创业教育不是大学附加的课程，而是大学本质应有之义。大学的本质是求真育人。求真就是追求科学的真理，创造新的知识和思维方式；育人就是培养具有服务国家服务人民的社会责任感、勇于探索的创新精神和善于解决问题的实践能力的人才。这样的人才就是创业的人才，他在创业中就能实现自我价值和不断地自我超越。

要培养这样的人才，大学教育就要改变人才培养模式，深入教育教学改革。在传授知识和技能的过程中，重视创新思维、批判思维的培养。

让学生认识到专业知识和技能的社会价值，认识到自身的价值。同时让学生去实践创业。学生创业园的建设就是很好的学生创业平台。学生在创业园中不仅学习到经营产品的技能，而且培养自我创新的意识和管理企业的能力。

  黄兆信教授带领的团队通过十多年的研究和实践，总结了一套"高校创新创业教育研究"丛书。我虽然未能全部阅读洋洋数十万字的全书，但经过这次在温州与他的交谈，已经感受到他的创业教育的深刻思想和他对创业教育的情怀，因此欣然为他的丛书写下这几句话。

目 录

绪 论 ··· 1

第一章 创新与创业理论阐述 ·· 4

第一节 创业与创新的定义及其发展背景 ······················ 4
第二节 创业教育与创新人才培养的关系 ······················ 5
第三节 创业教育的核心问题 ····································· 7

第二章 当代大学生创业教育研究 ································· 11

第一节 我国高校创业教育面临的困境 ······················ 12
第二节 不同理论视角下高校创业教育的转型发展 ······ 15
第三节 高校创业教育转型发展的策略 ······················ 37
第四节 高校创业教育模式的探索与实践 ··················· 53
第五节 高校创业教育发展模式的探索：以温州大学为例 ··· 56

第三章 "大学生村官"创业的问题与路径 ····················· 75

第一节 "大学生村官"创业的背景与现状 ················· 75
第二节 "大学生村官"创业的研究基础 ···················· 78
第三节 基于温州市"大学生村官"创业活动调查分析 ··· 90
第四节 基于温州地区"大学生村官"创业社会支持资源
　　　　调查分析 ··· 103
第五节 "大学生村官"创业社会支持体系的构建 ······· 108

第四章 新生代农民工创业调查与分析 ························ 120

第一节 新生代农民工创业现状及影响因素分析 ········ 121

第二节　新生代农民工的创业绩效研究 …………………… 146
第三节　新生代农民工创业城市融入研究 ………………… 153
第四节　新生代农民工创业教育的公共政策支持研究 …… 180
第五节　新生代农民工城市创业的职业教育探索 ………… 186

第五章　新生代"创二代"创业的传承与创新 …………… 194

第一节　新生代"创二代"创业的背景与现状 …………… 194
第二节　新生代"创二代"创业概念界定 ………………… 197
第三节　创业者受教育程度与在校表现对创业绩效的影响 …… 199
第四节　浙江省民营企业新生代"创二代"素质能力
　　　　调查分析 ………………………………………… 212
第五节　浙江民营企业新生代"创二代""传承—创新"
　　　　素质拷问 ………………………………………… 228
第六节　浙江省民营企业新生代"创二代""传承—创新"
　　　　策略与建议 ……………………………………… 239

参考文献 …………………………………………………… 253

附　录 ……………………………………………………… 278

绪　论

今天，我们正生活在机遇和挑战并存的时代。创新创业已然成为我国社会各界广泛关注的话题。国务院办公厅下发的《关于发展众创空间，推进大众创新创业的指导意见》（国办发〔2015〕9号）指出："全面落实党的十八大和十八届二中、三中、四中全会精神，按照党中央、国务院决策部署，以营造良好创新创业生态环境为目标，以激发全社会创新创业活力为主线，以构建众创空间等创业服务平台为载体，有效整合资源，集成落实政策，完善服务模式，培育创新文化，加快形成大众创业、万众创新的生动局面"。在社会领域，创新创业人才的培养不再仅仅是口号，而更多地与人才培养目标紧密结合起来。创新创业人才所具备的素养应该包括扎实的理论知识、较强的实践能力、具有创造性的思维和积极探索的精神。随着国家层面全面深化改革、继续扩大开放和创新驱动发展战略的实施，我国迎来了"大众创业""万众创新"的新浪潮。以新生代为主体的"80"后、"90"后青年学生、农民工、"创二代"为代表的"新生代创业群体"逐渐兴起，越来越多的草根群体投身创业，出现了热衷创意、设计、制造，具有创造禀赋的"创客"群体。作为社会创业活动的基础性力量以及"创客"生成的主阵地，社会更应重点培养创新意识和创新精神，建立多层次、立体化的创新创业政策体系，同时有计划有重点地大力开展"创客"运动，从"创客空间"到"创客之城"，以新生代为主体，迎接"创客时代"的来临。

新生代群体的出现表明整个社会分化出现了新问题。美国将1980年以后出生的人称为"Y一代"（Generation Y）（Martinand Tulgan，2001）。"Y一代"是指这样一群人：自信和乐观；自由和目标明确；互联网和电脑是生活中的一部分；他们以"酷"来评价教育；对正直的人另眼相看；以父母为参照，以自我为中心，但不完全听从和效仿；他们处事灵活，头脑机智，有着反驳一切的冲动。即"80"后具有自信、早熟、自我、参与、张扬等个性特征。我国新生代也是指1980年后出生的一批年轻人，作为我国经济社会体制转型过程中的催生群体，已经逐渐引起社会关注。根据学者周石（2009）等学者的观点，我国新生代具有以下群体特点：视野开阔，追求自我实现，竞争意识强，思维独立，具有批判精神；以自我为中心，强调自我感受，情绪化，追求享乐；承受压力的能力不强，很容易产生挫折感，缺乏吃苦耐劳的精神，不踏实。"新生代"群体是我国社会分层加速的产物，这一群体虽然还不能证明其成为独立的阶层，但也对我国社会分层产生了深远的影响，并已经对我国社会发展进程产生了微妙影响。我国"新生代"当中，既有生活环境较为优越的城市"新生代"，也有物质条件相对欠缺的农村"新生代"，因此，在包容性发展的视野下分析这一新生群体具有重要的意义。

国内关于"新生代"的研究多集中于新生代农民工问题的分析和探讨，也推动了政府出台相关文件解决弱势的新生代农民工所面临的紧迫的民生问题。相较而言，新生代城市创业者、大学生和"大学生村官"则较少被关注。在包容性发展的视野下，本书将新生代创业群体界定为新生代创业大学生、新生代创业"大学生村官"、新生代创业农民工、新生代"创二代"创业者。

包容性发展是胡锦涛主席在2009年亚太经合组织第十七次领导人非正式会议上所倡导的，这一理念包含社会公平的基本理念。中国社会阶层结构变迁的两种趋势同时存在：一种趋势是以中产阶层加快崛起为特征；另一种趋势则是社会阶层分化的加剧（陆学艺，2010）。转型中的新生代群体一方面是反映社会垂直流动的程度和平等开放的程度，另一方面则反映的是新一轮的社会分层过程中资源分配的公平性问题。新生代作为一个群体，其内部是存在分层的。其标签背后是由权力、声望、身份、收入、教育机会等影响社会分层的因素作用着分层的原理。而这些因素是由天赋型和自致型资源所决定的。在包容性发展的视角下，根据社会分层的理论，社会中的各个阶层、层界、阶级都应该享有相对平等的机会，全民参与的事业和成果共享的体制。创业能使新生代群体获取相对平等的资源，从而利于推进社会良性发展。那么，从这一角度来看，包容性增长的视野对整个新生代群体创业具有非常重要的意义。

社会职业是社会分工的产物，它在很大程度上左右了人们的收入来源、社会地位、权力大小、价值取向、生活方式和发展机会等很多方面，在某种意义上，职业分层与经济分层、权力分层、声望分层、教育分层等多种分层方法可以统一起来。创业是职业选择的一种方式。已有的关于新生代创业的研究认为创业本身是一种对资源重新整合的过程。在创业过程中，外部环境中资源的易得性、经营成本高低与创业者对未来远景的认知都将影响创业的启动与成败（Bernier，2001）。创业者的社会网络对于机会感知、资源获取亦至关重要（Arenius & Clercq，2005）。布劳和邓肯（Blau & Duncan，1967）在分析代际地位流动时，将个人的地位获得影响因素归纳为两大原因，即以家庭背景为代表的先赋性（Ascription）因素与以个人能力和努力为代表的自致性（Achievement）因素。在包容性发展视野下，新生代群体的创业融合了先赋性资源和自致性资源，促发微观主体为了获取在既定制度中无法实现的潜在利润而实施或推动制度创新（卢现详，1996）。

尽管全社会已经意识到了创新创业的重要性，但是我们长期以来依旧缺乏对创新创业的正确认识。人们通常会狭隘地将它理解为"创办自己的企业或事业"，范围也仅仅局限于自主创业，由此造成的一个实践误区就是在高校中蓬勃开展的创业几乎千篇一律地将培养自主创业者作为其主要目的。文化、价值观、经济政策、个体行为之间复杂的交互作用塑造着创业的内涵、功能与边界。创新创业必须体现的是所在社会关于当今世界发展趋势、人类行为复杂性的认知、区域文化差异性的理解。可以说，创新创业是一种自我实现与自我超越的行为。

转型期的"新生代"现象对我国经济社会发展具有深远影响。界定"新生代"创业现象，剖析其制度根源，导出问题解决模式，并有针对性地提出对策建议，能为政府制定相关的市场、户口、社会保障等制度提供参考，建设和谐社会。有助于促进我国社会阶层流动，消弭阶层差距，实现社会的公平和稳定。本书所研究的新生代群体是在新的社会经济条件下产生的具有典型意义的群体，其内部社会分层的现状，对进一步完善我国社会分层理论体系的研究具有重要意义。因此，本书试图从四个维度：新生代大学生创业、新生代"大学生村官"创业、新生代农民工创业、新生代"创二代"创业，分析其在包容性发展视野下的创业问题与实践策略。

第一章 创新与创业理论阐述

第一节 创业与创新的定义及其发展背景

当前,众多的学者并没有单纯地将"创新"等同于"创造""发明""革新"等社会经济行为。创新是促成社会经济发展的关键性因素之一,同时也是最根本的内生性因素。从动力的来源讲,创新的驱动力来自一大批拥有企业家精神的创业者,他们也随之成为创新过程的主体。创业这一词汇早在数百年前就已出现在经济学文献中,但迄今为止学术界对于创业的本质与概念依然未能达成一致。英语中普遍采用 entrepreneurship 一词来表示这一专业研究术语。

创业者(Entrepreneurship)是一种主导劳动方式的领导人,是一种无中生有的创业现象,是一种需要具有使命、荣誉、责任能力的人,是一种组织、运用服务、技术、器物作业的人,是一种具有思考、推理、判断的人,是一种能使人追随并在追随的过程中获得利益的人,是一种具有完全权利能力和行为能力的人。

创业研究的兴起最早出现于 20 世纪 60 年代末的美国。在过去的 40 多年里,一大批来自管理学、经济学、社会学、心理学等领域的学者对创业的本质、内涵、边界、创业活动对经济的绩效、创业者的人格特质、创业者的社会网络结构等话题进行了持续研究。关于创业的概念,较有代表性的是 Cartner(1990)和 Morris(1998)分别在 1990 年和 1998 年的研究,他们通过对欧美地区创业类核心期刊的文章和教科书中出现的 77 个定义进行词频分析,将创业的内涵总结为:"开创新业务,组建新组织;利用创新这一工具实现各种资源的新组合;通过对潜在机会的挖掘而创造价值"。① 我国学者对于创业概念的认知大体上分为三个层次：狭义的创业概念、次广义的创业概念和广义的创业概念。狭义的创业概念是"创建一个新企业的过程"，次广义的创业概念是"通过企业创造事业的过程"，广义的创业概念则是"创造新的事业的过程"，即所有创造新的事业的过程都是创业。本书认同 Cartner 和 Morris 关于创业概念的界定，同时也认为，创业的本质就是创新，是创新在实践层面的体现。

创业不仅包含了个人创新能力的培养，也要求人们必须具备发现变革趋势并把握机遇的能力、组建有效的创业团队并整合各类资源的能力、打造可持续的创业计划的能力以及抵御风险、解决应激性问题的能力。可以说，与创新这个更为宏观的、注重系统分析的词汇相比，创业是一种更加注重实践性、个体性、多样性的过程。

尽管全社会已经意识到了创新和创业的重要性，但是我们长期以来依旧缺乏对创业及创业教育的正确认识。人们通常会狭隘地将创业理解为"开办自己的企业或事业"，创业的范围也仅仅局限于自主创业，由此造成的一个实践误区就是在高校中蓬勃开展的创业教育几乎千篇一律地将培养自主创业者作为其主要目的。创业教育最初起源于商学院与工程学院，这是一个事实，但这不是全部。对于高校中的创业教育和相应的创业活动来讲，它必须体现所在社会关于当今世界发展趋势、人类行为复杂性的认知、区域文化差异性的理解。可以说，创业是一种自我实现与自我超越的行为。

第二节　创业教育与创新人才培养的关系

创业教育的含义也有狭义和广义之分。从狭义上来说，创业教育是指"培养具有开创性的个人，它对于拿薪水的人同样重要，因为用人机构或个人除了要求雇佣者在事业上有所成就外，正在越来越正视受雇者的首创、冒险精神，创业和独立工作能力以及技术、社交和管理技能。"②

---

① Cartnert, W. B., What Are We Talking About When We Talk About Entrepreneurship? *Entrepreneurship Theory & Practice*, 1990, 18, pp. 15–18.

② 国家教育部高教司：《创业教育在中国——试点与实践》，高等教育出版社 2006 年版。

然而，社会各界学者对创业教育概念内涵的认识仍然存在着分歧与争论，创业教育与其他学科的边界模糊不清，创业教育不仅是教育领域的术语，也是政治和经济领域的术语，创业教育因文化而异且包含了个体与公众不同的价值判断。因此，创业教育的含义也是一个不断演化与进步的过程，它的特征主要体现在以下几个方面：目标的多重性与前瞻性，对象的广泛性，学科边界的模糊性和融合性，教育教学方法的实践性，发展的时代性与开放性等。本书将创业教育界定为：由高等教育机构实施的、旨在培养在校大学生创业意识和创业精神，传授创业知识和创业技能，锻炼创业实践能力的系统性、开放性教育体系。

早在1919年，著名的教育学家陶行知先生就已经将"创造"引入教育领域。他在《第一流的教育家》一文中提出要培养具有"创造精神"和"开辟精神"的人才，这对于"国家富强和民族兴旺具有重要意义"[1]。时至今日，随着知识经济社会的到来，培养创新人才、建设一流大学、提升高等教育对区域社会经济发展的知识基础作用已然成为各国政府的普遍共识。我国先后出台了科教兴国战略、985工程、211工程、《国家中长期教育改革和发展规划纲要（2010—2020）》等一系列旨在促进创新人才培养的发展战略，深刻地影响了高等教育的变革。

大学生的创新能力主要包括了四个方面：①学习的能力，即对主要已有知识及知识源的接触、筛选、吸收、消化；②发现问题的能力，即对已有知识框架结构的漏洞或盲点的发掘以及对知识框架结构的完善，对已有知识框架结构合理性的质疑和重建；③提出解决问题方案的能力；④实践其方案的能力。

从创新人才培养的角度来看，创业教育毫无疑问是实现上述目的的最佳路径。正如前文中所述，创业教育的本质就是以更加实践性、个体性、多样性的方式实现创新人才培养这一目标。高校创业教育的核心在于培养学生的创新思维、创新意识、创新能力。部分学者和知名的企业家认为创业只能是一个自我探索的过程，无法通过教育的方式施加影响。但正如彼得·德鲁克所言，"创业不是魔法，也不是神秘。它与基因没有任何关系。创业是一种训练（discipline），而就像任何训练一样，人们可

---

[1] 张民生：《陶行知的教育思想与实践》，上海音乐出版社2000年版。

以通过学习掌握它"①。部分学者更是直截了当地指出，每个学生身上都在某种程度上存在着可以培养成为创业者的天赋②。

在一个创新驱动的社会中，创业知识的内容可以体现当今社会主流和日常的各种创新模式，以及社会态度、经济政策和法律制度对创造力、冒险精神和创业行为的支持等。因此，创业知识具有综合性的特点。从更广泛意义上来讲，创业教育是体现创新教育的最佳实践路径。对于大学生优化知识结构、适应未来不断创新的社会并实现自我发展具有重要作用。

第三节 创业教育的核心问题

自1947年哈佛商学院开设第一门创业教育的课程以来，众多学者都在持续探索创业教育的理论与实践问题。很多学者认为半个多世纪以来，特别是20世纪80年代以来创业教育迅速发展的驱动力中，经济方面的推动力要远远大于社会结构变革的推动。创业教育首先被认为是解决经济或就业问题的某种手段。它可以通过影响人们的态度、价值观和一般社群文化而达到促进就业的效果。当然，此目的被隐藏在了诸多名义之下，如新创企业、自我就业、工作创造、知识更新、技能发展等，而围绕上述主体的创业教育过程中最为核心的部分，就是如何以各种有效的教学与实践方式培养出成功的创业者。特别是对于转型国家及经济体来讲，它们长期以来的经济运行方式都是以中央集中控制为主，由此使得这些经济体很难适应创业文化的出现，对于创业时代的到来也缺乏有效的治理手段。在此种社会经济制度的安排下，经济资源的短缺、缺乏基本的知识和技能、全社会创业文化的缺失等都成为阻碍创业的因素，而创业教育则起到了融合文化、资源、制度的作用，对于转型期经济整体创业文化的繁荣发挥了基础性作用。

笔者认为，基于对中国高校创业教育发展的现状及趋势判断，创业

---

① Drucker, P. F., *Innovation and Entrepreneurship*. New York: Harper & Row. 1985.
② Gibb, A. A., Enterprise Culture and Education: Understanding Enterprise Education and its Links With Small Business, Entrepreneurship and Wider Educational Goals. *International Small Business Journal*, 1993, 11 (3).

教育面临着五个核心的问题：①创业教育的界定及其目标是什么？②创业教育的类型、内容及其目标群体为何？③创业教育的有效实施包括哪些要素？④创业教育对于区域创业文化的繁荣、经济与社会的转型来讲扮演着何种角色？⑤如何通过创业教育发现那些具有潜力的创业者以及如何评估创业教育的效果？可以说，上述问题构成了高校创业教育转型过程中理论研究与实践发展无法回避的核心问题。

一项持续十年的研究（1985—1994）表明，"大部分的经验研究证实创业是可以通过系统化的教育方式进行传递的"[①]。这也证明了创业教育存在的合理性。创业教育被定义为"作为改变创业态度或者提升个体技能的任何一种教学项目或者教育过程，该过程涉及发展特定的个人素质。因此，创业教育的功能并非迅速形成新的企业"[②]。国外学者认为创业教育包含了四种大的类型：第一种类型是"创业意识唤醒的教育"，其目标在于培养学生对于创业的基本知识以及可能影响目的的态度；第二种类型是"创办企业的教育"，所面对的目标群体一般是那些已经有了创业的基本认知和需要成长为自我雇佣者的人；第三种类型则是"创业动态教育"，聚焦于那些已经是创业者的个体，他们需要在创办企业的阶段之后掌握一些动态的行为；第四种类型是"创业者的持续教育"，通过对创业者创业行为的持续关注，建立一种终身创业教育体系。[③] 从以上研究可以看出，高校创业教育的主要目标群体应该集中于第一种类型和第二种类型，即以"创业唤醒教育"和"创办企业的教育"为主，重在培养学生的创业意识和基本的创业知识。

Hansemark 认为传统教育仅仅是知识与能力的迁移，而创业教育作为一种模式帮助了态度与动机的改变。创业教育的有效实施方式取决于两个更为重要的先决条件：创业文化的塑造和鼓励学生尝试改变的种种制

---

① Gary Gorman, Dennis Hanlon, Wayne King. Some research perspectives on entrepreneurship education, enterprise education and education for small business management: a ten year literature view. *International Small Business Journal*, April – June 1997 vol 15, p. 56.

② Binks M., *Entrepreneurship Education and Integrative Learning*. National Council for Graduate Entrepreneurship Policy Paper, University of Nottingham, 2005.

③ Donald F. Kuratko, *Entrepreneurship education in the 21st century: fromlegitimization to leadership*. A Coleman Foundation White Paper USASBE National Conference, 2004.

度性安排。① 欧盟委员会《通过教育与学习繁荣创业精神》(*Entrepreneurship education in Europe: fostering entrepreneurial mindsets through education and learning*) 的报告将创业教育定义为"个体转换观念到行动的能力，它包括了创造力、问题解决能力和风险承担与管理能力，同时也是为了达成目标进行计划和管理的能力。这一系列的活动支持了社会与个体的成长，使得每个人能够意识到他们工作的社会背景以便更好地把握机遇，为形成社会创业或者商业创业活动奠定基础"。② 2008年欧盟召开的创业教育研讨会也认为创业教育不仅是教授某人如何运营企业的知识，也涵盖了鼓励创造性思维和提升自我价值的手段。透过创业教育，大学生可以掌握一系列的核心能力，这些能力包括：通过产生新的想法和找到所需资源而追寻机遇的能力；创造和运营一个新企业的能力；用创造性的、批判式的方式思考问题的能力③。

创业教育的另外一个问题就是它的有效性如何保障，即一所高校应该通过怎样的组织变革与创新过程，推动创业教育体系的形成与持续发展。要解决这一问题，我们首先需要思考高校创业教育的整体框架，它包括了构成要素及其相互关联、投入与产出分析、环境分析等不同部分。

首先从框架的构成要素来看，基础性要素与保障性要素共同组成了高校创业教育产生与发展的全部内容。基础性要素涵盖了以专门的课程体系、充足的师资供给和完善的创业实践为代表的创业教育基础设施，保障性要素则包括了大学内部的学术创业文化、创业拓展活动、学生—企业的关联强度、大学内部的管理效率等。总体来看，基础性要素是高校开展创业教育的必要条件，它起到了直接促进创业教育的作用。一所高校只有具备了这些基础性要素才能够实施创业教育；而保障性要素则是创业教育能否顺利发展下去的充分条件，高校的治理结构与组织文化、目标与战略、研究与技术商业化的路径、特定的创业基础设施等都影响

---

① Report and Evaluation of the Pilot, *Action High Level Reflection Panels on Entrepreneurship Education initiated by DG Enterprise and Industry and DG Education and Culture. Towards Greater Cooperation and Coherence in Entrepreneurship Education*, March, 2010.

② European Commission. Entrepreneurship education in Europe: fostering entrepreneurial mindsets through education and learning, http://ec.europa.eu/enterprise/policies/sme/promoting-entrepreneurship/education-training-entrepreneurship/policy-framework/2006-conference/.

③ Eurydice report. Entrepreneurship Education at School in Europe: National Strategies, Curricula and Outcomes, http://www.cedefop.europa.eu/en/news/19773.aspx.

到了创业教育的有效性。

从投入与产出的角度来看，高校创业教育的开展其实也是一个为了达到特定目的，投入给定资源，采取一系列探索性和实践性活动的过程。在投入方面，高校对于创业教育适当的教学方式的改革以及额外课程活动的开发、不同院系在学术文化与创业文化之间的认可与平衡、鼓励学生参与创业教育的各项资源等都代表了高校对于创业教育的重视程度。只有当一所高校在投入方面增加了对创业教育这一主题的供给，它的产出才是有意义的。因此，在校大学生的创业实践与毕业生的自主创业活动都是高校创业教育的直接产出，是否能够增加产出，则来源于投入资源的数量和质量。

从环境分析的角度来看，高校创业教育的实施需要考虑更为广阔的背景，将创业教育纳入社会经济变革的需求、国家发展战略以及政府的一系列政策体系之中。创业教育的复杂性就在于其产出的不确定性及无法评估，这种明确的产出的缺乏导致了投入方面明显的多样性。在这种情况之下创业教育的理念与其说是一个问题解决的过程，还不如说是更多的对现有实践的详细的分类过程。国内外一般的研究都指出了政策在推动和影响创业教育方面所起到的作用，比如美国20世纪80年代初的《拜杜法案》对创业教育起到了间接的推动作用。与美国类似，英国近年来也制定了一系列的政策用以鼓励高校的创业活动。因此，未来中国创业教育的研究需要集中于高等教育领域的政策变革是如何推动了创业教育的实施。

第二章　当代大学生创业教育研究

大力推进高等教育综合改革、促进高校毕业生更高质量创业就业，是中国经济结构战略性调整，实现大众创业、万众创新要求的有效途径。尽管高校创业教育在中国走过了二十余载历程，经历了规模由小到大、基础由弱到强、内涵由单一到丰富的发展过程，但整体上仍面临创业教育理念相对滞后、创业教育与专业教育相脱节、方法单一、实践平台短缺、指导帮扶不到位、实效性不强等问题。因此，要进一步深化高校创新创业教育改革，加快以高校创新驱动高等教育内涵发展战略的迫切需要，把高校创新创业教育作为推进高等教育综合改革的突破口，最终形成大众创业、万众创新的生动局面，促进以创业带动就业、建设创新型国家的战略要求。

我国高校创新创业教育始于20世纪末，在国家和高校两个层面上同步运行和发展：第一个阶段是高校自主探索阶段。在这一时期，高校创业教育通过开展创业计划大赛、科技创新活动等形式在小范围内进行具体尝试。1997年教育部指导部分高校开始对创业教育进行了有益探索。第二个阶段是试点阶段。2002年4月，教育部将清华大学、北京航空航天大学、中国人民大学、上海交通大学、西安交通大学、武汉大学、黑龙江大学、南京大学、西北工业大学等九所大学列为创业教育试点高校。2008年教育部通过质量工程项目，又立项建设了30个创业教育人才培养模式创新实验区，扩大了创业教育试点范围。

经过二十多年的实践探索，我国高校创业教育已经形成了一些比较成熟的模式。如清华大学的"创新环"模式、北京航空航天大学创业教育模式、黑龙江大学创业教育的"三创"人才培养模式、温州大学的"以岗位创业人才培养为导向"的创业教育模式等。这些模式为我国开展创业教育积累了经验，有利于我国创业教育的进一步发展。但从整体而言，上述模式还处于发展期，缺乏科学的理论指导，没有形成系统的体系，有待进一步发展和提高。从组织管理方面看，大多数学校还没有形成负责创业教育的专门机构，缺乏专业的管理和研究队伍。从课程和师资方面看，创业教育课程往往以第二课堂、选修课为主，课程的成熟度不高，活动课形式居多，具有很大的可变性和任意性，很容易流于形式。专业的创业教育师资不足，师资水平有待提高。从创业教育的实践层面来看，高校创业教育实践活动多数是大学生创业大赛、科技创新活动等校内的实践活动，校外实践较少，高校创业教育与不同类型社会组织之间的融合度非常欠缺，很难真正起到应有的作用。从创业教育发展模式的多样性来看，我国地域的广阔性、经济社会发展程度的不平衡性以及地域文化的差异性决定了不同层次、不同类型的高校在实施创业教育过程中，必须探索符合自身特色的创业教育模式。从我国未来经济社会的变革趋势来讲，高校创业教育中政府所起到的主导作用，甚至是决定性作用必须加以改变。作为实施创业教育的主体，高校应当走出创业教育的观念误区，建立起鼓励创业的文化，将内源性的制度体系作为支撑创业教育转型发展的支持性力量，建立"高校—市场—社会—政府"各归其位、各负其责的创业教育公共治理体制机制。

第一节 我国高校创业教育面临的困境

（一）传统教育的弊端影响我国高校创业教育的发展与学校整体育人体系的融合

目前，高等教育改革取得了较大的成绩，但传统教育的弊端仍继续存在，在一定时期内还影响着学校教育的方方面面，也影响着大学生创业教育的顺利与有效实施。如学校教学内容陈旧、与实际脱离，教学方式单一，考核评价以知识为导向，忽视能力培养，难以调动起学生的学习兴趣等等。专业教育无疑是实施大学生创业教育极为重要的载体，专业知识也将是大学生创业的资本，但目前的专业教学却无法吸引学生，激起他们学习的欲望和探究的兴趣。学习对更多的学生来说只是为了应付考试或者升学，对一部分思维活跃、富有创业挑战精神的学生来说，这样的学习也更多是一种无奈。在调研中发现，一些高校开展的毕业生创业教育形式多样、内容丰富，但学生毕业后真正创业的人数很少，不到毕业生总数的1%，创业成功的例子更是少数，创业教育的成效不明显。面向全体学生的创业教育，实质上是培养学生创业知识与能力的素质教育，它对学校的人才培养目标、教学方式、教学内容、考核内容与考核方式都提出了新的更高的要求，但传统教育弊端制约着创业教育的有效实施，教育改革势在必行。

我国高校的大学生创业教育还没有成为一种完整的教育理念，没有渗透进学校的指导思想并明确成为学校层面的教育目标；学校既没有系统的创业课程，也没有融入学校的专业教育。创业教育课程内容有限且缺乏系统性与整合性，总体上说，创业教育还基本只局限于第二课堂的（业余教育）地位。创业教育决不能脱离知识教育和专业教育而孤立地进行，因为人的创造性是不能像具体技能和技巧那样教授和传授的，它必须通过现代科学知识和人文知识所内含的文化精神的熏陶和教化才能潜移默化地生成，创业教育不但不排斥知识教育和专业教育，而且必须更深地依赖知识教育和专业教育，关键的问题是如何改革现有的教学内容和教育体制，如何把创业实践活动与知识教育完善地结合起来，并在实践中能有效地贯彻实施。正如有学者所言，创业教育不仅应该从普及着手，而且有必要在高校教程中加以正规化、制度化。

（二）创业教育资源相对缺乏，导致其在理论研究、课程资源、师资力量、评价体系方面存在短板

而我国的创业教育理论研究不够系统，有创见、有深度的理论论著尚不多见，加之对创业教育实践经验总结概括不够，导致理论研究不能够充分发挥对实践的指导作用。高校的创业教育研究也刚刚起步，相关的研究成果也比较少，现有的成果多数是基于宏观层面进行的研究。目前，温州医科大学专门成立创业发展研究院，引进5名博士、教授专门从事创业教育理论和实践研究。温州大学、杭州师范大学、浙江大学城市学院、浙江工贸学院等高校也相继成立了专门研究创业教育的机构，结合本校实际开展创业教育的实践探索，相关理论研究成果还比较有限，所开展的创业教育还主要是经验的探索，缺乏专业化、针对性强的理论指导，因此加强创业教育理论与实践研究是推动创业教育发展的必需。同时，和发达国家相比，由于我国高校创业教育和大学生创业尚处于初始阶段，创业教育理论研究尚未深入，创业教育基础比较薄弱。在国外，创业教育不仅仅局限于大学生，而是从小学、中学到大学的各个阶段都

有比较系统的教育内容①。英、美等国已开发出一些符合国情的、具有较高参考价值和实用性的教材。但在我国，已开设创业教育课程的高校在选择教材上存在较大局限性。在隐性课程方面，目前绝大多数高校更缺乏良好的创业教育氛围。而形成良好的创业教育氛围，实施潜移默化的教育是进行创业教育非常有效的途径。在对 20 所浙江省高校在校学生的调查中，创业氛围与其他创业教育方式相比被排在最为重要的位置，有 75% 左右的学生希望校方能营造更好的创业氛围，这反映出高校在创业教育氛围营造方面的欠缺和学生对此种氛围的需求。

（三）我国高校创业教育师资缺乏、评价体系不够系统和完善

由于创业教育涉及的内容很多，如何培养创业教育师资已经成为制约创业教育向纵深发展的瓶颈之一。但目前对于高校来说，创业教育师资大多不具备创业或投资经历，不熟悉企业的运营管理，自然对于学生创业的指导作用是十分有限的。创业教育需要理论与实践并举的"双师型"师资，但是当前既有一定理论高度又具有丰富创业实践经验的"学者型企业家"或"企业家型学者"十分缺乏②。一方面，高校教师普遍缺乏创业经历；另一方面，成功的创业者普遍缺乏学术背景和授课经验。

从目前情况看，无论学校还是相关职能部门都尚未建立完善的创业教育质量评价体系，因此对于开展创业教育的效果究竟如何也就难以有清晰的认识。调查数据显示，90% 以上的高校虽然开展了创业教育，但是尚未制定完善的教育质量评价体系；而对于参加创业教育的学生的考核，大多数高校采取传统的课程考试的形式，这样往往容易使学生被动地应试，所学知识仅仅局限于书本范围，而缺乏通过创业实践学习、培养更具有可行性的实际创业知识和技能。

（四）大学生创业的外部环境有待进一步改善，摆脱"雷声大、雨点小"的局面

形成一个社会广泛关注的创业教育氛围，实施潜移默化的教育是进行创业教育非常有效的途径。近些年创业教育得到全社会广泛的关注，但是在具体的执行过程中，仍然是"走过场"的居多，创业大学生真正

---

① 徐小洲：《国外中学创业教育》，浙江教育出版社 2010 年版。
② 林娟娟、施永川：《地方大学创业型人才培养的困境与发展策略》，《中国高教研究》2010 年第 9 期。

能享有的实惠屈指可数。

在政策层面，近些年，国家和地方政府相继出台了一些旨在鼓励、指导大学生自主创业的政策，但这些鼓励政策大多缺乏操作层面的实施细则，调查显示，优惠措施在实践中很难落实，大学生创业基本上较难享受到政策的"优惠"，办理贷款、减税业务程序复杂。

在资金层面，大学生创业融资渠道窄，缺少启动资金。大学生的创业资金来源主要有三个：向家长寻求支持、银行贷款和争取风险投资。而对于不少家庭，特别是贫困家庭来说，供子女上大学就已经勉为其难了，更不用说供他们创业了；向银行贷款，大学生难以提供相关的信用担保；国家出台了一些贷款上的政策优惠，但是贷款额度小，贷款期限短（一般为两年），到期确定需要延长的，可申请延期一次。这对于一个要创业的大学生来说也只是杯水车薪。因而，许多优秀的创业计划难以付诸实践。

在社会、家庭层面，社会公众和学生家长对于高校创业教育和大学生自主创业也还存有较多疑虑。大学生创业首先就意味着需要大量的精力、金钱投入，风险系数较大，收入不甚稳定。即使祖辈有成功的从商历史，家长也希望子女能有稳定的工作；从农村考上的大学生，家长更是希望子女有一份体面的工作"光宗耀祖"。社会对于大学生创业的发展性和成功率持较大的怀疑态度。高校提供的数据显示，公务员、事业单位以及国有企业等所谓的"铁饭碗"岗位还是被毕业生作为就业的首选。要进一步发展高校创业教育、鼓励更多的大学生投身创业，需要社会、家庭的大力支持与正确引导。

第二节　不同理论视角下高校创业教育的转型发展

（一）利益相关者视角下高校创业教育的转型发展

自利益相关者这一概念出现以来，已经被广泛应用到了商业、政府、公共部门等不同类型的组织变革分析之中。高校的利益相关者群体涵盖了与高校各项事务相关的组织和个人。近年来，国内外学者展开了大量的理论探讨，从高校利益相关者的内涵与范围界定、高校与利益相关者的互动关系等方面展开了研究。德里克·博克则从组织成长的角度认为高校与外部利益群体之间的合作至关重要，传统的"以自我为中心"或"象牙塔"的学术组织形态已经无法适应现代社会知识生产模式的变化，高校需要建立起不同主体共同参与的模式[1]。罗索夫斯基按照密切程度将高校利益相关者分为了最重要群体、重要群体、部分拥有者和次要群体四个层次，明确界定了不同类型利益相关者的边界和性质[2]。米泰尔的"多维细分法"模型将利益相关者及其组成看作是动态变化的，任何利益相关者的个人或群体在组织发展的不同阶段都可以与其他利益相关者建立联系[3]。另外一些学者则从整体重建的角度考虑整合不同利益群体的需求来实现学校的持续改进。如斯特林·菲尔德在《重建学校的大胆计划：新式美国学校设计》一书中提出了综合设计的概念，其中就强调了需要变革那些影响教育决策和计划的外在系统来进行单个学校之外的运作[4]。纳斯波尔在《纠结在学校》一书中也试图把握并描述学校和社会组织之间多种复杂的、彼此联系的相互影响方式[5]。

在欧美国家创业教育的利益相关者研究与实践领域，创业教育已经走向了开放、互动、去中心化等为特征的社会不同利益群体共同参与的治理模式。美国大学的创业教育也早已经形成了由政府、企业、非政府组织、金融机构、新闻媒体、公众利益群体等不同类型利益群体间的互动合作网络，强调通过构建利益相关者群体间的互动关系网络促进创业教育的发展[6]。这些不同的利益相关者通过积极的参与、有效的沟通、及时的反馈，建立起了彼此之间的互动关系及价值链，从而将高校创业教育的愿景与各利益群体的实际需求相结合，促成了高校创业教育持续性的组织创新与变革，极大地推动了创业教育的繁荣。

---

[1] [美] 德里克·博克：《走出象牙塔——现代大学的社会责任》，浙江教育出版社 2001 年版，第 1—2 页。

[2] [美] 亨利·罗索夫斯基：《美国校园文化——学生、教授、管理》，山东人民出版社 1996 年版。

[3] Mitchell, Toward a theory of stakeholder identification and salience: Defining the principle of who and what really counts. *Academy of Management Review*, 1997, 22 (4): 853 – 886.

[4] [美] 斯特林·菲尔德：《重建学校的大胆计划：新式美国学校设计》，窦卫霖译，华东师范大学出版社 2003 年版。

[5] 钱贵晴、刘文利：《创新教育概论》，北京师范大学出版社 2009 年版。

[6] Czuchry A., Yasun M., Gonzales M., Effective Entrepreneur Education: A Framework for Innovation and Implementation, *Journal of Entrepreneurship Educaiton*, 2004, 7 (2), pp. 39 – 56.

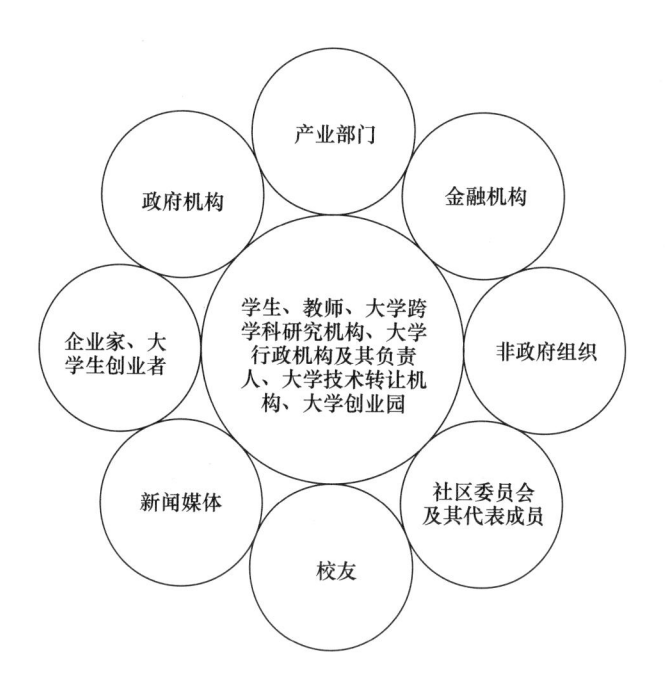

图 2-1 创业教育的利益相关者群体

资料来源：Mitchell, Toward a theory of stakeholder identification and salience: Defining the principle of who and what really counts. *Academy of Management Review*, 1997, 22 (4): 853-886。

从国内外的理论研究到相关政策，可以看出创业活动在国民经济中的作用越来越明显。创业教育对于提升创业者创业精神和创业技能，从而提高创业成功率也具有积极意义。实际上，发达国家创业教育的运行开始越来越多地关注广泛利益相关者，包括社区、中小企业、服务机构、创业者、毕业校友等。换言之，创业教育成功的基础在于全社会的广泛参与、各利益群体的协调沟通、不同组织机构的互动学习。

1999 年 1 月教育部公布了《面向 21 世纪教育振兴行动计划》，指出"加强对教师和学生的创业教育，采取措施，鼓励他们创办高新技术产业"[1]。2012 年党的十八大报告中也提出了要"促进创业带动就业"，《国家中长期教育改革和发展规划纲要（2010—2020）》中也明确指出要"加强就业创业教育和就业指导服务，创立高校与科研院所、行业、企业联

---

[1] 《面向 21 世纪教育振兴行动计划》，http://www.moe.gov.cn/publicfiles/business/html-files/moe/moe_177/200407/2487.html。

合培养人才的新机制"①。

但是，国内大部分创业教育模式更多关注高校与企业及企业家的合作而忽略了其他社会组织的参与作用，社会力量参与创业教育的广度和深度都有待加强。相对于近年来我国创业教育研究的兴起，现有研究并没有就利益相关者参与模式进行详细阐述，更没有就社会全面参与的创业教育模式进行理论探讨和模型构建。

政府和高校对创业活动寄予很高的缓解就业压力期望，希望通过引导更多大学毕业生通过自主创业，在解决自身就业问题的同时创造更多的就业岗位。在解决就业问题的高期望值下，中国高校创业教育的成果却并不令人满意，数据显示，国内大学毕业生选择创业的不到1%，在有的重点大学，每年有三四千毕业生，创业的只有寥寥几人或十几人，这与高校轰轰烈烈开展的创业教育很不相称②。据调查结果显示，全国大学生创业率只有2%左右，即使在成功的大学生创业案例中也往往存在企业成长性差、长效发展难等问题③。一个关键因素就是目前高校创业教育仍然处于封闭运行的环境中，缺乏对外部环境的开放性，全社会共同参与高校创业教育的氛围尚不明显。

创业教育是一项复杂的工程，绝非高校自身所能完成。创业教育应该是大学、政府部门、地方教育机构、企业家、非政府组织等社会各界的共同责任。大部分创业教育领域的研究更多的是从高校自身的维度出发探讨创业教育的模式与推进策略，需要借鉴发达国家的经验，以更广阔的视角来看待创业教育，着力构建创业教育机制——高校、政府和企业等各方力量之间分工合理、良性互动，最终形成全社会参与的高度开放性创业教育模式。创业教育需要包括学校、企业等社会各界人士的共同努力，通过校内资源与校外资源的整合才能实现。但是现有研究还依然停留在经验总结与介绍的阶段，对于高校创业教育的动态发展过程缺乏研究。从我国高校创业教育的研究与实践来看，我们亟须从理论层面将利益相关者的分析纳入高校创业教育的分析框架，通过理论研究和实

---

① 《国家中长期教育改革和发展规划纲要（2010—2020年）》，http://www.moe.edu.cn/publicfiles/business/htmlfiles/moe/moe_838/201008/93704.html。

② 徐小洲、梅伟惠：《高校创业教育的战略选择：美国模式与欧盟模式》，《高等教育研究》2010年第6期。

③ 赵红路：《对高校创新创业教育的若干思考》，《现代教育科学》2009年第7期。

证研究分析高校创业教育过程中各利益相关者的互动、激励与协调，以及由此带来的高校组织创新与变革、治理结构创新等方面的问题。

（二）创业型大学视角下高校教育的转型发展

1. 什么是创业型大学？

早在1998年，联合国教科文组织发布的《21世纪的高等教育：展望与行动》报告书中就提到："所有具有远见的高等教育机构应该在确定自己的使命时牢记这样一种愿景（broader vision），即建立起我们这个时代可称之为'进取性大学'（Proactive University）的新型大学。"[①] 联合国的这份报告发布之时正是互联网初现端倪、欧美等国经济结构从后工业时代转向信息时代的阶段。在种种来源于外部环境刺激和压力之下，世界各发达国家的大学逐步远离传统的"象牙塔"这种结构稳定、学术文化占据主导地位的形象，转向了以"积极进取""承担风险""社会合作""创新思考"为主要标签的形象。随之而来的则是不同类型的大学在文化理念和组织结构方面产生了实质性的变革：从组织架构来讲，更加扁平化、开放式、跨学科的大学治理结构替代了传统的以学术体系为核心组建的高校管理结构，高校与外部世界之间的关系不再是那样的泾渭分明，它们需要对环境的细微改变做出及时反应；高校更加注重研发创新和技术转让活动，积极地在市场上寻找有利于大学知识生产和扩散的渠道，各种附属于大学的知识产权机构和大学研究区也已经成为大学最为核心的部门之一；高校需要更多地从外部获取资源，因此它必须加强与其他社会组织，特别是产业部门之间的联系，各种大学与产业部门之间建立的合作研发中心见证了这一趋势。

亨利·埃兹科维茨教授是较早开展对创业型大学研究的学者之一。在一系列的研究结果中，他将创业型大学定义为"经常得到政府政策鼓励的大学及其组成人员，对从知识中获取资金日益增强的兴趣正在使学术机构在精神实质上更接近于公司，公司的这种组织形式对于知识的兴趣也总是与经济的应用紧密相连"[②]。可以看出，创业型大学一个鲜明的特征就是对知识生产结果商业化扩散拥有极大兴趣，与传统的、偏重学

---

① 向春：《创业型大学的理论与实践》，《高等工程教育研究》2008年第4期。

② Etzkowitz H. et al., The future of the university and the university of the future: evolution of ivory tower to entrepreneurial paradigm. *Research Policy*, 2000 (29), pp. 313 – 330.

术探究的高等教育机构不同，创业型大学在重视科学研究和各种发明创造的同时，也要求大学必须为这些创新的成果最终转化为满足人类各种精神和物质需求的创新产品而做出努力。伯顿·克拉克就将创业型大学描述为"凭它自己的力量，积极地探索在如何干好它的事业中创新。它寻求在组织上的特性做出实质性的转变，以便为将来取得更有前途的态势"[1]。因此，创业型大学具有更加强烈的创业精神和强大的将创新研究成果转化为创新产品的能力，科研转化能力、团队合作精神、跨学科研究的程度、应对外界环境变化和资源获取的能力、教学与研究的实践导向等构成了创业型大学有别于传统大学的最明显差别。

2. 创业型大学的组织要素

与传统大学相比，创业型大学在观念和行为上发生了巨大的变化，其中最为明显的就是在大学内部组织制度和发展动力机制上的变革。伯顿·克拉克对欧洲五所创业型大学的比较研究发现，一个创业型大学必然包含五种组织要素：

第一，创业型大学具有强有力的领导核心[2]。无论是美国历史悠久、享誉世界的常春藤名校，还是欧洲国家那些传统的以学术探究为使命的大学，它们在治理结构上长期以来都保持着一种分散式、基层决策的特点。大学的领导层十分缺乏对于学校整体发展的战略和资源整合的能力，无论是学术独立还是大学自治，都明显抵制某种中央权威对大学理想和理念的侵蚀。但是伴随着20世纪80年代以来新自由主义的兴起以及随之而来的新公共管理运动对于各国决策层的影响，大学逐渐失去了稳固的资金来源和政府的支持。在这种背景之下，大学所面临的问题的复杂性不断增强，原有的治理结构已经无法面对迅速变化的世界的冲击，它们迫切需要更加有效的治理能力。虽然少数处于优势地位的旗舰大学或者精英大学能够继续维系良好的运转，但是对于大部分中间层的大学来讲，如何提升自己的治理能力，发展出强有力的领导核心，整合不同资源来维持自己的生存和发展，就成为摆在诸多高校面前的一个问题。因此，对于创业型大学来说，它们需要非常强有力的领导核心，这种领导核心

---

[1] [美]伯顿·克拉克：《建立创业型大学：组织上转型的途径》，王承绪译，人民教育出版社2000年版。

[2] 同上。

能够整合校内校外的资源，树立和推动创业文化的发展。

第二，大量的扩展机构①。创业型大学除了有传统的负责学术、科研和教学的机构之外，还拥有着大批跨越大学的边界，与外部组织之间建立各种互动合作关系的机构。这些机构的使命就是为创业型大学寻找足够的外部资源以维持它的运转。总体来看，这类机构的形式大体分为两类：一类是专业化的校外连接组织，它们包括了校友会、知识产权管理机构，主要从事与产业部门之间的合作关系建立、大学师生的技术转让和知识产权活动、咨询和服务、资金筹集、社会服务等；另一类则是各种跨学科研究机构或项目，这种跨学科研究机构将不同学科之间的知识结构与资源结构有机整合在一起，超越了传统的学术界限，鼓励不同知识背景的教师和学生在问题解决过程中的合作、激励、协调。

第三，多元化的经费来源②。与传统的大学经费来源主要依靠校友捐赠和政府拨款不同，创业型大学的经费来源更加的广阔，也更加重视通过市场的手段建立起支持大学长期发展的稳定经费来源机制。因此，创业型大学非常热衷于利用教师和学生的创业活动所带来的其他回报、教师的技术转让和知识产权开发以及相应的服务等形式获取足够的发展资金。又鉴于近年来欧美各国对于高等学校资金支持力度逐年减弱，我们可以看出创业型大学所建立的资金来源多元化对其稳固发展所具有的重要意义。

第四，激活的学术中心地带③。所谓学术中心地带，是一所大学运行的基础——科研机构和教学组织。这包括了传统的以学科为中心建立起来的院—系结构，以及新成立的各种跨学科研究中心。上述机构承担着人才培养、科学研究、服务社会的多重使命，也是大学最主要的功能。由于各种新组织形式的机构出现以及大学经费来源的多元化，大学的变革呈现出了强烈的不均衡态势，这造成了那些更加容易接近市场的机构，如工程、信息技术、医学等方面的院系和研究中心更为容易获得主动特

---

① ［美］伯顿·克拉克：《建立创业型大学：组织上转型的途径》，王承绪译，人民教育出版社2000年版。
② 同上。
③ 同上。

性。这就形成了部分学者所认为的非对称收敛状况[1]。

第五，整合的创业文化[2]。创业型大学具有一种弥漫整个校园、以追求创新为使命的文化。与传统大学在历史文化的积淀过程中形成的文化不同，创业型大学更像是一个教育组织与企业组织的结合体。它追求对于未知事物的各种探索和科学研究活动，但是它并不将其作为自身的唯一使命，它需要形成一系列的理念、文化、制度来推动上述科学研究结果的最终实现——这一实现过程更多的则是依赖商业组织所具有的种种特性，如对市场环境的及时反应、对社会需求的趋势研判和准确把握、对资源的有效利用、与市场合作者的协同等过程。综上所述，创业型大学的校园文化带有一种混合体的特质，它发端于大学因某种压力而进行的组织变革或创新，随后成长为支持大学发展的核心理念，最终成为整个校园的文化或灵魂。这种文化自我发展与形塑的过程来源于对实践的不断反思以及观念和实践之间的交互影响。

3. 创业型大学视野下创业教育的转型发展

（1）创业教育转型的边界

伯顿·克拉克认为创业型大学具有三个特征：大学自身作为一个组织具有创业性；大学的成员一定程度上能变成创业者；大学与周围环境的互动遵循创业模式[3]。大学的每一次变革都伴随着外部环境的急剧变动。随着全球化进程的加剧以及科技革命的影响，现代大学的社会职能发生了转变，大学的传统职能是学术权力领域的重要参与者，而现在所承担的社会职能更多是在知识的生产和运用之间充当重要调节器。在大学职能向调节器转换的过程中，产业部门、独立研究机构和个体科研工作者都成为新知识的生产者，甚至政府机构也成为新知识的生产者。因此大学已不再垄断知识生产，其他非大学领域如工业实验室、研究中心、智囊团和咨询机构等也具备知识生产的能力。开放性成为新时代知识生产过程的基本特点，由于知识生产垄断地位的失去，大学与产业部门、独立研究机构、政府之间的关系演变为竞争、交易、合作以及学习，体

---

[1] Hacket. E., Science as a vocation in the 1990s: the changing organizational culture of academic science. *Journal of Higher Education*, 1990, 61 (3), pp. 247 – 279.

[2] ［美］伯顿·克拉克：《建立创业型大学：组织上转型的途径》，王承绪译，人民教育出版社2000年版。

[3] 同上。

现了"后现代"工业文明中的知识生产从一维走向多元的时代特征。这也为大学创业生态的出现奠定了基础，以大学为载体进行的创业教育与各种创业活动成为世界各发达国家创业型大学的战略核心。如麻省理工学院就形成了将校内的创业课程、出版物、科研与创业项目和研究中心、学生社团等与创业有关的资源紧密联系在一起，形成了大学发展过程中的一个新的变革力量——创业型大学。

在创业型大学的发展浪潮中，创业教育必然也面临着深刻的转型。其中关于创业教育的组成要素及其功能结构方面还存在着大量需要研究的问题。从大学创业教育未来转型发展的基本特征来看，应该是以创业型大学为基础，涵盖所在区域，将大学创业相关的所有资源进行整合、以建立大学与区域范围内各要素间以创业为导向的关联的、共生演进相互依存的生态系统。大学创业教育如果仅仅是将大学作为研究的自然边界，而很少涉及将他们作为一个整体与地区创业生态系统的关系，那么我们很难讲这种创业教育能够成为创业型大学的主要特征。

（2）创业教育转型发展的要素条件

在创业型大学发展方兴未艾的时代背景下，我们首先需要厘定高校创业教育的构成要素，在对这些要素进行分类和梳理的基础上，明确高校创业教育转型发展的方向，推动创业教育在实践层面的革新。

一般来讲，高校创业教育由内源性要素、基础性要素和发展性要素构成，它们彼此之间构成了由内向外、逐层扩展的格局，保证了创业教育的内涵发展与外延发展的和谐统一。从系统论的观点来看，如同自然界生态系统的内部机制一样，大学校园各种要素如精神文化、制度文化、物质文化和行为文化等之间相互依存、相互制约，通过各要素之间的张力保持一个相对均衡的生态秩序，从而达到系统内部的平衡。回顾大学发展历史，就可以看出自大学产生以来，任何阶段或任何形态的大学理念变革都会有特定的大学文化生态系统。这样一种文化是促进大学创业生态系统要素成长的最重要的内源性要素。当大学变革来临时，原有的文化生态的稳定性将会被打破，其合理的部分被保留、吸收，并逐渐形成新的文化生态系统范式，及创造性的毁灭，而这也是创新的本质。

从大学创业教育的内源性要素来看，具有创业精神的历史传统及其办学理念毫无疑问构成了推动创业教育发生发展的文化核心，它也是构成整个创业型大学的精神内核，制约着一系列的制度、物质和行为等文化要素的发展，是内在地起作用的决定因素。这种开放、多元、包容的文化支持了高校师生的学术创业活动，保证了创业文化在高校校园中的孕育、创业教学与创业实践的开展，形成了一种规范化的约束机制，使整个高校创业教育始终围绕这个核心在运转，使学校内部在创业方面所投入的资源、物质和制度能够不偏离核心理念。此外，当我们看到麻省理工学院和斯坦福大学所坚持的那种教育为现实世界服务的实用主义，坚守自己的办学理念并形成了学术创业的规范制度之时，我们更加认为一所高校创业教育转型发展的第一要务必须是形成创业教育方面独特的精神文化、物质文化和制度文化并将三者高度统一。在文化外显的过程中，高校还应该将这种文化特征生活化、具体化，在整个校园中体现这种创业文化的传承、内化与更新，在长期的历史流变过程中坚守高校的创业文化和创业理念，在知识的生产、传播、应用的循环过程中，形成了创新思想和创业活动的支撑体系，促使创新思想和创业活动的不断涌现，在此种氛围之中的师生群体则成为新思想和新事业不竭的源泉。

如果说内源性要素是高校创业教育转型发展的核心，那么居于外围的则是基础性要素，它包括了行政管理机构如创业教育指导委员会、创业教育教学委员会、专职副校长及相应的行政机构、技术转移中心、知识产权办公室、产业—大学合作研究中心、开展创业教育和创业活动的实质性机构如创业园、科技园、国家实验室、工程研究中心、创业企业孵化器等。不同类型和功能的机构共同组成了高校创业教育的生态系统，如加州大学洛杉矶分校的副校长认为："创业是一种思考的方式，包括改变、冒险、竞争和将一个好主意变成现实的不确定性。我们需要在灵活、个性的大学制度中创造创业文化，我们正在建立的 UCLA 创业生态系统将会培养高效、透明、推动创造和创新的文化。"[1]

从功能来讲，这些不同机构和部门承担了创业教育的计划、组织、协调、反馈等功能，保证了一所高校创业文化和理念在实践层面的实现和持续发展。首先，高校的行政管理机构必须要有推动创业教育发展的共识，这种共识除了体现在理念层面，还应该在具体的战略层面和执行层面得到体现。

发展性要素与内源性要素和基础性要素相比，更多的是以一种促进

---

[1] 周兆农：《美国创业教育对我国高等教育的启示》，《科研管理》2008 年第 12 期。

创业教育发展的内部循环形式产生,包括了创业教育的课程体系、创业教学管理体系、专业化师资队伍、跨院系交流的创业计划和创业联盟;为学生建立不同学科、不同专业之间创业合作的网络。

(三) 生态系统视角下创业教育的转型发展

1. 组织生态学与创业教育的互涉

创业教育的生态系统观是在组织生态学的基础之上,将创业教育实施过程中的各种因子看作是彼此之间具有一定关联性的有机整体,并认为以高校为主体的创业教育生态系统需要在系统内部各因子之间、系统与外界环境之间进行稳定的能量交换,而这些能量则在生态系统中不断循环,促进系统的自我发展与完善[1]。

高校创业教育的主要目的在于激发学生的创业精神、培养学生的创业知识、提升学生的创业技能,它与一般创业活动的最大不同在于前者是以人才培养为导向,而后者则是以价值创造为导向。因此,创业教育生态系统的内涵、要素、结构及其功能边界具有自身独特的逻辑:从构成要素来讲,创业教育的生态系统涵盖了高校、研究机构、政府、企业、风险投资机构等多种因子,但是又以高校作为其中的核心因子;从功能结构来讲,高校创业教育的生态系统更加强调创业文化的培育及大学生创业技能的提升,承载着大学生个体成长与高等教育培养目标之间有机融合的功能;从运行机制来讲,创业教育生态系统的内部和外部因素都对创业教育起着激励、制约、调控等作用,影响着创业教育的发展、延续和自我完善。因此,知识流动机制、耦合关联机制、价值交换机制、平衡调节机制对于创业教育生态系统的运行起着重要的作用。

2. 创业教育生态系统的特征

(1) 创业生态系统的各因子之间是一种有生命力的组织活动

高校创业教育生态系统的萌芽最初来源于外部环境的压力,进而引致高等教育体系内部发生的种种变革诉求。在一系列旨在提高大学生就业率、缓解大学毕业生就业困难的政策推动之下,创业教育在世界各国的高等教育机构中占据了愈加重要的位置。当然,中美两国创业教育的兴起在源头上具有显著的差异。中国高校的创业教育一直以来就是一个外

---

[1] Luísa Carvalho Creating an entrepreneurship ecosystem inhigher education, http://www.prweb.com/releases/prwebCurveballLtd2012/CyprusEntrepreneurship/prweb10132564.htm.

表 2-1　　　　　　　生态学视域下的创业教育生态系统

生态学视域中的生态系统		创业教育生态系统	
研究对象	定义	研究对象	定义
物种	具有相同基因型的生物个体	大学生	具备创新精神和创业意愿的学生个体或团队
种群	同一地域中，同物种个体所组成的复合体	创业种群	单个创业实体的群聚
群落	同一地域中，生物群落和非生物群落所组成的复合体	创业群落	不同的创业种群聚集在一个特定区域内
生产者	构成食物链上的第一级营养层次的可进行光合作用的绿色植物或化能合成的细菌	高等教育机构	开展创业教育、培育创业者的知识型组织
消费者	以其他生物为食的各种动物	消费者	消化或吸收创业成果的组织或个人
食物链	生态系统中不同生物之间在能量关系中形成的网络关系	创业链	由不同创业种群的知识流、信息流转换所形成的网络关系
环境	生物个体与族群生活的特定区域	创业环境	影响创业活动的外部环境，如公共政策、法律制度、产权制度、基础设施等
信息传递	生态系统内部信息的流动与转移	知识与信息流	知识、信息、资源在创业教育生态系统中的流动
协作	种群为适应环境而进行的合作活动	创业协作	—

部推动的过程，其目标和功能始终被认定为解决大学生就业难等一系列现实性的问题。就美国高校来讲，20 世纪 80 年代以来的高等教育市场化发展浪潮中，少数教师和学生需要从无到有地尝试与创业教育相关的课程、教学等方面的改革，这可以看作是高校创业教育生态系统的孕育期；当创业教育在大学的少数院系取得成功之后，就开始扩散到大学的各个层面并形成了全校性创业教育的浪潮。在这一过程中，创业教育的发展得到了来自学校层面的有力支持，关于创业的理念也渗透到了一所大学的组织、制度、文化之中，从而使大学逐步转型为"创业型大学"。这个阶段的高校创业教育生态系统已经得到了扩展，其推动因子也涵盖了大学的各个层面，可以被认为是创业生态系统的种子期；随着大学创业教

育的进一步演化,大学开始注重与外部环境之间建立稳定长期的创业合作关系,从外部环境中汲取必要的有形或无形资源。这一阶段高校创业教育进入发展期;最终,高校开始有意识地从战略层面重新思考创业的本质,将创业教育与学生的全面发展融合在一起,创业也真正内化为一所大学的精神,成为大学创新人才培养的主要途径,大学与外部环境之间建立起了稳定的资源整合与信息交换系统,高校创业教育的生态系统也进入了成熟期。

(2) 创业教育的生态系统的发展过程遵循着相互依存、共生演进的原则

创业教育生态系统是一个由内源性要素、发展性要素、支持性要素等不同要素组成的复杂系统。在它自然形成与发展的每一个阶段中,无论是大学内部的学术机构之间抑或是学术机构与行政力量之间,甚至包括了高校与以产业部门、研究机构、政府机构、社会组织等为代表的外部要素之间,都存在着相互依存、开放合作、共生演进的密切联系。培育个体创新创业能力、发展区域创业型经济的目标成为该系统内不同因子之间的共同使命。在这样的背景之下,大学与外部环境建立起了全面的合作,大学创业教育的生态系统如同生物体一般不断地从外部汲取知识、信息、资源等要素,丰富并扩展了大学的创业教育与创业活动,而生态系统内的其他因子也通过大学这一知识中心获取了自身成长所需要的营养,彼此之间的良性互动促使生态系统有序健康的运行,最终使得创业教育的生态系统循环往复地发展。

(3) 创业教育生态系统的形成有赖于一定的创业环境

广义的创业环境包含了影响一定区域内创业活动的所有内外部资源和环境。创业环境则指的是以一所或多所高校为核心、围绕高校创业教育的发展,旨在为不同要素的整合创造各种必要条件的外部空间[①]。创业环境是高校开展创业教育、推动创业实践、高校与其他创业教育的利益相关者之间建立合作网络的活动空间,它决定着高校创业教育生态系统的初始状态、存在条件、运行机制和发展方向。创业环境的开放性、动态平衡性、循环递归性等特征决定了不同高校之间创业教育生态系统的差异。以斯坦福大学、麻省理工学院、德克萨斯大学奥斯丁分校、剑桥

---

① 刘林青等:《创业型大学的创业生态系统初探》,《高等教育研究》2009 年第 3 期。

大学等为代表的世界一流大学在近年来的发展过程中都形成了以这些大学为核心的区域创业生态系统，而一个良好的创业环境是这些高校创业教育生态系统能够健康发展的重要因素。高校创业教育生态系统需要一个稳定有序的外部环境，这取决于高校所在区域的政治、经济、文化、制度等要素对于创业的理解和支持，但是高校并非被动地回应外部环境的变化，它也在通过自身的变革努力地适应这一过程，如同生态系统中生物体与生态环境之间的交互作用一样，高校也在直接或间接地塑造着创业环境，这就形成了高校创业教育与创业环境之间相互依存的关系。

3. 生态系统观下高校创业教育的转型发展

在生态系统观之下，高校创业教育的转型发展需要从整体的角度来进行思考，如何整合系统内部的资源、如何充分发挥系统内部不同要素之间的耦合作用，保持创业教育生态系统对外部环境的开放性，对于创业教育未来的发展具有十分重要的意义。

首先，生态系统中最为核心的应当属于每一个具有独特生命力和无限可能性的个体。同样的，在高校创业教育未来的转型发展中借鉴生态系统的观念，每一名大学生都应当是该生态系统中最为核心的要素。创业教育应当回归到从个体生命成长的角度出发，将维系和促进每一个学生创业意识的觉醒、创业精神的培养作为创业教育最为根本的任务，而创业教育生态系统的发展与运行过程中要素间的协同也必须是以为学生提供服务作为主导。

其次，高校应当从观念、组织和制度的不同层面真正转型为创业型大学，将创业作为一所高校的核心理念，培育以鼓励创业为主体的大学文化，将高校的内部变革与创业教育、创业活动的实践结合在一起。

再次，从系统的观点出发，以营造创业教育生态系统的内外环境为主，重视内部各要素与环境之间的关联，重视大学创业教育与创业活动之间的融合。特别是要重视培养大学生的创业意识和创业激情，为大学生的创业实践创设良好的内环境。高校创业教育生态系统的演进过程必须是一个自下而上和自上而下相结合的过程，高校要从政策、制度、资源等各方面对创业进行扶持，更重要的是推动生态系统中每一个个体自由、自然地成长。

最后，就高校内部而言，除了要有鼓励创业的文化、协调激励的组织变革、生态系统中各要素的融合，还应该加强不同要素之间的连接点。

比如建立起学生创业联盟、创业网络、区域范围内的大学—产业—个体之间开放合作的创业平台，注重资源之间的流动，从而形成集群发展的优势。

（四）内创业理论视角下我国高校创业教育的转型发展

1. 内创业者及其特质

内创业理论（intrapreneurship）最早是由美国学者 Pinchot 在其 1985 年出版的著作《创新者与企业革命》中提出，其核心是研究如何在大的、已建立的组织内进行创业活动。该理论把内创业者定义为"能够在现行公司体制内，发挥创业精神和革新能力，敢冒风险来促成公司新事物的产生，从而使公司获得利益的管理者"。这里的管理者并不仅仅指企业创立者本人，更多的是指企业的中层管理人员。他们处于企业最高拥有者和基层之间的结合部，是企业革新的中坚力量。"内创业"理论一经提出，即在学术界引起广泛讨论，学者们对此有不同的界定。一部分学者从资源约束的角度给出内创业的定义：Vesper（1989）提出"内创业就是在企业内部打破常规约束，寻求机会做新的项目"[1]，Stevenson 和 Jarillo（1990）指出："内创业是指组织内部成员不顾当前控制的资源而去努力追求创业机会的过程"[2]。另一些学者则认为内创业是目标驱动下去创造新事物的过程，是公司创业精神的一种体现（Carrier, 1994[3]；Herriot, et al., 1997[4]；Antoncic & Hisrich, 2001[5]）。本书更倾向于强调内创业活动是公司内部创业意识和创新精神的一种释放，它不仅促使企业内新业务领域的产生，而且也包括其他的创新活动或导向，如新产品、服务、技术、管理技能的开发，新战略的形成等，这些内创业活动的成功实施，能对企业发展起到强有力的推动作用。

内创业活动往往能激发企业内的创新活力，使企业具有高度的竞争

---

[1] 袁登华：《内创业者及其培育》，《商业研究》2003 年第 12 期。

[2] Stevenson H. H., JarilloJ. C., A Paradigm of Entrepreneurship: Entrepreneurial Management. *Strategy Management Journal*, 1990, (11): 17 – 27.

[3] Carrier C., Intrapreneurship in Lager Firms and SMEs: A Comparative Study. *International Small Business Journal*, 1994, 12 (3): 54 – 61.

[4] Herriot P., Manning W. E. G., Kidd J. M., The Content of the Psychological Contract. *British Journal of Management*, 1997, (8): 151 – 162.

[5] Antoncic B., Hisrich R. D., Intrapreneurship: Construct Refinement and Cross – cultural Validation. *Journal of Business Venturing*, 2001, (16): 495 – 527.

力。日本松下公司是实施内创业活动的典范。该公司自 2000 年起就开始建立员工创业的激励机制，拿出高达 100 亿日元成立"松下创业基金"（Panasonic Spin Up Fund），每年进行三次员工创业计划征集活动，激励员工尝试创新活动。同时，该项计划更是鼓励员工创建与松下业务相关的独立公司，由松下公司入股 51% 以上。如果以后事业进展顺利，可通过股票上市或者从松下公司购回股份获得回报。即使创业失败，松下公司也允许其 5 年内再回公司工作。这一举措是松下公司得以长期保持高度创新活力的重要因素。

内创业活动能帮助陷入发展瓶颈的企业脱离困境。中国巨人网络有限公司是一家知名的网络游戏企业。但由于运营游戏单一，公司在经历飞跃式发展后，于 2008 年遇到了发展瓶颈。公司果断做出战略调整：新游戏的开发决策不再"由上自下"推行，而是鼓励基层团队提出开发新游戏的方案，由公司对其提供资金、技术和运营推广支持。同时承诺盈利团队可获得最高 20% 的利润分成。若运营良好，可将该新项目拆分为新公司，由母公司入股 51%—80%，该团队可技术入股。这一鼓励企业员工进行内创业活动的决策，在 2 年内就获得了巨大回报，巨人公司的主营游戏从原来的 2 个增加到 5 个，另有 5 个游戏正在筹备上线，公司的营业收入增长率也恢复到了其黄金时期的水平。

众多的理论研究和实践经验都表明，内创业活动对企业发展乃至社会经济的增长能起到相当有效的推动作用。但若要对内创业活动有更深入的理解，我们必须先深入了解内创业活动实施主体——内创业者的特质。

创业者往往为追求利润机会而对消费者的需求进行创新性的满足，在此过程中不断寻求资源，并加以合理利用。因此，创业者的思维通常是：根据机会寻找资源，并将创新性贯穿于该过程之中。

而管理者的思维方式通常是：如果我拥有什么资源，将能干成什么事？因此，相对于创业者的机会驱动型而言，管理者更多的是资源驱动型，他们的目标就是将手头有限资源的利用率最大化。换个角度讲，创业者是在企业外部形成的，而管理者是在已经创立的企业中才拥有的。

内创业者既具有创业者的特质，也具有一般管理者的特质。"管理学之父"彼得？德鲁克（Peter F. Drucker）在其著作《创新与企业家精神》一书中把企业内部具有创新意识和创新精神的管理者称之为企业家型的管理者，即我们所说的内创业者。表2-2对内创业者、创业者和一般管理者的部分特征进行了比较，以便我们能进一步了解内创业者的特质。

从表2-2我们可以看出，内创业者的活动是建立在既有组织内部，并在一定程度上受到政策、行业规则以及企业规章等制度的限定。首先，内创业者不能像创业者一样享有充分的自主决策权，其创新行为要取得所在企业的认可。其次，由于是企业内部的革新者，其创新行为可能会挑战企业现存的组织秩序，这将阻碍内创业者能力的施展。虽然内创业者在进行创新活动中会有以上困难，但相对于创业者来说，其优势也是明显的。首先，内创业者的资源基础是坚实的，通过合理利用资源，能将把握住的机会较为便利地转换为现实，其成功的可能性更高；其次，内创业者所承担的风险较小，其冒险行为会在企业所能承受的范围内进行，即使失败，大部分风险也由企业与其共同承担；最后，内创业者的专注性要高于创业者，创业者要兼顾企业创立的各种事项，而内创业者不

表2-2　　内创业者、创业者和一般管理者的部分特征比较

特征	一般管理者	创业者	内创业者
主要目标	维持良好的企业秩序，保持正常的运转	创造新的机会，创立企业，获得利润	利用企业内的资源，从事创新活动，获得奖励和晋升机会
组织结构	依赖于企业的组织结构和规章制度	创立自己的企业结构和规范	建立在企业内部，一定程度上受到组织和规章的约束
关注焦点	主要是企业内部的事件	主要是技术和市场定位	兼顾企业内外的事情：向企业传递市场的要求，并关注顾客的要求
行动方式	根据授权实施行动，大量精力用于监管和报告	直接行动	在授权的基础上行动，注重创新性
技能	通常受过商学院教育；使用抽象的管理工具、人员管理和政治技巧	具有比管理或政治技能更大的商务洞察力，具有较好的统筹能力	统筹能力要求低于创业者，但往往在某方面具有技术专长
风险承受	风险较小	承受极大的风险，一旦失败，很难东山再起	有一定的风险，由企业与其一同承担

用面面俱到，只要将所设定的创新目标完成即可，在此过程中，还可以调用各种既有的资源。一般情况下，内创业者主要具有以下几个特质：

第一，创新精神。

内创业者不愿墨守成规，对待事物具有批判精神，并在批判的基础上进行创新活动。即使当前从事的是简单的、机械式重复的劳动，他们也会想尽办法进行创新，将其变成富有挑战性的高效率工作，并把攻克难关当成一种乐趣。

第二，自主工作和持续学习的能力。

内创业者一般都拥有鲜明的个性，有自己的观点和工作方式，具有较强的独立工作能力，能够设法解决工作中碰到的棘手问题。同时，他们不愿受到刻板的工作形式和物化条件的约束，强调工作中的自我引导，倾向于拥有一个自主的工作环境以及宽松的组织氛围。此外，随着企业的发展、知识的进步，内创业者所掌握的知识会在激烈的竞争中逐渐老化。为了确保其所从事的创新活动成功，内创业者必须有持续、迅速学习各种新知识的能力。

第三，相应的专业特长。

只有拥有一技之长，企业的基层员工才能拥有核心竞争力，才有较大可能进入企业的管理层，成为一名内创业者。因此，内创业者不仅仅只是简单的管理者，其内涵必须是某一方面的专业人才，并在此基础上进行创新活动。

第四，强烈的成就动机。

内创业者的创业动机大部分来自对事业成功的强烈追求，这正是他们不满足于一般管理工作的原因。McClelland 研究发现，具有强烈成就动机的人更愿意承担富有开创性的工作，敢于在工作中做出自己的决策[①]。内创业者的强烈成就动机，促使其甘冒事业失败的风险，去接受富有挑战性和创造性的工作，旨在从促进企业的成长中实现自我价值，并期望得到社会认可。

当然，我们应该清楚地认识到，拥有以上特质的人员仅仅是成为内创业者的必要条件而非充分条件，内创业者的培养是一个双向的、长期的过程。除了具备以上的个人特质外，其成功与否还受到外界因素的影

---

① [美]彼得·德鲁克：《创新与企业家精神》，上海人民出版社 2002 年版。

响,诸如企业的规章制度、奖励机制、创新氛围等。

2. 内创业理论视角下我国高校创业教育的转型发展

内创业者对企业的发展具有举足轻重的作用,员工的创新活力已成为当代企业竞争力比拼的一个决定性因素[1]。企业要不断超越、发展,很大程度上必须依靠其自身源源不断的创新能力。然而企业的创新不仅仅是企业家的事。同样,一个社会生产力的进步也不能仅指望有源源不断的创业者去创办新企业来实现。德鲁克曾明确指出:把创新和企业家精神的焦点局限在创业者身上就过分狭隘了,如果创办新企业是创新的主要或唯一中心,那么社会就不可能持续发展。在产业饱和度较高的社会中,让现存企业保持充沛的活力和良好的发展势头,在某种意义上比创造更多新的企业更加重要。因此,为既存的企业培育和输送内创业者具有深远的意义。

高校的创业教育是培养创新型人才的重要途径,对社会发展起到不可估量的作用。然而,如果高校创业教育的人才培养目标是以经济管理领域的创业者为指向,旨在培养出能够创造更多工作岗位的企业家,使他们成为自谋职业、创业致富的社会成员,这就过于狭隘,也是不切实际的。内创业者的培养为高校的创业教育提供了一条新思路:高校应着重培养学生的创业意识和创新精神,让学生先尝试以"就业者"的身份融入企业,凭借自身过硬的专业技能和创新意识,在几年的时间内逐渐进入企业的管理层,进而在企业内部率领团队进行创新改革,成为企业不可或缺的一部分。这样的人员,往往是企业内部创业意识和创新精神的最佳体现者,将来还可能是企业重要部门的领导者甚至是最佳 CEO 人选,成为企业可持续发展的一支重要力量[2]。要培养内创业者,高校的创业教育应从以下几个方面着手。

第一,多层级推进创业教育课程建设,注重培养大学生创新精神和自主学习能力。

高校的创业教育是建立在素质教育和创新教育基础上的一种新的教学模式,其教学目标不是对大学生创业实训技能进行锻炼,而是重在培

---

[1] 戚振江、赵映振:《公司创业的要素、形式、策略及研究趋势》,《科学研究》2003 年第 12 期。

[2] Brazeal D. V., Managing an Entrepreneurial Organization Environment. *Journal of Business Research*, 1996, 35 (1): 55-67.

养大学生的创业意识和创新精神。内创业者的培养思路提醒我们，不能把实施创业教育作为解决高校毕业生就业问题的权宜之计，创业教育应成为当前高校创新型人才培养的重要突破口，必须定位在提升高校毕业生就业层面的战略高度。

基于此，笔者认为创业教育课程的建设应该是根据大学生学习阶段的变化而不断调整、进阶的过程。创新创业意识的养成应从大学一年级就开始进行引导，一些发掘学生创业意识和创新精神的课程（如《大学生KAB创业基础》），是当前较为合适的选择。这个时期的创业教育基础课程应该在面上铺开，让全校学生都能接触。在高年级的创业教育课程中，要减少讲授型课程的教学，增加学生自身主导的探索性课程，注重对其自主学习能力、全局化视野的培养和提升。可以考虑从专业领域内的企业生命周期视角出发，讨论企业在成长和成熟过程中的创新需求，使学生从企业的内部识别创新机会。课程可结合案例分析、分组模拟、专题讲座、企业考察等多种形式。值得注意的是，这些课程的设置，不应过多地站在成功企业家、创业者的角度，以免让学生产生疏远感，要更多地站在企业中层管理人员的立场，以中层人员如何在企业中从事创新活动为切入点，辅以务实的操作经验介绍，让学生有更加深刻的理解和共鸣。在条件允许时，高校甚至可以根据专业岗位创业的特点，为大学生制定本专业领域的终身学习计划，强化其终身学习、持续学习的能力。此类计划一般应与有企业创新经验的管理者联手开发，并提供创业教育实践课程平台，使创业教育从理论到实践形成一个完整的课程体系。

第二，将创业教育融入专业教育，培养有一技之长的创新型人才。

内创业者的特质要求其必须是具有一技之长的创新型人才。这一特点提醒高校的创业教育应当走与专业学科相融合的路线，这有助于科学、工程等专业的学生在自身专业领域中锻炼创新意识和领导才能，在当前迅速变化的社会环境和激烈的竞争中获得成功[1]。美国的许多高校在近几年已经开始这样的尝试，在非商学专业中，如农业、机械、环境科学、艺术等专业中整合创业课程[2]。

---

[1] Merrifield D. B., Intrapreneurial Corporate Renewal. *Journal of Business Venturing*, 1993, 8(5): 383-389.

[2] 黄兆信：《高校创业教育如何实现跨越式发展》，《中国教育报》2011年3月15日。

创业教育融入专业教育，并不是简单地将某些管理学、经济学类的课程移植到其他专业院系，而是要结合专业特色，从面到点，有针对性地进行创业教育的引导。值得一提的是，在进行此类的课程改革时，要避免盲目地将创业教育与任何专业都进行融合。应该根据高校自身情况，有选择地开展，特别是选择具有一定技术背景的专业（譬如电子信息、机械、建筑等应用性较强的工科类专业）进行先期的试点，从点到面逐渐展开。

长期以来，国内高校大部分专业课程从结构到内容，都是通过公式化的模仿和改造而得来的，多数院校专业课都具有类似的课程安排和教授形式，而千篇一律的教学内容必然会带来课程认知上的局限性。学生在学习这些专业课时，也难免变成被动接受、一味模仿，缺乏主动思考与创新。长此以往的结果是学生基础知识扎实，但知识面相对较窄，专业应用能力较低，解决实际问题的能力、创新能力、沟通能力等综合能力差，多数成为平凡的就业者，在人才市场上缺乏竞争力。

因此，要培养有竞争力的创新型人才，必须对固有的专业培养模式进行改革，突出专业培养特色，以增强学生获取知识的能力、解决问题的能力及创新能力为核心，精心设计和构建培养创新人才所需要的"能力主导型"课程体系。新课程可以"X+创业""X+创业管理"等形式命名，一般由院系专业教师单独授课，或由专业教师与商科教师合作授课。该路径不是简单地对商科的创业课程进行移植，而是在结合院系各类专业人才培养目标的基础上，开发相应的创业课程体系。创业教育与专业教育的渗透和融合是一个互相促进的过程。就创业教育而言，创业教育不但不排斥知识教育和专业教育，而且必须更深地依赖后者。创新能力的培养不应是"另起炉灶"、自成一套，游离于学科课程之外，而应依托于对学科教学过程的"重构"。国外的大学已经有这方面的尝试并取得了一定的成功，如美国康奈尔大学以跨学科教育为培养创新型人才的主要方法，成立了"创业精神和个人创业项目"（EPE），统一协调和指导全校的创业教育活动，在此过程中尤其注重创业课程与专业的紧密结合，开设了诸如"创业精神与化学工程""设计者的创业精神"等课程[1]。爱荷华大学的表演艺术系与创业中心合作，开设了表演艺术创业

---

[1] 黄兆信、曾尔雷、施永川：《美国创业教育中的合作：理念、模式及其启示》，《高等教育研究》2010年第4期。

班，要求学生至少修满20个学时的艺术创业类课程①。在国内，作为R&D活动的主要承担者，研究型大学非常注重产学研结合，对学生的教导中也突显教育—研究—经济一体化的特点，以大学科技园、孵化器为载体，培养学生与高水平科研能力相结合的创新实践、企业管理能力，以期能产生一批成果转化型的创业大学生群体。作为培养应用型人才的生力军，部分地方高校也已经开始将创业教育融入专业课程的教学改革。以温州大学为例，该校的电子信息专业，除了专业知识的教学外，尝试将与低压电器行业有关的创新课程引入高年级的课程（温州低压电器行业占有全国约60%的市场份额），结合当前低压电器的行业情况，将该行业的管理模式、营销方法和技术创新方向以专业选修课的方式对学生进行开放，使学生谙熟企业之道。此类教学改革给学生传输了一个明确的信息，即在一个行业发展已相当成熟的情况下，作为大学生创业者，可以就业者的身份加入到已存在的企业中，并期望在一段时间后以管理者的身份在企业中进行创新活动，甚至可以在积累丰富经验后再出来创业。这种教学改革，是培养内创业者的一种积极探索。

第三，构建合理的师资结构，注重对专业教师创新创业意识的引导。

当前国内大多数高校都已意识到创业教育师资培养的重要性。创业教育师资培养的初衷源于完成创业教育基础课程的教学任务②，此类师资一般参加过创业教育师资培训班，如国际劳工组织和团中央共同举办的"大学生KAB创业基础师资培训班"、教育部和劳动保障部举办的"高校教师SYB师资培训班"、教育部举办的"全国高校创业教育骨干教师培训班"等。通过培训初步具备了一定的理论知识和创新创业意识，能通过互动式教学在一定程度上引导学生的创新创业意识从而达到该层次创业教育的教学目标，不足之处在于缺乏相关的专业背景、实际创业或企业管理经验。

内创业者的培养则对师资架构提出了更高要求：它需要高校建设一支既具有专业背景，能从事学术研究，又具有创新创业意识，能够将创业元素融入专业实践和专业研究的"双师型"师资队伍。学校应该积极

---

① Katzja, The Chronology and Intellectual Trajectory of American Entrepreneurship Education. *Journal of Business Ventyring*, 2003, 18 (2): 283 – 300.

② 梅伟惠：《美国高校创业教育模式研究》，《比较教育研究》2008年第5期。

创造条件鼓励专业教师参加相关行业的企业咨询、企业管理以及各种行业内创新创业的研究活动，丰富其管理实践经验，使专业教师对本专业领域内的创业创新情况、发展趋势以及社会需求变化有良好的洞察和融合能力，提高其在专业授课中对学生创新意识和创业能力的引导和教学作用。

除此之外，高校还需积极创设良好的环境激励专业师资参与创业教育教学。一方面，出台相关政策鼓励和引导专业师资对创业教育教学的支持，促使教师和研究人员站在创业教育的角度重新审视本学科的研究、教学视角和方法，并能以创业教育为平台开展不同学科之间的交流和合作。例如美国的"考夫曼校园计划"鼓励专业教师去引导学生将创业精神融入大学生活，并提供数额不菲的教学资助；美国康奈尔大学设立了"克拉克奖"，每年都对在创业教育方面做出重大贡献的教师进行奖励。另一方面，完善硬件设施，搭建专业创业实践平台，帮助专业教师将创新意识和激情付诸实践。如可以建立教师研究室、专业实验室和创业实践基地三角架构，分别模拟企业的研发中心、测试中心和营销中心，其管理机制也可参照企业化运作模式，从而帮助学生更早体验企业管理的角色，更好地将创新创业意识融入其中，而专业教师也能在教学中不断探索企业运作模式，开阔视野，更新观念。

当然，高校也可以借鉴创业教育发展较为成熟的欧美名校的做法，聘请一些既有实际管理工作经验，又有一定管理理论修养的企业家、中层管理者、风险投资家或政府工作人员等，与本校教师合作开设专业创业课程，并形成长期的合作关系。这种形式可以让学生得到深入指导，其教学方式也比单一的"一课一师"教学更为有效和全面，能对创业教育教学水平起到明显的提升作用；更有意义的是，高校能够通过这种资源整合方式，有效缓解创业师资不足的现状。

第三节　高校创业教育转型发展的策略

（一）创业教育理念的转型

从 1947 年美国哈佛大学首次在商学院开设创业教育课程，到 1953 年纽约大学开设由彼得·德鲁克任主讲教授的创业教育讲座，再到 1968 年百森学院第一次引入创业教育学士学位,创业教育已经从当年的商学院、工程学院扩展到了大学的各个领域。今天,创业教育不仅成为欧美大学商学院课程体系中的重要组成部分,它也开始延伸到大学的其他学院。创业教育与专业教育之间的融合趋势愈发明显,如何将创业教育有效地融入专业教育过程之中,在培养大学生专业知识的同时融入创业的理念、知识与技能,使大学生成为既懂专业知识又有一定创业能力的复合型创新人才,已经是当前欧美大学本科课程改革中增长趋势最为明显的主题。美国的大学在过去三十年中,正式的创业教育项目已经从1975年的104个增加到了2012年的超过600个[1]。在这一过程中,大学内部也改变了对于创业教育的传统认知,特别是自20世纪80年代《拜杜法案》通过之后,美国的大学鼓励教师和学生以技术转移的形式,将各种创新性的研究成果转化为实际价值。创业教育的开展不仅有效地改变了大学生对于创业的传统认知,更重要的是,那些选修至少两门创业类课程的学生与未选修此类课程的学生相比,具有更加强烈的创业意愿,也具有较高的创业成功率[2]。

通识教育和专业教育是各国大学教育中最为重要的两个组成部分。前者关注学生作为一个有责任的人和公民的生活需要,后者则给予学生某种专业领域的知识或某种职业能力的训练。对于通识教育来讲,创业教育的跨学科性有利于学生接触、理解、吸收和转化不同学科领域的知识。创业教育为大学的通识教育提供了一种可以将理论学习与实践探索相结合的路径,不同学科的一般性知识与文化价值、社会体系、经济政策、法律制度以及塑造人类行为的各种活动紧密地联系在了一起。以美国创业教育课程的基本设计为例,大部分创业教育课程设计的初衷都是面向大学的所有学生,通过创业教育来探索和解释当代核心文化价值是如何在人类行为的广阔领域中得到释放或表达,这些文化、经济、法律、制度等多个领域所存在的多元性与差异性又是如何综合起来构成了人类社会的复杂行为。从这个意义上来讲,大学创业教育完全可以以一种更加有效、更容易被学生接受的方式促进通识教育的发展。

大学专业教育的细分及其培养目标的专一性最初来源于西方工业化

---

[1] Yukio Miyata, An empirical analysis of innovative activity of universities in the United States. *Research Policy*. 2010 (4): 317 – 331.

[2] Shikha Chaturvedi, Pallavi Mishra. Entrepreneurship Education: an Innovation Whose time has come. *Gyanodaya*, 2009, 12 (1): 17 – 25.

时代"标准化、可复制、大批量生产、质量控制"等特征在教育领域的反映。在今天的时代里，社会经济发展的驱动力已经不再依靠生产要素的数量增加，而是大量的富有创造力、更具个性表达的个体。大学的专业教育需要更多地考虑每一个学生的个性特征与学习需求，学生在针对某一个特定学科或领域的学习过程中，也将融入其他相近学科的知识，专业教育也需要增强对不断变化的外部环境的反应，培养目标、课程体系、教学方式、评价方式也需要通过变革以适应知识经济时代对于创新人才的定义。创业教育的跨学科性与实践性恰恰可以整合上述离散的专业知识和学科领域。创业教育与专业教育之间的融合使学生"在针对某一专业领域的知识学习和技能掌握过程中，形成了更为广阔领域的教育经验。批判性思维、逻辑思考能力、领导力、团队合作精神、信息素养、必要的金融知识等在这个时代生存所必需的能力都可以通过专业教育和创业教育之间的融合而得以加强，这种贯穿大学四年的教育方式会使学生在未来的生活和职业发展中受益匪浅"。

作为一种"生成性教育"，创业教育与历史、社会、人文等其他学科的区别在于它在实践过程中创造了自身的教育目标、教育内容和教育方式，参与创业教育的主体在这一过程中进一步丰富和完善了创业教育。纵观欧美各国高校的创业教育模式，我们很难找到放之四海而皆准的创业教育模式，每一所高校的创业教育的开展都是根据这所大学的历史、文化、教育理念、所在区域的社会经济发展水平等多种因素相适应的。

（二）创业教育的实施路径

创业与管理之间具有较大的差异，甚至在某种程度上来讲，二者是一种分离的关系。对于创业来讲，更多的是基于驱动，是考验创业者追寻机遇和把握机遇的能力；而管理的过程更多的是强调资源的整合与利用，是一种资源驱动的过程。二者本质上的差异决定了创业教育的哲学与传统商学院管理课程的哲学是迥然不同的。美国的一些创业教育领先大学的研究表明，现存创业教育的课程首先需要将创业教育的哲学与创业的哲学相对应，创业教育需要的是培养大学生对各种潜在机遇的敏感性和把握能力[①]。因此，创业教育的一系列教学方式需要发生变革，对于

---

① Solomon, Duffy, The state of entrepreneur education in the United States: A nationwide survey and analysis. *International Journal of Entrepreneurship Education*, 2002 (1), 65-86.

大学生创业意识的培养应该高于具体的创业技术，从而成为高校创业教育的核心内容。创业教育的核心目标与传统的商业管理的教育是截然不同的。个体创业的行为与管理一个企业的行为之间存在着巨大的差异：创业教育必须包括协调、领导力、新产品开发、创造性思维、技术创新的扩散等多种技能，但更为重要的是具备以下品质：将创业作为职业生涯的首选、寻找风险资本的能力、源源不断的新创意和新想法、成功的野心、富有个性的表达。显而易见的是，上述品质才是区分创业者与管理者最主要的指标，而创业教育的目标毫无疑问应当是通过各种手段激发每一名大学生的这些潜在品质。

从创业教育的教学方式来讲，它更注重多样性和实践性。创业计划书、在校期间的创业实践、与有经验的创业者之间的交流与咨询、模拟运营、案例讨论与分析、创业论坛等都是创业教育的教学方式所应该关注的。在辐射模式之下，创业教育的教学更加需要考虑跨学科项目的形式，利用教师和学生背景的多元性形成有效的教学，创业教育中的跨学科项目对于培养非商学院学生的创业意识和创业能力来讲，具有更加显著的作用。

从哲学来看，大部分学者认为目前高校所信奉的创业教育哲学是非确定性的。作为一门多学科的教育过程，高校创业教育面临的主要挑战是：①教学范式需要从提供指令转向提供学习，强调学生必须全程参与到教学过程中并激活学习的环境，将各种有效信息通过合作与建构的方式传递给学生；②创业教育的内容涉及经济学、社会学、管理学、心理学等多学科知识，如何在实施过程中将传统的社会科学的不同观点糅合在一起；③创业教育所需要弘扬的是富含冒险精神与探索精神的创业文化，这种文化如何与大学传统的思辨的、形而上的、偏重理论和规范性较强的文化相融合；④创业教育是基于每一个个体为中心的模式，造成现有的战略目标是给个体传授一般的教育使其知道如何成为创业者而忽略了其他必要的知识与技能元素的培养。因此，变革的路径从哲学角度来看，首先应该加速创业教育从教学范式向学习范式转型，大学需要转变其角色，成为学生创业的孵化器，通过提供资源和建立起与产业部门之间的合作关系，为学生提供真实世界的经验。其次，大学的知识学习需要继续变革，从"生产""绩效"转向"停顿""反思"。大学需要为学生提供足够的空间和时间，使学生能够从自身获得经验中，对自己的专业和知识的身份进行反思，这种反思必须是持续的和有意义的。最后，大学需要引入"探索—所有权—问责"制度，从一开始，学生就需要独立探索属于他们自身的知识、根据兴趣来选择创业。

从政策的维度来看，许多高校从学科结构、课程设置和教师资源等方面考虑，往往将商学院看作是实施创业教育的理想基地。但实际上，传统商学院并不利于创业教育的开展，有学者的研究就发现，"不在少数的商学院所传授给学生的恰好是创业的反面。他们教你去华尔街工作、教你必要的知识和技能——但是所有的这些努力都是在将你从成为一名创业者的道路上向相反方向推动，他们所教给你的只是华尔街希望你做正确的事情。实际上，商学院教你的是如何为某个人或某个组织工作，而不是为自己工作"。因此，高校创业教育应当是在全校范围内首先进行创业文化的培育和激励，利用不同的政策体系激励全校的创业活动，培育每个学生的金融素养、对商业的理解、进行人格养成，通过间接的政策而非直接的政策来培育这种文化。美国很多高校都设立了跨学科的创业中心，鼓励不同学科的学生参与进来，吸引工程专业、计算机专业、人文、艺术和其他社会学科的学生组成不同的创业小组。相应的评价方式也要发生变化，高校要适应跨学科领域的发展，要求持续性的和频繁的调整，大学要发展出建立学习型组织的政策。在管理方面，大学应该更加灵活，包括创业实践教席、客座教授、利益相关者群体的参与等多种形式。

从教学的维度来看，一直有人怀疑创业是否能够被教育。创业教育的教学中有三个问题始终是需要处理的：第一，其他学科的教师如何教授创业？第二，传统商业形态的工作是否向学生展示了创业？第三，教师对于创业本质的理解和认知是如何影响他们的教学范式？对于第一个问题来讲，传统的大学教育更加注重理论的教学，大部分创业教育主导的教学方式却是案例分析、模拟经营、项目参与，这些内容与传统教育是不一样的。教师应该以学习为中心传授创业。也就是发展学生解决问题和把握机遇的能力。更进一步来讲，传授创业知识的一条途径是通过非传统方式，让学生大量参与其中，学生可以在实践过程中通过反馈、冲突、差异、协调、合作学会创业。此外，学生与教师、学生与学生、学生与教学内容之间的三大互动也是支持创业教育的重要手段。

(三) 创业课程体系的构建

根据十多年来高校开展创业教育的经验，创业教育课程受到大学生普遍欢迎。但受诸多因素影响，创业教育课程体系在构建过程中存在许多问题。目前，我国多数高校的创业教育课程模块只是一些零散的公共选修课，创业教育的重点大多放在实践操作层面，忽视完整的创业课程建设①。甚至一些高校把创业教育视为第二课堂实践活动。此外，国内高校也缺乏权威统一的创业教育教材，大部分教材由国外翻译而来。事实上，简单移植国外教材并不适合我国学生使用。有些本土教材也只是将零散的创业活动实践稍加整理而已，缺乏科学的理论分析，并不具备普遍性的指导意义。因此，面对良莠不齐的创业教育课程，有必要构建科学合理的创业教育课程体系。

课程体系积极作用的发挥离不开合理的课程目标、课程内容及课程结构的支撑。笔者认为，高校创业教育课程体系的构建必须解决好三个核心问题：课程体系的目标是什么？如何选择课程内容？如何整合这些课程资源？

1. 目标定位：共性目标与个性目标分层定位

课程体系的构建与实施，主要围绕培养什么样的人才、如何培养人才以及如何达到高校培养目标要求来展开。因此，课程体系的构建应以高校人才培养目标为基本依据和最终目的。一般认为，创业教育的目标（培养规格、要求）是指创业教育最终成果的规格和要求，是创业教育课程及评价的基本依据和中心，是创业教育选择教育内容、确定教育方法、组合教育措施的出发点和归宿②。结合对创业教育目标的理解，根据泰勒提出的"目标源"理论以及教育目标筛选原则，我们认为高校创业教育课程体系的目标应从共性目标和个性目标两个层面加以定位。

第一个层面应定位于提高学生整体素质，其核心是培养大学生的创业意识和创业心理品质，即创业教育课程体系的共性目标。具体来说是强化全体学生创业意识、丰富学生创业知识、提高学生创业能力和技能、培养学生创业心理品质为重点的创业基本素质教育。高校创业教育并非

---

① 黄兆信、曾尔雷、施永川：《美国创业教育中的合作理念、模式及其启示》，《高等教育研究》2010年第4期。

② 彭刚：《创业教育学》，江苏教育出版社1995年版，第86—87页。

教育每个大学生都当创业者，而是注重创业意识的培养和创业精神的熏陶，满足学生对创业理论和创业技能的学习要求，以适应知识经济时代对人才的需求。据布鲁姆的教育目标分类学理论，又可将创业教育课程体系的共性目标分为认知目标、情感目标和操作技能目标三个层次。在认知目标方面，要求学生领会、理解、掌握、运用创业课程的核心知识点。在情感目标方面，培养学生对创业教育课程的兴趣，以及成功创业者所需的各种品质和素养，如独立思考、诚实守信、团结合作等。在操作技能目标方面，能够综合运用规划、决策、生产、管理、评价、反馈等知识，独立完成创业设计，解决实际问题，包括识别和评估市场机会、制订创业计划书、获取资源、创新组织管理等能力。

第二个层面应定位于培养学生具有创业实践能力为核心的创业能力，即创业教育课程体系的个性目标。在创业实践中，创业能力是影响活动方式、效率和结果的直接因素。创业能力包括专业职业能力、经营能力和综合性能力。因此，对于不同类别的学生，创业教育课程体系的目标要求不应"一视同仁"。应该善于发现那些创业欲望强烈且具有创业才能或创业实力的学生，培养他们的创业技能，为他们提供资金支持和技术咨询，支持创业项目的后续发展。

2. 内容整合：三种课程形态有机整合

课程内容是实现课程目标的载体。按照现代课程论的思想，课程的形态有多种划分方法。结合创业教育的特点，我们把课程划分为理论课与实践课、基础课程与专业课程、隐性课程与显性课程三种形态。创业教育的课程内容设计必须注重三种形态的整合。

（1）将理论课程和实践课程有机整合。创业教育理论课程是指在课堂上进行的有教学大纲、教学计划及学时要求，通过课堂教学为学生获得基本和必需的创业知识打下扎实基础的课程。创业教育实践课程则是指将创业知识和创业技能运用于实际操作的课程。一些高校忽视创业理论知识的传授，直接以举办创业计划大赛等第二课程的形式取代创业教育。还有高校的创业课程内容大多停留于理论讲解层面，缺少操作层面的训练。实质上，创业知识的理解、掌握和内化既要靠系统化的书本知识，也需要创业实践的体验。因此，创业教育课程体系既要强调理论课程的系统传授，也要学生感触和体验创业过程中复杂的环境，通过理论课程与实践课程的有机组合和合理配置，在培养学生创业知识结构的同时积累创业经验，提高创业能力。

（2）将基础课程与专业课程有机结合。这里的基础课程特指创业教育课程，即激发学生的创业意识、拓宽学生的创业知识结构、培育学生的商业道德等普及类课程。专业课程是指各个学科根据培养目标所开设的专业知识和专业技能的课程。如果创业教育除了独立开设专业课程，还能把各门学科专业特点融入创业教育之中，能更好地促进大学生基于自身的专业知识背景去寻找创业途径和机会。国外高校很注重将创业教育课程与其他专业的结合，许多创业教育课程都是由原有课程结合创业知识开发出来的。如美国北德州大学音乐学院就把创业教育课程与本专业课程进行融合，开设了"音乐创业与营销"课程、"音乐创业导引"，讲授关于音乐类企业的创新、管理和营销等内容[①]。

（3）将隐性课程与显性课程有机结合。隐性课程是指在学校教育中没有被列入课程计划，以间接的、内隐的方式呈现，影响学生身心发展的一切学校文化要素的统称。一般包括创业实践课程、活动课程、学科课程。显性课程是指学校情境中以直接的方式呈现的课程，主要指环境课程。一般而言，显性课程主要是向学生传授专业知识，隐性课程则是向学生传递社会价值观念，塑造学生的价值观。在实施创业教育过程中，校园文化环境的隐性教育功能越来越被教育界人士所重视。环境课程蕴含着教科书中难以体现的创业教育因子，对学生创业思维模式的构建有积极影响。显性课程与隐性课程的交叉融合可以培养学生创业能力的同时陶冶学生的品格和情感，帮助他们养成良好的创业行为习惯。

3. 结构优化：建设"平台+模块"课程结构模式

课程体系作为一个系统，除了拥有赖以存在的形式和条件外，必须拥有科学的结构，才能产生特定的功能。因此，采用"平台+模块"课程结构模式，将创业课程以必修和限定选修的方式纳入各专业培养计划，将使创业课程体系得到优化并发挥最大功效。具体做法如下：

（1）从形式构成角度出发，设立创业教育模块，优化"两个平台"建设，即在公选通识教育平台的"自然科学模块"和"人文社科模块"基础上增设"创业课程模块"，在专业教育平台也设置"创业教育模块"。

---

① Courses of Graduate Cataloge in University of North Texas，http//www.unt.edu/catalog/Grad/music.htmmuge.

公选课的创业类课程模块定位的对象是全体学生，着眼于激发学生的创新精神和创业意识，培育学生的商业道德，拓宽学生的创业知识结构，使之具备创业所需的综合素质。专业课创业类课程模块是为了满足学生就业和创业的需要所提供的与创业活动直接相关的专业技能训练类课程，以创业活动为出发点，强化实践环节，要求全面深入地掌握专业技能。

（2）从学生修习方式看，构建合理的必修课与选修课比例。从目前我国开设创业教育课程的高校来看，创业教育课程尚未被列入必修课程。然而，没有选修课或全是选修课都是行不通的，合理的比例才是关键。必修课程是创业教育的基础课程，旨在形成与创业密切相关的专业知识、专业技能。可以开设的必修科目包括创业意识课、创业实务、创业技能课、创业管理入门、商务沟通与交流、职业指导课等。选修课程旨在培养创业意识、创业心理品质，学生可根据自己的兴趣爱好有选择地学习。可以开设的选修科目包括创业精神和新企业、新技术创业、创业投资财务、市场营销、管理成长企业、企业成长战略、社会创业管理、创业市场调查、创意的产生技术等。

4. 总体设计：遵循高校创业教育课程体系构建三大原则

创业教育课程体系构建时应遵循的原则是指在高校创业教育课程体系的构建过程中，以课程体系目标为指向，紧跟经济发展走向和行业发展趋势，及时更新课程内容，注重体现创业教育课程体系的综合性与实践性。具体包括以下三个方面：

（1）目标性原则。高校创业教育课程体系目标的设定是实施创业教育课程之前要解决的基本定位问题。创业教育课程体系的目标定位具有层次性特征，主要定位于培养具有创业基本素质和开创型个性的人才。高校创业教育必须始终围绕该目标进行课程内容的组织，增设有助于实现培养目标的课程，取消与课程目标关系不大的课程，从而使创业教育在规定的时间内达到预期的效果。此外，创业教育是一种带有强烈时代印记的教育模式，高校应根据经济、社会发展的客观要求，适时调整创业教育课程体系的培养目标和培养内容。

（2）综合性原则。创业教育对创业者综合素质的要求较高，不仅要求具备创业意识和创业能力，还要求具备良好的心理素质、优秀的道德品质和牢固的法制观念等。因此，创业教育课程体系应体现综合性，注重培养学生的综合素质。高校创业教育应以课程内容综合化为突破口，以素质教育为主线，推进课程内容的融合。一是可以对内容重叠的创业教育课程进行合并重组，形成新的创业教育课程科目；二是开设跨学科课程，将多学科知识融合组成新的知识，帮助学生形成独特的跨学科创业视野。

（3）实践性原则。创业教育强调对受教育者实践能力的培养，强调受教育者在实践中增强创业能力，促进创业成功。因此，在高校创业教育课程体系构建过程中，必须突出实践性特征。高校创业教育课程体系必须设置实践教学课程，一般包括模拟课程和创业实践两种课程形式。模拟课程指的是通过运用创业理论和组织各种创业模拟活动进行创业模拟训练，如开展创业计划竞赛、组织学生创业小组活动等。创业实践指的是在校企合作背景下的创业实践课程，即通过学校与企业合作项目或在创业园区开展创业实践。相对模拟课程而言，创业实践是一种更接近于市场运作的创业活动，不仅有助于创业者接受系统的培训和指导，也有助于获得推广项目、技术支持及风险投资。在创业教育课程体系中，创业实践教学课程是一种最能体现创业教育特点和性质的课程模块，能为学生创造模拟锻炼的机会，体验创业教育。

5. 实施策略：从教材、专业、师资和校企合作平台着手

为使创业教育课程体系能够发挥积极效用，真正实现培养具备创业素质的自主创业者，可实施以下四方面策略：

（1）推进创业教育教材建设。教材是课程的载体，创业教育教材的选择非常重要。引进国外先进创业教育教材对我国创业教育固然有重要的借鉴作用，但建设中国特色的创业教育教材体系更具有现实意义。为此，有必要在吸取国外课程教材建设经验的基础上，尽快编写出一系列适应我国经济形势与学生特点的创业教育教材。教材的参编人员除学校教师外，也可以吸纳创业成功人士或企业人员。教材案例的选择要适应社会发展的需要和当地经济结构对人才的需求，尽量贴近现实生活，从而形成比较完善的具有理论和实践指导意义的教材体系。

（2）促进专业教育与学科渗透的结合。专业教育是进行创业教育的基础，如果缺少专业依托，创业教育只能成为无源之水。纵览各国创业教育发展轨迹可以发现，开设创业教育专门课程乃至学系是大势所趋。国内由于新增创业教育专业的条件不成熟，很多高校无法设置创业教育专业，这类高校可以采用学科渗透的形式来进行创业教育，即在其他专

业课程的讲授中安排创业教育内容，将创业理念向各专业扩散与渗透。学科渗透是创业教育应用面最广、最主要的方法。基于国内的教育条件，如果专业教育与学科渗透两种教育模式能够双管齐下，则可以极大地促进创业教育的实施效果。

（3）构建专兼职结合的师资队伍。进行创业教育教学活动，师资水平是最重要的影响因素。为了满足对高层次研究型师资的需求，高校必须构建专兼职结合的创业教育师资队伍。专职创业教师是专门从事创业教育教学活动的教育者，是培养创业型人才的主力军。高校应鼓励和选派教师从事创业或创业实践培训，使教师在理论功底与实践经验上得到提高。如果条件允许，还应对从事创业教育的师资队伍进行定期考核，从而保证优良的师资供给。创业教育需要多种知识和能力，专职教师很难具备那么完备的知识结构，因此，高校需要从社会上聘请一些既有创业经验又有一定学术背景的人士从事兼职教学和研究。这些兼职教师不仅可以传授学生自身积累的知识，也能够提供企业持续性发展的咨询和帮助。

（4）建立校企合作的实践平台。创业教育是实践性很强的学科，但我国高校的创业教育缺少真正的实践环节，大多局限于学校内部开展教学和竞赛，缺少与社会的联动。因此，高校应建立与社会各界的联动机制，增强学校与企业之间的紧密联系，与企业形成制度性的联系，甚至形成创业教育联盟，以推动创业教育的开展。通过校企合作的平台，一方面有利于为学生争取更多的社会资源和寻求创业机会，形成一种创业教育资源与创业教育效果的良性循环；另一方面也有利于推广宣传创业教育，提高社会对创业教育的认知度和支持度。

课程体系作为学科建设的重要部分，有力地促进了高校创业教育专业学科建设的全面发展。目标定位—内容整合—结构优化是高校创业教育课程体系构建的主线，只有三者相互协调和配合，遵循目标性、综合性和实践性三个创业教育课程构建原则，并采用适当的实施策略，才能真正促进高校创业人才培养质量和水平的提高。

（四）创业教育保障机制的建立

高校创业教育的实施走过了二十余年的历程，未来的转型除了在发展理念和实施路径上寻求突破外，还需要高校从组织、制度、资金、服务等不同方面建立创业教育的保障机制，推动创业教育的转型发展。

1. 组织保障

与欧美等发达国家的创业教育有所不同，中国高校创业教育的发展始终离不开学校内部"自上而下"的支持和推动，这种学校领导层对于创业教育的认同和支持以及由此带来的在资源分配、政策倾斜等方面的差异在很大程度上造成了我国创业教育发展不均衡的现状。经过多年的探索，创业教育早已从高校工作的幕后走到台前，成为高等教育创新人才培养的重要途径，从未来的发展趋势来看，高校创业教育亟须建立起覆盖宏观层面的规划机制和微观层面的执行机制，这一整套的组织保障对于创业教育的发展具有极大的推动作用。

宏观层面的创业教育领导机构将负责对高校创业教育的整体工作进行统一领导与顶层设计，制定全校层面的创业教育改革与发展规划。这一领导机构的成员将由学校领导者、主管教学工作的教务长、各学院的负责人以及相关职能部门的负责人构成。它将发挥统筹规划、总体布局的功能，对高校创业教育在一定时期内的发展战略与发展目标进行厘定。同时，为了有效成立创业教育专家指导委员会，成员由学校主要领导、各学院主要负责人、创业学院、教务处、团委、就业处组成，该委员会作为常设机构主要负责全校创业教育融入专业教育的一系列问题。进一步完善各学院在创业人才培养过程中的主导职能，发挥学院和系在深化创业教育教学改革与大学生自主创业互动中的作用；增强创业教育工作中的组织实施与沟通协调职能；设立"创业教育发展论坛"、"创业教育院长圆桌会议"，为学校各学院之间创业教育改革思路、改革举措的交流提供平台，增强各个学院在创业教育发展过程中的协同创新意识。

在创业教育改革与发展的微观层面上，鼓励专业教师利用课题研究和企业合作研究进行相关创业活动，吸收学生参与到教师的创业活动中；转变专业教师对创业教育的认知，鼓励和引导教师开展创业教育的相关研究，探索新理论研讨新方法，不断提高教师在各类课程中重视创业意识和创业能力的培养。同时鼓励教师到企业参加实践，定期组织教师培训、实训和交流，鼓励教师之间组建创业教育学习共同体，促进创业教育教师的国际合作，不断提高教师教学研究与指导学生创新创业实践的水平。健全创业实习导师制度，进一步明确创业实习导师的工作目标和工作任务，确保创业导师团队的合理构成和聘任工作，建立一套操作性强的创业导师考核制度及奖励制度，并积极引荐校外师资充实队伍。围绕创业教育的转型发展，高校可以出台完善一系列相关配套政策、管理办法和实施细则，确保创业教育教学改革、师资队伍建设、课外拓展平台建设、孵化平台建设、实验区建设等改革举措健康可持续推进，确保创业教育与专业教育深度有机融合，确保创业教育办学特色更加鲜明，创业型人才培养质量不断提高，大学生自主创业能力不断提升，为学校教学改革和内涵式发展注入新的活力与动力。

2. 法律保障

（1）当前高校创业教育法律体系中存在的问题

近年来，随着大学生就业难、创新难等问题的凸显和建设创新型社会的需要，创业教育逐步受到各高校重视，并得到快速发展。但是相对于高校创业教育的快速发展，目前我国的创业法律教育仍显薄弱，在人才培养定位、课程教学、社会合作等方面皆不能满足大学生创业的现实需要。

第一，人才培养目标定位不准确，创业法律教育理念基本缺失。党的十七大明确提出"提高自主创新能力，建设创新型国家"、"以创业带动就业"的发展战略，这是适应国家经济社会发展、加快经济发展方式转变的必然要求，也是高等教育改革和发展的迫切需要。作为新世纪国家人才培养的重要战略之一，创业教育应以培养紧随时代发展、符合社会需要、多学科支撑、具备较强综合素质的创业型人才为目标，其中很重要的一点就包括创业法律意识和创业法律技能的培养。

但是现阶段我国的创业教育仍处于发展初期，尚未形成完整的理论支撑和学科体系，人才培养目标定位不准确，这已经成为制约高校创业教育深入发展的瓶颈。《国家中长期教育改革和发展纲要（2010—2020年）》指出，学生适应社会和就业创业能力不强，创新型、实用型、复合型人才紧缺[1]。高校创业教育的功利性和工具主义倾向导致对创业教育内涵的理解偏颇，往往只注重单纯创业意识和创业能力的培养，并没有注意其外延的扩展，创业法律教育理念基本缺失，导致大学生创业法律意识淡漠、法律知识技能不足，不能很好地规范创业行为、预防和解决法律纠纷、降低法律风险，严重影响大学生创业的竞争力和成功率。

---

[1] 中共中央、国务院：《国家中长期教育改革和发展规划纲要（2010—2020年）》，2010年。

第二，课程教学薄弱，创业法律教育功能基本缺失。目前，创业法律教育并未得到足够的重视，在课程教学方面尤显薄弱。

课程设置系统性不足。目前，大多数高校创业法律教育课程设置系统性不足，除了在《思想道德与法律基础》《大学生 KAB 创业基础》《创业学》等课程中对创业相关法律略有涉及外，或依托商学院和法学院开设的经济法、商法、民法等课程或者举办创业法律讲座和咨询等，没有统一的基础性课程和教学培养目标，没有形成专业性、有针对性的创业法律课程体系。

师资结构专业化不足。由于创业法律教育的专业性、实践性要求，必须形成一支稳定的专业性、双师型的师资队伍。但是，目前我国高校创业法律课程的教师专业化不足，大多是普通的创业指导教师，创业法律理论知识与实践经验不足，而专业的法学教师往往只是兼职讲授，并未形成课程教学的专业支撑。

教学内容体系性不足。合理的教学内容是创业法律课程顺利展开的基础。创业相关法律非常繁杂，涉及刑法、民商法、行政法、诉讼法等多个法律部门，必须合理确定教学内容，保证教学内容的基础性、实用性和前沿性才能取得良好的教学效果[①]。目前，各高校创业法律课程的教学内容体系性不足，内容散乱且过于简单化，有的甚至仅仅介绍了企业法律形式，不能从根本上满足大学生创业的现实需要。

教学方法多样化不足。目前，创业法律课程教学方法多样化不足，偏于单纯的理论讲授，不能充分调动学生的学习积极性，难以培养学生的法律意识和法律能力。

第三，社会合作不足，创业法律教育联动性基本缺失。创业法律教育因其特殊的专业性、实践性要求，更需要进行合作教育，利用政府和社会各界的人才、资金、政策等优质资源与高校的教育资源形成优势互补和良性互动，从而全面推进创业法律教育的深入发展。目前，部分地方政府和社会组织在推进大学生创业法律支持体系建设方面已经做出了有益的探索，并取得了一定的成效。但是现阶段我国的创业法律教育的合作理念仍不够深入，社会合作不足，创业法律教育联动性基本缺失。

[①] 黄兆信、曾尔雷、施永川：《美国创业教育中的合作：理念、模式及其启示》，《高等教育研究》2010 年第 4 期。

一方面，高校创业法律教育资源匮乏，在师资、资金、政策上无法满足创业法律教育的专业性、实践性需求；另一方面，大学生创业法律援助等形式因为没有高校的协同管理与合作而在具体运行过程中面临宣传力度不够、资源与需求间供需矛盾、管理主体不明确、审批程序混乱等诸多问题。

（2）高校创业教育法律保障的作用

第一，规范创业行为，提高创业竞争力。在社会主义市场经济法律体系下，国家通过制定相关法律法规来调整所有市场主体的民商事法律权利义务关系，并通过相应的制度设计来强化企业组织机构、降低交易成本、维护交易公平、保障交易安全。市场经济的法制性要求市场主体在参与市场竞争时必须严格遵守相关法律法规的规定和自由平等、诚实信用等法律原则，否则就可能引起不利法律后果。如创业之初选择何种企业法律形式，创建个人独资企业、合伙企业或有限责任公司在法律地位、责任形式、注册资本、事务决策执行、利益分配等方面都有很大差异。因此，大学生在选择创业组织形式时，就需要了解不同组织形式的特点，综合考虑自身创业条件做出最合适的选择，否则就有可能影响企业的组织结构稳定和长远发展。因此，大学生在创业过程中只有深入了解和遵循市场经济运行规则，规范创业行为，才能够提高自身竞争力，保障企业的有序运营和健康发展，保持创业的可持续性。

第二，降低法律风险，提高创业成功率。大学生在创业过程中会遇到各种各样的法律风险，包括违法经营、合同纠纷、侵权纠纷、知识产权纠纷、劳动关系纠纷、票据纠纷、不正当竞争、产品质量问题等，可以说是举不胜举。有时法律风险甚至会大于市场本身带来的风险。不少大学生在创业过程中因为缺乏法律意识和足够的法律知识，导致法律纠纷频仍，甚至违法犯罪，损害了商业信誉，导致企业资金链断裂，企业组织结构涣散或者陷入旷日持久的诉讼，严重影响企业经营甚至直接导致创业失败。如，较为常见的合同法律风险，部分大学生因为缺乏《合同法》相关知识，签订了无效合同或者合同被撤销从而导致合同纠纷，造成经济和商业信誉的损失。因此，大学生在创业过程中只有全面了解创业相关法律知识，远离违法陷阱，增强维权意识，提高预防和解决纠纷的能力，才能降低法律风险，提高创业成功率。

（3）高校创业教育法律保障的建议

为促进创业教育的长远发展，培养优秀的创新创业人才，应进一步加强创业法律教育在创业教育中的重要作用，从加强大学生创业法律理念教育、加强创业法律课程教学体系建设、加强创业法律合作教育等方面入手来推进创业法律教育的进一步发展。

第一，加强大学生创业法律理念教育。各高校应拓宽对创业教育内涵的理解和认识，更新人才培养理念，明确创业人才培养定位，加强对大学生创业法律理念的培养，树立全面发展观念，从单纯创业意识和创业能力的培养转变到包括法律能力在内的综合能力的培养，努力造就高素质的创新型、复合型创业人才。加强创业法律宣传、推广工作，普及创业法律理念，提高大学生法律素质，逐步树立大学生依法行使权利、履行义务、维护合法权益的意识，提高大学生运用法律处理问题的能力，通过法治讲座、法治竞赛、考试考核、培训等活动形式，全面推进创业法律教育的发展，使创业法律教育真正成为创业教育的应有之义和核心内涵之一。

第二，加强创业法律课程教学体系建设。创业法律教育课程教学体系的构建应纳入创业教育课程体系基本框架，通过加强课程改革与建设，深化教育教学改革，创新教育教学方法，探索多种培养方式，全面提升创业法律课程建设水平。具体措施包括：①建立多层次、系统化的课程体系。包括开设专门的创业法律选修课，增加《大学生 KAB 创业基础》、《创业学》等已开设创业课程中的创业法律的比重，进行创业法律专题讲座、培训等。②建设专业化师资队伍。以校内法学教师和外聘专业律师为主体，兼顾师资队伍的理论性与实践性，加强普通创业教师的法律意识与法律知识技能培养。③加强教学内容的体系性建设。根据学生创业的现实需要，从创业主体、创业运行、创业规制、创业救济等方面合理确定教学内容，突出专业性、针对性、实效性，形成教学内容更新机制。同时加强专业教材建设，建立健全教材质量监管制度。④加强教学方法改革。课程教学应注重学思结合，积极实行启发式、讨论式、开放式、探究式、参与式教学以及案例教学、法律诊所教育等方式促进学生学习的自主性，提高课程教学的实践性，提高学生的创业法律技能。

第三，加强创业法律教育长效机制建设。各高校应加强与政府及社会各界的合作，树立系统培养观念，利用政府和社会各界的人才、资金、政策等优质资源与高校教育资源形成优势互补和良性互动，从而全面推进创业法律教育的深入发展，形成相互协调的创业法律教育推进机制。具体措施包括：①建立立体化的创业法律教育合作组织体系，以高校为中心，司法局、律师协会、法学会以及其他相关组织机构有机衔接，密切配合，加强联合培养机制建设。②建立创业法律合作常规机制。包括设立专门的大学生创业法律援助机构，在大学生创业园设立创业法律指导站，组织资深律师与大学生创办的企业进行对接，聘请律师、法学家为学生讲课，开展法律服务进校园活动，进行有针对性的法律咨询和法律培训等。③建立创业法律教育互动平台。加强各合作教育主体之间的资源整合和信息共享，为大学生创业提供更加全面、高效、便捷的服务。④建立高校间合作机制。促进高校之间常规性合作，包括开展多元化试点，以示范院校为建设重点辐射其他高校，促进优质教学资源共享。

3. 资金保障

将创业教育改革所需经费列为专项预算，确保改革有稳定的财力支撑。拓宽创业教育基金的来源渠道，通过学校投入、企业投资和社会捐助等多种渠道募集资金；优化和提升创业教育基金利用效率，进一步建立完善的创业教育基金管理机制，为创业教育教学改革和大学生创业实践活动提供充足的经费保障。

第四节 高校创业教育模式的探索与实践

构建以岗位创业为导向的创业教育体系，应立足我国创业教育发展阶段，从本校创业教育实践经验出发，深刻认识创业教育发展过程中存在的主要矛盾、主要问题。从"顶层设计—中层推进—基层实施"以岗位创业为导向，系统整合创业教育发展的资源环境和发展动力，着眼岗位教育发展过程中的具体问题，逐步解决创业教育覆盖面不足、专业教育与创业教育脱节、创业教育支持体系不完善等难题，实现创业教育的内生性发展。

一 高校创业教育实践的阶段

高校创业教育在中国已走过了十余载历程，规模从小到大、涉及课程由少到多，创业教育逐渐从一项解决大学生就业难题的重要举措转变为一条关涉高校创新创业人才培养理念更新与人才培养质量提升的有效路径。考虑到刚出校门的毕业生自主创业受到资金、经验、资源等诸多因素制约,毕业生自主创业成功率往往很低。同时,也意识到这种以自主创业为导向的创业教育受益面太窄,创业教育不能只关注自主创业型人才培养,也应该将广泛播撒创业种子作为目标和责任。

于是,本课题组经过研究率先提出了"岗位创业"的新理念,将岗位创业理解为在一个现存企事业的工作岗位上,个体或团队进行的创新活动与体现企业家精神的过程,提倡创业教育主要培养学生用"创业的心态"在未来工作岗位上创建事业的能力。为此,构建了一个"全校层面—专业层面—试点班层面"逐层递进的以岗位创业为导向的创业教育新体系,促使学校创业教育进入一个与社会需求、学生发展更为契合的新阶段。

二 岗位创业教育解决的问题

近年来,学校从"广度"和"深度"两个维度入手,对原有的创业教育体系进行了全面深化改革:

在全校层面,完善了全覆盖式的创业教育教学实践体系,夯实了创业教育制度保障体系,最大限度地拓宽创业教育的受益面,培养全校学生的创业意识和创业精神,将创业的种子播撒在所有学生的心中。

在专业层面,根据专业的特点,遴选一批具有温州地域特色的专业进行试验,将创业教育贯穿其专业人才培养全过程,在深入进行创业教育的同时,兼顾了创业教育的广度。

在试点班层面,针对具有强烈创业意愿的学生组建创业试点班,强化创业教育的深度,深化岗位创业理念引领的创业理论与实践教育。

同时,学校坚持以岗位创业为导向,完善人才培养方案,明确创业人才培养目标;创设创业教育模块课程,完善课程体系;整合校内外资源,构建创业教育实践平台;依托温州创业文化资源,营造浓厚的校园创业文化;设立创业教育综合改革实验区,吸纳一批具有温州地域特色的融合专业融入创业教育改革;构建"岗位创业认知+岗位创业训练+岗位创业实习"三阶段递进的教学模式;搭建以创业教改项目、创业课程建设项目为抓手的专业师资成长平台;开设各类创业教育改革试点班,以创业园为主要基地,强化创业实践教学。

经过两年多的实践检验,学生受益面明显拓宽,毕业生的就业竞争力和岗位创业能力显著提高;成果被教育部等权威部门认可,并产生广泛影响；得到兄弟院校的关注和同行专家的肯定，辐射面广；创业教育教学改革与理论研究成果丰硕。

三　岗位创业导向的创业教育的意义

（一）改善了创业教育受益面狭窄的难题

以自主创业为导向的传统创业教育更多地倾向于鼓励部分学生参与创业实践，而忽视普适性更高的传授学生创业知识、培养学生创业精神的课程教学主战场。近年来，参与创业教育的高校数量虽然在逐年增加，但开设的创业课程数量却非常有限，这就导致创业教育的受益面局限于少数参与创业实践的学生，难以满足不同地域不同专业学生的需求，从而无法辐射到更多的学生。随着创业逐渐成为经济社会发展的原动力，创业知识能反映出社会日常和主流的商业运作流程，创业知识也越来越具有综合性特点；而创业精神作为一种积极进取的思想观念和精神状态，是大学生最大限度挖掘自身潜力，不断创新的保证。因此，创业教育课程教学对优化大学生的知识结构，适应未来不断创新的社会并实现自我发展将发挥重要作用。

（二）解决了创业教育与专业教育相互脱节的问题

近年来，随着创业教育在我国的不断推进，国内部分高校意识到了偏重于创业实践教育带来的诸多问题，开始积极推动创业教育的宽覆盖。但是，这种宽覆盖的创业教育大多以完成课程内容为主要任务，不同学科专业背景的学生接受的是同质化的创业教育，创业教育与专业教育基本上"各自为政"。而专业教育的基础知识与基本理论是学生创新精神、创业意识与创业能力生成的深层根基，创业教育若脱离专业教育体系，将成为无源之水，从而难以发挥大学生创业活动的专业优势，无法吸引更多专业教师参与创业教育改革，不能在兼顾受益面的同时保证创业教育的深度。另一方面，在创业课程内容建设方面，由于起步晚，我国现有的创业课程内容大多脱胎于商学院的相关课程，或者"洋为中用"，本土化的创业课程体系仍不成熟，尤其是缺乏针对区域经济和文化特征，能体现高校自身特色的创业新课程，更是加重了创业教育与专业教育的"两张皮"现象。

（三）改革了创业教育支持体系不健全的难题

科学有效的管理机制是推进创业教育的重要保障。由于创业教育在我国发展还不成熟，且其内容多而庞杂，导致很多高校组织实施创业教育的机构分散，缺乏全校层面上的顶层设计，相关配套制度、管理办法和实施细则也不完善，进而使创业教育资源分散，难以形成工作合力推进创业教育改革的进程。而这也是高校创业型人才培养模式改革中最不顺畅的环节，许多高校创业教育的实施只是依托于某个教学单位（如商学院）或行政部门（如团委），这就容易造成：依托某个教学单位的创业教育难以扩大覆盖面，依托某个行政部门的创业教育则难以保证卷入度。同时，现行的创业教育运行体系在整合不同专业教师资源、校内外创业教育资源等方面也存在一定缺陷。因此，创业教育的发展亟须各高校自上而下对创业教育的运行机制进行整体优化设计，协调分工与合作。

第五节　高校创业教育发展模式的探索：以温州大学为例

创业教育在我国经过十余年的发展，从参与高校的数量和层次上看，创业教育已成为高校教学的重要内容。然而，创业教育发展到现阶段，不少地方高校都遇到了发展的瓶颈。如何在未来的创业教育之路上实现进一步发展，还需要在实践中探索。从现实操作层面看，影响当前地方高校创业教育发展的瓶颈主要表现为以下三个方面。

在创业教育教学方面，一是引进国外课程多，本土化程度低；二是当前许多高校的创业教育教学工作是依托商学院展开的，而非自成教育体系。但是，传统的工商管理专业教育侧重于"守业"，而创业教育重在培养受教育者的"创新能力和企业家精神"，两者是有根本区别的。三是创业实践与专业发展衔接度不高。创业实践是理论教学的重要延伸，但现行的各类创业竞赛、参观走访企业、创业素质拓展等环节多呈现主题不明确、任务不清晰的问题，容易导致实践活动浮于表面，走马观花。

在师资建设方面，各高校都面临着巨大的需求缺口。因此，创业教育"因人设课"的现象普遍存在，不能根据创业人才培养的实际需要，设置与其相适应的新课程。另外，各高校创业教育师资结构不合理。美国高校的创业教育师资往往既拥有创业方面的学术背景，又拥有实际的创业经历，同时，学校还设立创业中心，聘请企业家担任课程的兼职教师。而国内的高校创业教育师资中缺少双师型教师，在吸引校内外优秀教师加入教学团队的机制上也不够灵活。

在管理平台方面,多数高校创业教育的管理是依托于学校的某个学院、部门或多个学院、部门的合作,不利于形成一套行之有效的管理运行机制。比如,校内师资与校外师资的教学或辅导呈现"两张皮",相互协调互动不够;创业教育教学质量监控未能及时跟进等。

虽然我国地方高校创业教育的发展面临着以上诸多问题与挑战,但过去十多年来,仍然有部分地方高校结合社会历史传统、区域经济发展需求和人才培养目标的定位,持续性地实施创业教育并探索出了符合自身实际情况的创业教育模式。与其他地方高校相比,本书所选取的三所地方高校分别地处浙江、黑龙江、上海,这三所高校在创业教育的实施过程中,注重从全校发展战略的高度,从创业人才培养的角度设计创业教育的实施路径,在教学、课程、师资、管理等多个环节注重全校性创业教育体系的设计,由此而发展出了与其他高校相比截然不同的创业教育模式。

一 以岗位创业为导向:温州大学创业教育理念的转型

温州的区域文化中具有深厚的创业文化积淀,开展大学生创业教育,在温州大学具有先天的优势。学校自 2001 年开始开展创业教育,并将其作为学校两个办学特色之一。2004 年开始,学校开设了 36 个学时的"大学生职业生涯设计导航",设立创业教育学分,进行创业教育课程教学体系的改革。2008 年学校被教育部评为国家级创业教育类人才培养模式创新实验区。温州大学以独特地域文化为基础,在人才培养目标的定位上,强调创新精神、创业能力和社会责任感三者的有机统一,形成了创业教育与通识教育、专业教育的融合,让学生在校园文化中感受浓厚的创业氛围,根据创业教育的不同定位和目标,面向不同类型学生需求,分层进行创业培养的办学特色。

从传统的理解和最直观的感觉来讲,人们一提到创业教育就必然会将其与如何"教会学生创办企业"联系在一起,而这也正是当下中国实施创业教育的绝大多数高校所秉持的理念。创业教育不仅被赋予了促进人的全面发展的功能,同时也被寄予了提升大学生的研究能力和勇于创新、乐于创业的人才培养使命。各个高校的创业教育指导理念几乎都是以培养"自主创业者"为主,即创业教育的目的、内容、形式等都在于鼓励大部分学生在掌握扎实的专业基础知识的同时,具备强烈的创业意愿和一定的创业能力。关于这一点，我们可以从许多高校所提出的培养"科技创业型人才""创新型创业人才""工程类创业人才"等诸多口号中窥见一斑。那么高校创业教育的使命是否一定就是要培养各类"创业人才"呢？这恰恰是我国高校在推动创业教育工作时应当首先思考的问题。美籍经济学家熊彼特首次将创业与创新联系在一起，创业也被定义为资源的重新组合，包括开始一种新的生产性经营和以一种新方式维持生产性经营[1]。毫无疑问，创业过程存在着巨大的不确定性和高风险性。即使是在创业文化繁荣、创业促进制度完善的美国，根据相关调查，高校中愿意创业的大学生人数也不会超过学生总数的20%，而创业平均成功率也不足10%，我国大学毕业生的创业成功率则仅为2%—3%[2]。

在这样一种残酷的现实状态之下，我国高校创业教育的指导理念必须进行转型，创业教育的重心应该从培养具有强烈创业意愿和一定创业能力的自主创业者为主转向培养具有一定创业意识和创业精神，能够利用创新思维解决问题，具备了初步创业技能的岗位创业者。在这种理念指导下的创业教育，将更加接近我国经济社会发展和大学生创业的现状，也更能够充分发挥不同类型高校在开展创业教育中所拥有的独特优势。

构建科学合理的高校创业教育体系，对解决创业教育过程中存在的诸如创业教育的受益面过窄、创业教育与专业教育之间融合明显不足、创业教育师资专业化队伍建设滞后、创业教育管理平台不完善等问题有重要的意义，在实践中积极探索，形成了以培养岗位创业者为导向的创业教育新体系。

岗位创业是指在岗位工作的同时，利用自身专业技能知识以及所掌握的资源进行创新创业活动。以培养岗位创业者为导向的创业教育新体系的本质是将创业教育理念与内容融入人才培养全过程，提升全体在校生的创新意识、创业精神和创业能力；核心是培养区域经济社会发展需要的既懂专业又善创业管理的高素质复合型应用人才。在创业教育理论

---

[1] Schumpeter, J. A., *The theory of economic development*. Boston, MA: HarvardUniversity Press, 1934.

[2] 谢志远：《构建大学生创业教育的"温州模式"》，《中国高教研究》2008年第5期。

研究与实践探索过程中,温州大学开展了"点—线—面"逐层递进、"创业教育+专业教育"的创业教育实践,从创业教育通识课程体系、创业人才培养模式构建、创业教育与专业教育融合、岗位创业实践基地建设、岗位创业运行机制、创业教育专业化师资建设等六个方面进行改革探索,注重顶层设计与整体推进的结合,成功地构建了以岗位创业为导向的人才培养新体系。

(一)创业教育通识课程体系

我们分别从公共选修课和公共必修课两个维度切入,构建创业教育通识课程体系,实现了以全体在校生为受益面的大学生岗位创业意识的培养与提升(见图2-2)。公共选修课以全校学生为对象增设创业教育模块,开设《创业学》《企业管理》等创业类基础课程,开设《温州模式与温州企业家精神》《中小企业创业实务》等具有温州区域特色的创业类课程和《商业音乐管理》《动漫设计与大学生创业》等专业创业类课程,并要求所有学生在校期间必须修满2个创业教育学分,目前,该模块已经开设30多门相关创业课程。在公共必修课中融入创业教育元素。如思想政治理论课在本科人才培养方案中有16个学分,积极寻找思想政治理论课与创业教育在内容、方法上的契合点,在《毛泽东思想与中国特色社会主义概论》《马克思主义基本原理概论》《思想道德修养与法律基础》等课程的教学内容处理、教学方法设计教学基地建设等方面与创业教育有效对接。

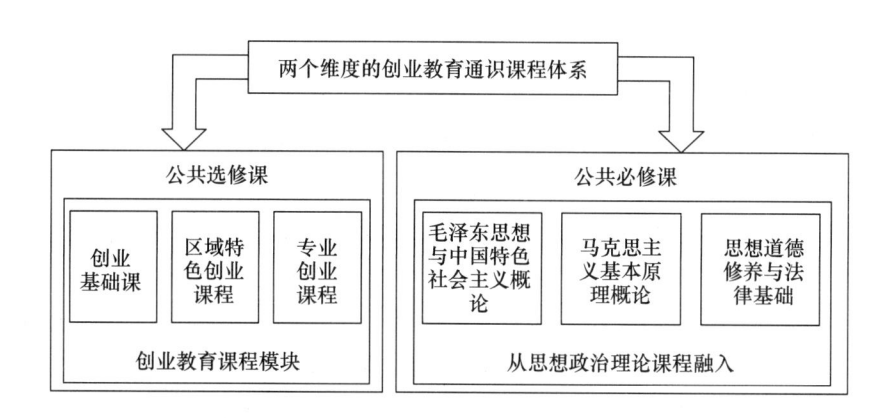

图2-2 从公共选修课和公共必修课两个维度构建创业教育通识课程体系

(二) 创业班试点培养新模式

通过创业教育试点班的改革，在实践过程中逐步形成了以培养岗位创业能力为主的创业人才培养新模式。创业教育改革试点班的定位非常明确，不是以培养自主创业者为目标的"尖子班"或"强化班"，而是为了全校范围内的基于专业的以岗位创业为导向的人才培养模式改革进行的试点。我们从五个方面进行改革，突出岗位创业能力的培养。课程体系分理论、实务、实践三大模块，实务、实践模块占总课时的65%以上；教学方法以实践主导型为主，课程设计上突出实践环节，鼓励学生在课堂中发挥创造性，要求学生组建创业团队模拟创业实践；师资队伍多元化，重企业一线精英，校内师资实行学院推荐、学生评教、学生选定三重遴选标准；考核形式重过程，以答辩形式的考查为主；建立创业教育评价体系，跟踪调研延伸到学生毕业后。同时，以岗位创业能力培养进程为主线，由"岗位创业认知、岗位创业训练、创业岗位实习"三个阶段构成的连续性创业实践教学形式贯穿始终。岗位创业认知以理论模块的课堂教学为主，岗位创业训练依托培养方案课程体系中的实务模块，以温州大学大学生创业园和8个二级学院创业中心的现有工作室（公司）以及面向在校大学生招租的生活区店铺为实践平台展开，与红蜻蜓、新湖、奥康等知名集团公司和温州经济技术开发区企业等共45家企业建立了合作办学关系，学生以总经理助理、销售主管助理、财务主管助理、人事管理助理等形式在相关企业进行为期2个月的岗位创业实习。

(三) 在专业中融入创业教育

根据不同专业特点及人才培养目标定位，在专业平台上不同程度地融入了以岗位创业意识、岗位创业知识、岗位创业能力为导向的创业教育。

一是在通过创业教育通识课程对岗位创业意识培养的基础上，推进专业类创业课程创新，将创业教育内容纳入专业课程体系，增加学生的岗位创业知识。鼓励专业教师开设专业类创业教育选修课。二是鼓励专业教师在专业课程教学过程中渗透创业内容，如在电子信息科学与技术专业，注重从应用的角度增选主干专业课程的教学内容，尤其是加强电器类企业实习教学环节，帮助学生了解和感受现代企业氛围，依托温州大学智能电子电器重点实验室，在专业教师指导下，学生创业团队组建的"温州明泰电器老化检测设备有限公司"获得了第七届中国挑战杯大学生创业计划竞赛金奖；结合《环境与资源保护法》的教学，在法学专业老师的指导下，七彩虹创业团队组建的"彩虹环维有限公司"荣获"全国十大优秀慈善创业项目"荣誉称号。三是推进专业实践教学环节的改革，强化学生的岗位创业能力。以汽车工程、法学、鞋靴设计三个专业的创业人才培养模式实验区为试点，在保留原有专业实习时间的基础上，新增职业岗位或者相关行业的管理岗位实习时间至少4周。通过该层次的创业教育融入，结合专业实习、毕业设计等环节，引导学生在择业时选择合适的岗位或岗位意向，或选择自主创业。

（四）提供创业实践的实习基地

创业教育的实践性特征决定了需要加强创业实践基地与平台建设。学校根据岗位创业人才培养的要求，对岗位创业实践进行了统筹规划：校内，依托温州大学国家创业人才培养创新实验区，构筑了具有转化、提升、孵化功能的"专业创业工作室、学院创业中心、学校创业园"三级联动创业项目孵化平台；校外，充分调动、有效整合社会企业资源，深入开展与各类企业的合作，尤其是加强与温州中小企业、各级商会的产学合作，创设了专门为岗位创业实践提供的岗位创业实习基地，如温州经济技术开发区基地和红蜻蜓集团基地，为学生提供各种岗位创业实习机会。

（五）创建创业教育管理机制

虽然我国高校的创业教育工作已经开展了十多年并做了进一步探索，但迄今为止几乎所有高校都没有将创业教育与人才培养质量的提升联系在一起，其中一个现实性的困境就是高校创业教育管理功能的缺位与管理职责不清。目前，大部分高校的创业教育都是依托于团委、学生处、就业处等相关部门来管理，创业教育依旧被认为属于"学生工作"的一个组成部分，没有专门的管理机构和专职的管理人员来负责。对创业教育的支持和认同度较低、资源投入较少的现状也是目前制约我国高校创业教育发展的一个重要因素。温州大学将创业教育作为学校的办学特色，学校自上而下推进创业教育。2009年6月，在总结过去十多年温州大学创业教育工作经验和成果的基础之上，为了继续推进创业教育教学改革，整合全校的创业教育资源，进一步扩大创业教育辐射面，温州大学成立了创业人才培养学院（实体部门），负责全面实施以岗位创业为导向的创业教育新体系建设。作为国内高校中为数不多的以负责全校创业教育、创业研究、创业人才培养等功能为一体的专门机构，创业人才培养学院成立以来，进一步明确和完善了以岗位创业为导向的人才培养模式的各个运行环节，包括教学管理、学生培养与管理、教师政策以及经费等工作；同时，扩大了创业教育改革试点班的规模，营造了浓郁的校园创业文化，推进了跨学科课程体系的建设，完善了大学生创业园管理制度，理顺了创业实践基地与平台的运行，搭建了创业教育的国内外交流平台，促进了创业教育教学改革研究，在实践中逐渐建立了一套自主高效创业教育管理机制。

（六）搭建专业师资成长平台

专业教师对创业教育的支持并不是内源性的，在学校的支持下，通过创业教改研究、创业课程改革、创业实验区建设、教师奖励政策等项目形式，积极鼓励专业师资参与创业教育融入专业教育的改革，创设了一系列支持专业教师参与创业教育的激励机制。创业教育与专业教改项目相融合，助推创业教育教学改革，已累计立项建设专业类创业课程项目50余门，创业人才培养模式创新实验区8个。这些项目涉及15个学院，吸引了400多名专业教师的参与。出台了《温州大学关于深化创业教育，推进"创业教育融入专业教育"改革的实施意见》《温州大学创业教育项目组织管理及配套资助奖励实施办法》等文件，明确了学校对创业专业师资成长的政策支持和制度保障。

温州大学是一所具有独特地域优势、办学理念和办学特色的地方高校。过去十年来，温州大学对于创业教育进行了卓有成效的探索，将创业教育的理念和内容贯穿到学校人才培养的总体战略中，逐步实现了创业教育在三个方向上的转型：从提高学生就业率向提升就业层次和就业质量转型；从创业实践活动为主向创业教育与专业教育的深度融合为主；从培养自主创业者为主向培养岗位创业人才为主。

首先，随着创业教育的蓬勃开展，温州大学在总结过去经验的基础上，重新审视了创业教育的价值及其意义。创业教育是创新教育的一个组成部分，是促成人的创新能力从理论走向实践的重要推进器。与人的创新能力培养所强调的内容不同，高校创业教育更加重视学生"知行合一，以知促行"。创业教育的价值就在于唤醒每一个个体勇于接受挑战、把握机遇、在实践中检验所知与所学，用个体每一个微小的行动去推动社会的整体变革。从这个意义上来讲,创业教育的价值绝不仅限于是解决高校毕业生就业问题的权宜之计,它更应该是创新人才培养的主要方式。因此,高校创业教育不仅要强调学生就业率的提升,更要以优化大学生的知识结构、培育大学生的创新创业能力、转变大学生的思维方式、提升大学生核心竞争力为主。

表2-3　　　　　　　　　温州大学创业教育发展历程

发展阶段	推进理念	具体措施	创业实践
2001—2006年	全校范围内基于专业的创业教育改革试点	从创业理论、创业实务和创业实践三大模块开设14门课程	以创业工作室为依托,开设两年总学时256个课时的创业实践和岗位创业实习
2007—2008年	促进创业教育与专业教育的融合	从创业类通识课程和专业类创业课程两个维度进行融合	构建三级联动的创业实践平台
2009—2012年	构建以岗位创业为导向的人才培养体系	完善师资成长平台,开发一系列创业类教材	拓展多层面岗位创业实习平台

其次,高校创业教育应该从偏向创业实践教育为主转向创业教育与专业教育的融合。当前我国创业教育的一个特点就是各个高校纷纷建设以鼓励大学生创业实践为主的各种创业园区或创业实践基地。现有的创业教育狭义地理解了创业教育的内涵,没有将创业教育与创业进行适当的区分,在操作层面的表现就是强调创业实践的开展,认为鼓励大学生开办企业、在创业过程中进行锻炼就是创业教育的全部内容了。诚然,创业教育的实践性特征决定了高校必须要为大学生的创业提供一定的物质和环境基础。但是创业教育与创业不同,后者强调新企业的创办和在高度竞争的市场体系中存活下去,而前者毕竟是在学校这种教育机构中展开,参与主体的不同和生存环境的差异决定了创业教育必须有着自身的逻辑。如果说创业的本质在于风险和不确定性的承担,那么创业教育的本质则在于精神和意识的培育、发掘与唤醒。创业教育除了是大学生个人知识向实践转化的动力,更重要的是可以帮助大学生形成各种创新性的思维方式和方法。

最后，从培养自主创业者为主向培养岗位创业者为主转变。温州大学经过多年的创业教育实践与探索，逐步形成了独具特色的以培养岗位创业为导向的创业教育新体系，相比较于国内其他高校，温州大学第一次从指导理念的层面明确了创业教育必须要面向全体学生并以培养岗位创业者为主，即绝大多数大学生通过四年的大学教育之后，都能够对创业有一定的了解，具备了基本的创业意识和创业能力，从而使自己在未来的工作岗位中也能够保持着积极的创业精神，用创业态度来发展自己的事业，并在时机成熟时由岗位创业者转变为自主创业者。因此，温州大学从创业教育与专业教育融合、面向全体学生的创业教育课程体系等诸多方面进行改革，逐步实现创业教育的理念转型，将创业教育的理论教学与实践教学高度统一，实现了创业教育的完整性。

二 实践推进：创业教育融入专业教育的改革与探索

创业教育如何有效地与专业教育相融合，创业教育的各个要素如何被整合进人才培养及学科专业体系之中，向来是高校创业教育在实践过程中的一大难点。温州大学从课程与教学领域的改革出发，加强了创业教育课程体系的建设，形成了较为完整的创业类通识课程和专业创业课程为主的课程群；教学内容和教学方式的革新则倡导教师采用案例教学、情景模拟、团队小组学习等新的学习方式，加强学生之间、学生与教师之间在课堂教学中的互动；开发专门的本校创业教材，将本土的创业文化与课程内容有机结合起来；构建动态的创业教育教学评价指标体系，将创业教育教学绩效的形成性评价与终结性评价相结合，更加重视学生在学习过程中所掌握的显性与隐性知识，有效地实现了融合创新创业与应用型人才培养为一体的创业教育实践体系。温州大学将创业教育有机融入现有的人才培养体系，不仅重视大学生创业实践方面的锻炼，更加强调创业教育的课程教学在大学生创业意识、创业精神、创业能力培养等诸多方面所起到的作用。

首先，创业教育教学工作的核心是课程。温州大学已经明确了创业教育要面向全体学生且融入人才培养全过程的理念。因此，课程的改革首先从公共选修课和公共必修课这两个覆盖面最广的领域展开，构建起了创业教育的通识课程体系，使创业教育的课程教学面向了全体学生，从而引导大学生关注创业的基本知识和基本技能，培养他们最初的创业意识。如在公共选修课层面，温州大学就以全校大学生为对象，增设了

《创业学》《企业管理》《温州模式与温州企业家精神》《中小企业创业实务》等创业类基础课程，极大地拓展了学生对于创业教育课程的选择范围[①]。此外，温州大学还通过相关规定，要求所有的大学生在大学四年的学习过程中必须至少修满 2 个创业教育的学分，这也为创业教育面向全体学生奠定了制度基础。在公共必修课层面，温州大学通过各种途径将创业教育元素融入其中。以大学"两课"为例，思想政治理论课之中如何融入创业的元素，创业的一些理念和方法如何通过思想政治理论课的教学过程传递给大学生，这些领域的有益尝试都体现了温州大学对于创业教育面向全体学生这一理念的坚持。在《毛泽东思想与中国特色社会主义概论》《马克思主义基本原理概论》《思想道德修养》等公共必修课中，温州大学鼓励教师利用研究性学习小组、案例分析、小组讨论等多种教学方式培养大学生的创业意识和创业精神，从而实现创业教育与公共必修课之间的有效融合。

其次，创业教育通识课程体系虽然保证了所有学生都能够接触到创业的基本知识、培养基本的创业意识，但是在将创业教育的核心知识、技能与不同学科专业的知识体系、不同类型人才培养目标的融合方面，效果并不明显。如果说创业教育通识课程体系只是打下了创业教育的地基的话，那么通过专业类创业课程体系的设计与开发，温州大学就为在专业教育过程中融入创业教育搭建起了更为系统的框架。依据不同学科、不同专业、不同学生的需求，温州大学开设了大量适合专业教学过程，同时又能够传授学生以创业内容的专业类创业课程。如在广告学、鞋靴设计、服装设计与工程、汽车服务工程等体现学校特色的专业中分别开设了《媒介经营与管理》《鞋类产品市场营销》《服装企业管理》《汽车服务经营与管理》等 18 门专业类创业选修课程[②]。这些新的课程具有以下明显的特征：第一，课程的目标十分明确，就是培养出既有扎实的专业基础又具有一定的创业精神，同时拥有一定创业管理知识和能力的创新创业型应用人才。第二，从课程内容来看，上述课程有效整合了不同专业的核心知识与创业的基本内容，使学生在学习专业知识的过程中了

---

① 曾尔雷：《创业教育融入专业教育的发展模式及其策略研究》，《中国高教研究》2010 年第 12 期。

② 黄兆信：《以岗位创业为导向的人才培养体系研究与实践》，《教育研究》2013 年第 6 期。

解并熟悉如何实现将理论知识转化为实践创新活动,鼓励学生不仅要成为一名"专业人",还要成长为一名"专业的创业人"。第三,从教学方式来看,上述课程更加强调发挥教师在教学过程中的引导性和学生在学习过程中的主动性。专业教师必须要在认同并支持创业教育理念的基础上进行有效的教学,通过探究性学习、小组合作学习、任务导向的学习等不同方式激发学生的学习兴趣,提升课程教学的绩效。第四,从课程设计的角度来看,专业类创业课程注重从应用的领域增选主干专业课程的教学内容,改革教学方法,增加现场教学环节和案例分析的比重,依托温州大学的省级重点实验室、重点学科、工程研发中心等多个机构加强专业教育与创业教育的融合。

最后,创业教育融入专业教育的目标是培养既懂专业又擅长创业的学生,因此它所面对的学生群体必然是分层分类的。除了满足大部分学生的需求之外,温州大学还特别为那些在校期间具有较强的专业知识、强烈的创业意愿、一定的创业能力的学生开设了创业教育的改革试点班,从而在全校范围内对基于专业的、以岗位创业为导向的人才培养模式改革进行试点。过去几年来,温州大学专门开设了企业接班人班、店经理成长班、"村官"创业班等辅修专业班以及创业管理双专业班等试点班级,在大一至大三的学生中筛选出少部分学生,组成跨专业、跨年级的学习团队,对这批学生进行有针对性的创业教育[①]。

与创业通识类课程和专业类创业课程相比,创业教育试点班在课程体系方面更加强调实务实践模块,注重学生创业实践能力的培养;创业教育师资方面则以多元化的方式,聘请企业专业经理人和独立创业者进行教学,注重创业实践经验在教学过程中的作用;在教学方法上以实践主导型为主,课程设计上突出实践环节;在考核方式上,创业教育试点班结合了过程性评价与总结性评价的优点,从创业教育的全过程考察学生的参与程度以及课程内容的理解和掌握程度;在创业教育评价体系方面,建立了长效的跟踪机制,将学员课程结束之后的创业表现也作为评价的一个重要指标,关注创业教育结果的持久性、稳定性和有效性。

总体来看,温州大学在专业教育融入创业教育的实践探索方面,强

[①] 黄兆信:《以岗位创业为导向:高校创业教育转型发展的战略选择》,《教育研究》2012年第12期。

调了满足不同类型、不同层次学生的需求，由点到线、由线到面地建立起了创业教育与专业教育融合的完整架构，将创业教育的各个要素融入各专业的教学内容、教材建设、教学方式革新、教学评价指标体系与方式的改革等多个方面，从而既能够在公共课教学和专业课教学过程中潜移默化地培养学生的创业意识和创业精神，也能够满足少数具有强烈创业意愿和创业能力的学生的需求，最终保证了创业教育在人才培养过程中的连续性、多样性、主动性。

三 制度保障：全校性创业教育的开展

温州大学一直以来都十分重视以制度建设和制度完善来推动创业教育的开展。无论是创业教育课程体系的建设、创业教育师资成长平台的发展，还是创业教育实践平台的设立，都是为创业教育的发展营造良好的制度环境，促进创业教育工作有序健康稳定发展。经过多年的努力，温州大学目前已经形成并逐步完善了创业教育的管理机制、创业教育师资成长平台、创业实践和实习基地，形成了注重利用全校资源、"自上而下"地进行创业教育顶层设计与强调激发学生创业精神、"自下而上"的创业教育成长平台。

虽然我国高校的创业教育已经开展了十多年时间，但是绝大多数高校的领导层并没有完全认同并接受创业教育在创新人才培养全过程之中所发挥的独特作用，创业教育在许多高校领导者看来只是为了响应党和国家一系列政策文件而不得不开展的一项工作。因此，创业教育在众多高校眼里也不过是为了缓解大学生就业难、解决大学生就业问题的一种手段。在这样的一种现实状况之下，许多高校实质上并没有形成专门的创业教育管理机构和科研机构。就现实情况而言，大部分高校创业教育的开展都是依托于团委、学生处、就业处等与学生事务相关的部门。从这种专门机构的缺失和现有机构影响力和决策力不足的状况，高校领导层对于创业教育地位和重要性的认识由此可见一斑。就绝大多数高校而言，创业教育仅仅作为学生工作的一个组成部分，还没有上升到学校发展战略、创新人才培养这样的高度。对创业教育的支持和认同度较低、资源投入较少的现状也是目前制约我国高校创业教育发展的一个重要因素[1]。

---

[1] 黄兆信：《以岗位创业为导向的人才培养体系研究与实践》，《教育研究》2013年第6期。

温州大学于 2009 年 6 月专门成立了实体性质的创业人才培养学院，设定专门的创业教育管理和创业教育研究岗位，成为国内高校中为数不多的以负责全校创业教育、创业研究、创业实践等多种职责为一体的专门机构。创业人才培养学院的成立使得全校范围内的创业教育有了一个统一的管理和服务机构，组织功能的明确化和垂直管理结构保障了创业教学改革的展开、创业班级的管理、创业教育专项经费管理、创业教育课程建设等基本运行环节的顺畅。以创业人才培养学院的成立为标志，温州大学创业教育管理机制逐步完善，教务处、学生处、团委等相关职能部门也承担了促进创业教育发展的部分功能。创业人才培养模式创新实验区、创业课程建设项目、大学生创业园管理制度、创业教育教学与科研机构等诸多有利于创业教育发展的基本问题都得到了有效解决。创业教育管理机制的形成也体现在了学校创业教育决策与创业教育具体实践之间有了一个沟通的平台。正是在以创业人才培养学院为核心的创业教育管理机制作用之下，温州大学在微观层面的各项具体的创业教育改革与创新实践中得到了经验的总结和归纳，然后反馈给学校领导层，从而为温州大学创业教育的进一步改革提供了丰富的思路。

创业教育的成功开展在于课程教学，而课程教学的关键则在于能否激发起学生的学习兴趣和参与意识。毫无疑问，教师成为激发起学生学习兴趣的关键钥匙，而创业教育师资成长平台的发展也就成为高校创业教育工作是否具有生命力和活力的重要标准。在我国绝大多数高校中，无论是公共课教师还是专业课教师，可以说，他们对于创业教育都缺乏最基本的了解，也就更谈不上对于创业教育的认同和支持了。对于大部分教师来讲，讲好自己专业领域的知识才是课堂教学的主业，而是否需要培养学生的创业意识和创业潜力，则并不是自己所应该考虑的。在这样真实而又广泛存在的观念下，我们很难认为仅仅依靠高校领导者的呼吁和政策文件的轮番轰炸就能够转变教师对于创业教育的定式思维。

温州大学很早就意识到了教师才是推动创业教育发展的重要力量，因此也就格外重视建立起专业教师对创业教育的内源性支持。学校通过一系列政策文件，从创业教改研究、创业课程改革、创业实验区建设、教师奖励政策、教师职称评聘等多个领域入手，全面地创设了一系列支持专业教师参与创业教育的改革项目。透过这些扎扎实实的创业教育改革项目，专业教师对于创业教育的价值、意义、功能有了全面的理解，在后续的课程教学中，他们也会尝试通过各种方式将创业教育融入到专业教育过程中。此外，温州大学不仅强调专业教师承担各类创业教育教学改革项目，同时也鼓励专业教师亲自参与建设专业类创业课程，通过教师自己的理解和对课堂教学的把握，设计出适合自身教学风格和教学内容的专业类创业课程。截至2012年，温州大学已经累计立项建设了专业类创业课程项目50余门，这些新增设的课程涉及全校的15个学院，吸引了400余名专业教师的参与，极大地促进了创业教育的理念在专业教师群体中的传播和认同①。

创业教育的一大特征就是实践性，这也是创业教育有别于其他教育的根本性特征。温州大学创业实践和实习基地的建设始终围绕学校创业教育的理念，即以培养岗位创业人才为导向、面向全体大学生的创业教育。因此，温州大学依托国家创业人才培养模式创新实验区，逐步构筑了具有转化、提升、孵化功能的"专业创业工作室、各学院独立的创业中心、学校层面的大学生创业园"三级联动创业实践和实习基地，形成了逐层递进、多元互动的创业教育实践发展平台。在具体专业层面，学生可以单独或多人组成创业团队，开设专门的创业工作室，根据自身的特点和优势进行最基本的创业实践活动；在学院层面，每个学院都有专门的创业中心，这些创业中心由专门的创业导师负责，对进入该中心的创业项目跟踪管理；在学校层面，温州大学大学生创业园建有专门的场地和资源，为那些已经具有明确创业意识和较强创业能力的团队提供创业实践的机会。温州大学还非常重视与温州各类企业、行业协会、各级商会之间在大学生创业实践方面的合作，建立了专门为学生岗位创业实践提供综合性服务的创业实习基地。

四　模式总结：创业教育的经验与借鉴

（一）构建创业教育的支持机制

1. 营造校园创业文化

温州大学将校园创业文化作为校园文化建设的新增长点。一方面，充分依托温州商会、行业协会、校友等资源，积极争取工商、税务、人事、劳动等政府部门的政策支持和社会各界的舆论支持；另一方面，利

---

① 黄兆信：《地方高校融合创业教育的工程人才培养模式》，《高等工程教育研究》2012年第5期。

用各种校园媒体广泛宣扬创业文化，包括及时公布政府出台的各种创业扶持优惠政策，树立学生创业典型或创业新星，开展丰富多彩的创业活动与竞赛，让学生在第一时间了解创业动态，感受浓厚的创业氛围。

2. 分层探索创业人才培养

根据创业教育的不同定位和目标，温州大学的创业教育面向三类学生群体展开。一是面向全校学生，主要是开设创业教育类公选课和各种创业论坛，着力于学生创新精神、创造理念和创业意识的培养。温州大学的公选课含创业教育模块，该模块分三类课程：创业类基础课程；具有温州区域特色的创业类课程；结合所在专业开发的专业类创业课程。学校要求每位在校学生必须修满两个学分的该模块课程。除了丰富公选课的内容，温州大学还举办各类学生创业论坛，邀请诸多知名创业家和创业研究学者来校讲演，进一步扩大创业教育的受众面。二是面向部分有创业热情和创业需求的学生，开办创业教育改革试点班，培养创业精英人才，为有志于创业的同学提供一个成长平台，学生毕业后颁发辅修证书或双学位证书。三是面向专业学生，积极探索创业教育与专业教育的融合模式，培养"专业+创业"的复合型人才。

3. 多渠道开展创业实践

学校构建了校内"三级联动"（学生创业工作室、学院创业中心、学校创业园）创业实践平台，借鉴温州人"草根"创业经历，指导大学生创业实践，成功孵化了多家优秀学生创业团队。同时，依托校园为学生创业提供全真的创业实战平台，体验不同于创业园的更具真实创业风险的创业实践机会，接轨社会创业。

（二）以试点班改革创业教育

温州是中国民营经济比较发达、民间创业比较活跃的城市。创业教育试点班改革依托温州地域特色，突出地方性大学办学特色和生源特点，以培养具有创新精神、创业能力和社会责任感的应用型人才为目标，以创业教育教学改革为突破口，打破学院、专业和年级的限制，对具备创业潜质的学生进行系统的创业教育，主要从课程体系、教学方法、师资建设、考核方式及质量监控等方面为高校推进创业教育改革积累了有益的经验。

①课程体系设置：依托温州区域特色，强化实务、实践模块课程。创业教育试点班开设创业理论、创业实务和创业实践三大课程模块，教

学内容突出地域特色。

②教学方法改革：基于实践主导型设计，教学方法多样化。创业教育试点班在教学过程中融入了多元化教育方法。设计模块化教学，形成各类师资的优势互补；实行项目制管理，引导不同专业学生依托各自知识背景合理组成创业团队参与实践学习；穿插角色扮演法，模拟公司各职能部门开展试点班各项管理工作；突出实践教学，依托校内大学生创业园学生创业工作室及校外实践基地，分专题针对性地进行实习，撰写调查报告及编写创业案例。通过实践主导型的教学方法，实务实践模块课程比例达到总课时的65%以上。

③师资队伍组建：人员选定多元化，重企业一线精英的选用。按照课程体系的设置，创业教育试点班的教学团队由校内优秀教师、校外企业教师及创业导师、校友及在校创业大学生组建而成，同时，还建立了一套完善的教师遴选机制。其中，校内教师一般是在学院推荐的优秀教师之中参考历年来学生评教分数，由创业学院择优选定，然后再将这些教师名单公布给试点班学生进行最后筛选；校外企业教师集中聘请优秀的职业经理人或知名企业财务、人事、营销、管理等部门具有丰富实战经验和讲课感染力的一线精英为主。

④考核方式：打破常规，注重过程，采用答辩方式。创业教育试点班改革以往一考定成绩的方式，结合创业知识与创业能力学习特点，对学员的考核贯穿学习的全过程，学生最终的成绩，则是结合理论课成绩、企业实习报告、参与创业竞赛的情况、毕业答辩、创业导师评价等给予综合评定。

⑤质量监控体系：随堂评价与毕业跟踪评价相结合。一方面，拓展传统的对教师个人教学评价考核到以课程为单位的包括课程设计、课程资源实施、学生评价等对整个教学团队的评价考核；另一方面，关注课程体系设置中理论课程、实务课程、实践课程等不同模块的特点，制定切实可行的质量监控操作流程，形成一套完整的评价、监督与指导方案。另外，还建立了跟踪调研机制，对创业教育试点班的评价从现状延展到学员毕业后。

（三）鲜明的创业教育的特征

①"自下而上"的保护与"自上而下"的推进相结合。温州大学的创业教育起步于20世纪90年代末，从开始创办学生创业工作室、面向全

校学生开设"职业生涯规划"必修课，到建设大学生创业园。为进一步整合资源，又成立创业人才培养学院（实体部门），负责全校创业教育教学管理工作，并相继开办了创业先锋班、创业管理双专业班、双学位班、店经理成长班、企业接班人班、"大学生村官"创业培训班等创业人才培养改革实验班。学校把培养具有创新精神、创业能力和社会责任感的应用型人才确定为本科人才的培养目标，突出创业能力的培养。

②紧密依托温州地域优势，注重创业教育的本土化。温州大学在开展创业教育的过程中，十分注重将国内外创业教育理论与温州区域文化相结合。一是传承与引进相结合，指导大学生创业教育。学校先后引进了美国 Going Solo、国际劳工组织 KAB 等国外创业教育理论与项目，将其与"温州精神"相结合，形成了"洋为中用、古为今用"的创业教育氛围。二是借鉴温州人的创业经历，指导大学生创业实践。温州大学侧重于鼓励学生发挥专业优势开展创业实践，倡导学以致用、创业与专业学习紧密结合，依托专业优势创办创业工作室。三是整合温州的创业资源，支持大学生创业教育。目前，学校已聘请 50 余位优秀企业家作为兼职教授、客座教授充实创业教育师资，为学生带来生动、鲜活的创业案例，增强了大学生创业教育的直观性、真实性和感染性。同时，学校多渠道整合社会资源，为创业教育创造有利条件。

③创业教育融入专业人才培养方案，创业教育改革具有前瞻性和针对性。2010 年 5 月，教育部出台《关于大力推进高等学校创新创业教育和大学生自主创业工作的意见》后，温州大学是较早推进此项工作的学校之一，2010 年立项建设了第一批专业类创业课程。改革公共必修课，将创业教育内容渗透到公共必修课的教学全过程，逐步实现创业类课程设置与专业课程体系有机结合，创业实践活动与专业实践教学有效衔接的目标，推进人才培养模式改革。

（四）较明显的创业教育的成效

1. 为学生自主创业和岗位创业打下基础

在当前经济与社会转型背景下提升大学生就业竞争力具有重要的实践价值，也是对我国高校人才培养模式的有效探索。以培养岗位创业者为导向的创业教育新体系贯穿了高校人才培养的全过程，因此，其覆盖面更广，真正做到"为了全体学生"的创业教育。学生在接受了岗位创业教育后掌握了经济社会发展所需的知识和技能、具有了创业意识与创业精神,增强了创业技能,特别是提升了岗位创业能力。创业是一个复杂且充满风险的过程,面对我国高校毕业生创业成功率低的现状,大部分学生并不会在刚毕业时就选择创业,这种选择反映了我们当前还缺乏一个鼓励大学生创业的社会环境,尚未建立起降低大学生创业风险的保障制度。在这种状况下,岗位创业教育就更显示出了其现实意义。温州大学通过创业试点班、创业教育与专业教育深度融合、创业实践实训基地建设等全校性岗位创业教育体系的构建,培养学生既懂专业知识又善创业管理,使学生在毕业后既可以选择自主创业,也可以将创业的理想与技能运用到具体工作岗位中。

2. 学生的创业实践能力明显增强

大学生创业园作为岗位创业教育体系中的重要组成部分,可以为大学生创业实践能力的培养提供全方位的支持。温州大学岗位创业教育的理念对大学生创业园产生着影响,与其他类型的创业园区相比,温州大学创业园以面向全体在校生为主,以培养和提升大学生岗位创业能力为目标,因此,每一名大学生都有机会在创业园中得到锻炼。创业园为入驻企业提供了创业初期所需的场地、资金、政策、培训指导等多方面的支持,大学生也在创业的过程中将"学"与"用"有机结合在一起,提升了自身的实践能力。近六年来,数十家企业在园区内成功孵化并在激烈的市场竞争中茁壮成长。岗位创业教育对学生的影响还体现在了创业精神与社会责任感的高度融合。经济学家熊彼特将具有创业精神的企业家看做是社会不断发展的重要因素,这些创业者对社会的贡献不仅在于就业的增长与经济的繁荣,更重要的是在崇尚公平竞争、敢于打破旧观念的束缚而追求创新、勇于接受挑战等方面对社会产生的影响。温州大学重视在岗位创业教育体系中加强学生社会责任感的培养,如利用高校"两课"引入创业教育内容等教学方面的改革,引导大学生对自我、他人、社会的重新思考。2011年4月,由学校创业园成功孵化的三家创业企业,在校期间共向校方捐赠所得营收300万元,成立温州大学学生创业基金,用来资助具有发展前景的在校大学生创业团队,这在全国高校中还是首例。

3. 学生的岗位胜任力与岗位竞争力得到提升

温州大学岗位创业教育体系的创建使学生在平凡的工作岗位中以创业的心态积极工作,创造更大的价值。这一理念对学生的影响体现在了他们职业生涯发展的每一个过程。在就业过程中，经历过创业教育与专业教育融合的学生会表现出明显的竞争优势，具备较强的就业竞争力，同时也能够在更为广阔的范围中寻找适合自己的工作；在职业发展过程中，他们自身具备的创业意识、创业理念与创业能力又极大地提升了他们的岗位胜任力，能够更加迅速地适应工作需求，为个人和企事业创造更大的价值；当有合适的创业机会出现时，这些已经对创业有所了解、同时又具备了丰富工作经验的学生也更愿意从传统的就业路径转向自主创业，而他们创业失败的风险也大大降低。根据毕业生的跟踪调查，温州大学接受过创业教育的学生毕业进入企业就业后，除了展现出扎实的专业素质，更体现出良好的综合素质，社会适应能力强，普遍得到用人单位的青睐与好评。

以培养岗位创业者为导向的创业教育新体系紧密围绕人才培养的基本要义，贯穿于人才培养的体系中，为提升应用型人才培养质量提供了新思路。以培养岗位创业者为导向的创业教育是温州大学有效推进创业教育的积极探索，这一创业教育实践也为高校应用型人才培养教育教学改革提供了借鉴。

第三章 "大学生村官"创业的问题与路径

自 2008 年起，我国政府在总结各地经验的基础上决定扩大"大学生村官"的聘用规模。2010 年，针对"大学生村官"的发展状况，提出促进"大学生村官"有序流动的五条出路选择，其中将"自主创业"作为"大学生村官"的主要选择，并鼓励"大学生村官"任职期间积极带动村民创业致富。2012 年 11 月，党的十八大中再次提出"创新驱动发展战略"，鼓励"创业带动就业"，支持"青年创业"，实现"多渠道多形式就业"，使创业成为面向"全民"的行为，尤其是社会主义市场经济条件下的新兴群体。鼓励"大学生村官"带动村民创业，从而解决和带动农村更多的就业岗位，成为社会主义和谐社会和新农村建设的必然趋势。

本章从"大学生村官"创业的现状出发，分析当前"大学生村官"任期满后的去向选择、创业影响因素等，发现"大学生村官"在创业过程中遇到诸如："自身创业素质有待提高""政府政策失灵""高校创业教育针对性以及时效性不足""民间企业及社会组织帮扶力度不足"以及"社会舆论的复杂性"等问题，从政府、企业、高校以及社会舆论四个社会支持体系的主体出发，提出"加强对'大学生村官'的创业培训""政府建立完善的政策体系支持""高校加强'大学生村官'创业教育建设""加强与民间企业的联系与项目支持""推进社会舆论支持力度"等建议，旨在为构建"大学生村官"创业的社会支持体系提供理论借鉴。

第一节 "大学生村官"创业的背景与现状

2005 年党的十六届五中全会提出"建设社会主义新农村"，立足于我国当前农村建设的实际，按照"生产发展、生活宽裕、乡风文明、村容整洁、管理民主"的要求,[①] 从经济、政治、文化、社会以及法制等方面建设社会主义新农村。社会主义新农村是构建社会主义和谐社会的必然要求和时代发展的迫切需要。从"三农"问题的发展趋势来看,"新三农政策"的吸引,近几年国家不断加大对农村的支持力度,从 2012 年开始,全国财政对"三农"投入,连续两年超过三万亿,[②] 农村形势逐渐好转,农民收入明显提高,但是当前农村普遍存在着人才外流的现象,尤其是随着我国经济发展和城镇化建设步伐的加快,大量的年轻人进城务工,农村大学生毕业后留城工作等,都使得农村基层组织人才匮乏,人员素质有待提高,作为新农村建设的主干力量的村干部更是普遍存在着年龄老化、学历低等问题,这在一定程度上都阻碍了新农村的建设,对农村进行人才支持是社会主义新农村建设的必要举措。

与此同时,十几年的高校扩招以及专业内容未能与时俱进,大学毕业生供给与市场需求出现偏差,带来的高校毕业生资源沉积问题日益严重。1998 年之后,我国逐渐取消了高校毕业生分配制度,开始鼓励大学生自主择业,大量的毕业生流入市场进行竞争。而随着社会主义市场经济的发展,就业岗位逐渐减少,岗位竞争压力不断增大,就业岗位供应不足,从 2001 年到 2015 年高校毕业生人数逐渐增加,2015 年将达到 749 万人,就业压力大。除此以外,根据马斯洛需要层次理论,自我实现的需要是最高层次的人生追求,大学生对自身价值的认识不再是仅限于毕业找到一份稳定工作,而更多地希望通过自身的努力,为祖国做出贡献,实现自身的人生价值。"大学生村官"就是在这一背景下做出的社会建设的新举措。2006 年开始,"大学生村官"作为当前社会的一个新生代群体,成为我国构建社会主义新农村的建设生力军,为我国农村建设带来了新鲜的活力。2009 年,在总结各地实践经验的基础之上,中组部出台了《关于建立选聘高校毕业生到村任职工作长效机制的意见》,计划到 2012 年选聘 10 万名"大学生村官"。中组部部长李源潮指出:要切实做好选聘高校毕业生到村任职工作,为社会主义新农村建设培养骨干力量。

---

① 《十一五规划纲要》,http://wenku.baidu.com/link? url = t5QzFJpYwjnb6WT09qkXFW9ged - bg_ myT14xEKho - qkMUiqTyWbbdX5hd0Dkhy2fl81djAoz - CuFKh - Als7uDdOoZkaIO3OECLbq VMnvaeC。

② 《财政三年投入"三农"数字层面快速增长》,中研网,http://www.chinairn.com/news/20140419/085354346.shtml,2014 年 4 月 19 日。

第三章 "大学生村官"创业的问题与路径 / 77

自2008年起,我国政府在总结各地经验的基础上决定扩大"大学生村官"的聘用规模,2010年,针对"大学生村官"的发展状况,提出促进"大学生村官"有序流动的五条出路选择,其中将"自主创业"作为"大学生村官"的主要选择,并鼓励"大学生村官"任职期间积极带动村民创业致富。2012年11月,党的十八大中再次提出"创新驱动发展战略",鼓励创业带动就业,支持青年创业,实现多渠道多形式就业,使创业成为面向全民的行为,尤其是社会主义市场经济条件下的新兴群体。鼓励"大学生村官"带动村民创业,从而解决和带动农村更多的就业岗位,成为社会主义和谐社会和新农村建设的必然趋势。

但是"大学生村官"届满之后的去向问题逐渐引起了包括村官在内的社会各界的关注,2010年中共中央办公厅印发《关于做好"大学生村官"有序流动工作的意见》,提出"留村任职、考录公务员,自主创业发展、另行择业、继续学习深造"五条去向选择,其中,"自主创业选择"成为一条重要的途径。(如图3-1)

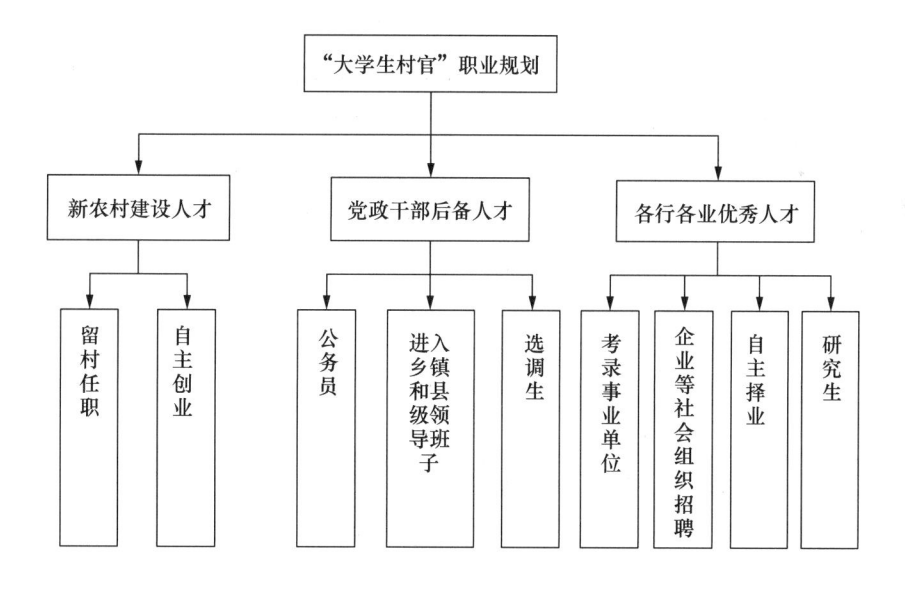

图3-1 "大学生村官"职业规划

资料来源:http://baike.baidu.com/link?url=2TS85FIxztmYHzcIA_AlcAxoO eUJHeVhA5ClFI_9aymgBklPVWFlrC2h3pZLDyfeBwnCVZvu1sGcikvFQna0eSzLAihwN3 sdoTCuWzdb953。

"大学生村官"是具有中国特色的社会群体,是国家为社会主义新农村建设培养的骨干人才,也是党为新农村工作注入的新鲜血液。鼓励

"大学生村官"投身农村，充分发挥"大学生村官"对新农村的建设性作用，带动社会主义新农村建设，是我国政府设立"大学生村官"的重要原因之一。本书分析当前"大学生村官"创业过程中存在的问题，构建"大学生村官"创业的社会支持体系，对营造良好的"大学生村官"创业环境，推进"大学生村官"成功创业具有重要意义。首先，"大学生村官"逐渐成为地方招考的必然趋势。2006年我国大力推行"大学生村官"计划，各级地方组织部门也在中央政府的号召下，根据地方实际，着力推进。2013年山东省组织部响应2012年中组部等联合下发的《关于印发〈对于进一步加强"大学生村官"工作的意见〉的通知》，成为首个取消选调生职位，设"大学生村官"的省份。其次，累计报名"大学生村官"的高校毕业生有300万名，共有41万大学生到村任职。大学生任期届满后的出路问题也成为社会各界关注的问题。而鼓励"大学生村官"留村任职和自主创业，成为新农村建设人才。最后，构建"大学生村官"创业社会支持体系，为"大学生村官"出路多元化建设提供更完善的保障。

理论研究的意义在于指导实践，本课题的宗旨就是在理论研究的基础上，对目前"大学生村官"创业过程中存在的问题提供相应的建议。期望通过本课题的调查研究，为相关部门提供更多的有效数据和建议，从而为"大学生村官"构建良性的社会支持体系，营造更好的社会创业环境，使其各尽其才，为建设社会主义新农村贡献自身力量，真正实现国家培育"大学生村官"的目的。

第二节 "大学生村官"创业的研究基础

一 "大学生村官"的概念界定

所谓"大学生村官"，是指在各级党委和政府政策的指导下，到农村（含社区）担任村党支部书记、村委会主任助理或其他村"两委"职务的、具有大专以上学历的应届或者往届大学毕业生。[1] 从国家政策目标和招聘程序上来看，"大学生村官"区别于"机关公务员""三支一扶"

---

[1] 佘宇等：《"村官"小政策，人才大战略——"大学生村官"政策评估研究》，中国发展出版社2013年版。

"农村特岗教师""志愿服务西部计划人员"以及"村干部"等岗位,它是需要签订服务合同,具有三年服务期限的全日制高校毕业生,这就使得"大学生村官"具有这些区别属性,也使得它拥有"非官非民""非公务员非村委成员"的特质。从目前的调研情况来看,"大学生村官"作为助理,主要从事的是一些服务性、辅助性的工作,比如:材料撰写、档案管理、村民培训以及会议记录等文员类工作。

目前"大学生村官"的工作范围和社交对象主要有各级政府部门、乡镇(街道)干部、村(居)委会干部、村(居)民、家人同学等等,本书主要选取与"大学生村官"这一岗位有直接联系的角色进行分析(如图3-2)。首先,"大学生村官"签约后,就形成了一个为期三年的"合同关系",直接被乡镇干部所领导,与乡镇干部形成委托—代理关系,协助乡镇机关管理和服务于新农村建设。乡镇干部拥有"大学生村官"的调配权、监督权以及批评建议权等。其次,"大学生村官"与村干部之间既存在领导—被领导的关系,又存在合作—竞争的关系。"大学生村官"在农村原则上担任的是村支书助理或者村长助理等,协助村干部处理和完成村里事务。但是当随着"大学生村官"的适应性及个人能力的增长,两者又存在竞争—合作的关系。最后,"大学生村官"与村民之间是服务—被服务的关系,"大学生村官"政策的目标之一就是促进人才向农村输出。农村建设的主体就是村民,新农村建设就是要促进农民的全面发展,帮助农民更新落后的思想观念、传播新的科学文化知识,为农民群众提供技术服务等,培养新型农民。

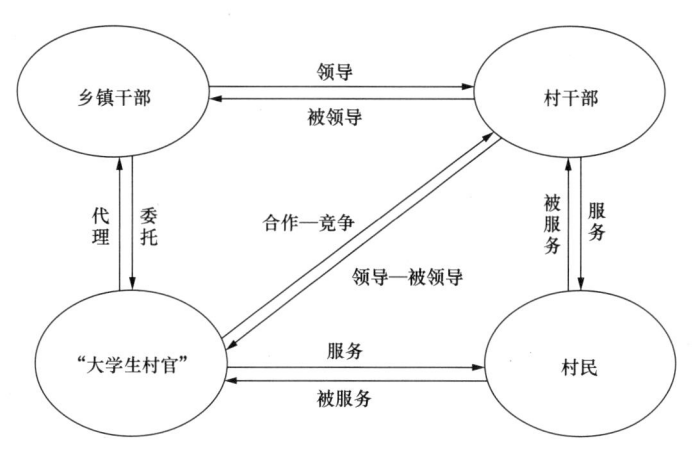

图3-2 "大学生村官"关系网

二 "大学生村官"制度的演进

2008年4月,《关于选聘高校毕业生到村任职工作的意见(试行)》,提出"在全国范围内开展选聘高校毕业生到村任职",标志着"大学生村官"政策在全国范围内全面铺开,但是"大学生村官"政策的提出以及推广经历了多个阶段,总的来说,"大学生村官"政策的确立是一个是从地方到中央、从下到上的发展过程。

早在1995年,江苏省丰县就已经意识到村干部"文化程度偏低"、"整体年龄偏大"的现状,率先选聘了13名大学生去村两委任职,充实村委班子,称为"雏鹰工程"。此后不久,海南省开始局部试点,辽宁省、浙江省慈溪市等地也逐渐制定鼓励引导大学生到农村任职的政策,其中,慈溪市成为全国首个公开招聘"一村一村官"的地区。这一阶段是"大学生村官"政策的萌芽阶段,总体而言,这一时期的"大学生村官"政策相对简单,且实施地区分布于各地不等,并没有对整个社会的政策起到较大影响,但是也开始在全社会推广鼓励知识分子回村工作的理念,初步探索出了一条短期内选拔培养年轻干部的途径,并且对周边县市的发展起到示范带动效应,成为以后政策制定的"参考模板"。从局部试点来看,这一阶段选拔"大学生村官"的主要目的就是改变农村村委结构,带领村民致富,比如这一阶段的"大学生村官"被称为"农村奔小康""致富奔小康"等工作队队员,从当时的口号中可以看出当时"大学生村官"政策推行的主要目的,政策目标较明确。

2002—2004年,是"大学生村官"政策的自发探索阶段,这一阶段的明显特征是越来越多的地区认识到在改革开放、经济发展的新浪潮下,思想观念落后、年龄老化的村委班子机构需要注入新鲜的血液,并且认识到知识的重要性,于是开始探索适合自身发展的村官政策。河南省、吉林省、上海市、陕西省以及新疆维吾尔自治区等地也开始大规模地公开选拔"大学生村官",并且推出了一系列的"本土化"的"大学生村官"政策。这一时期农村问题引起社会各界的关注,这就使得更多的人开始关注"大学生村官"计划。

2005—2007年,是"大学生村官"政策全国性试验阶段,2005年《关于引导和鼓励高校毕业生面向基层就业的意见》中提出"争取用3到5年时间基本实现全国每个村、每个社区至少有一名高校毕业生"的目标,并在2007年中央1号文件中,还放宽了"大学生村官"的报考条件，鼓励有条件的地方，可以选拔大专院校和中职学校毕业生到村任职。总的来说，这一时期新农村的"惠农政策"不再仅仅是促使各地完善"两委"建设，注入年轻力量的推力，同时也是高校毕业生想要报考"大学生村官"的拉力。除此以外，高校扩招带来的毕业生资源滞留现象突出，使得这一阶段的"大学生村官"政策除了推进新农村建设之外，还负有提供高校毕业生新的就业途径，缓解就业压力的目标。

2008年，《关于选聘高校毕业生到村任职工作的意见（试行）》的推行，标志着"大学生村官"计划进入全面铺开阶段。2008年提出从2008年开始，每年选聘2万名，共选聘10万名大学生到村任职，这一目标在2010年的通知中更新为5年内选聘20万名"大学生村官"，其中2010年达到了3.6万名。截至2014年年底，全国"大学生村官"共180960人，其中2014年选聘"大学生村官"25399人。[1] 这一阶段的"大学生村官"政策相对更加完善，选聘制度在实践中不断地改善提高，比如，浙江省根据自身发展需要，2014年首次对报考人员的专业需求定向，解决了"大学生村官"的专业与农村工作"不合拍"的问题。除此以外，党和政府更加关注"大学生村官"的发展问题，不再仅仅是"重招聘、轻培养"，鼓励"大学生村官"任职期间带领村民创业，并积极提供优惠支持政策，并将"推动新农村建设、引导大学生就业，促进人才向农村输入以及培养年轻的干部"作为"大学生村官"政策的细化目标。[2] 同时关注"大学生村官"届满去向问题，2010年中共中央办公室印发《关于做好"大学生村官"有序流动工作的意见》，提出"大学生村官"任职后的五条去向选择，标志着我国"大学生村官"计划这一具有中国特色的政策在逐步完善。

三 "大学生村官"制度的规划

"大学生村官"计划从最开始在局部的小规模试行到全国范围内全面铺开，不管从"人"的方面还是"事"的方面，都极大地推动了我国新农村建设，是我国社会发展人才培养的新战略，对社会主义新农村建设、大学生就业以及培养年轻干部等都具有重大意义。

---

[1] 中国村社发展促进会：《2015年中国"大学生村官"发展报告》，中国农业出版社2015年版。

[2] 佘宇等：《"村官"小政策，人才大战略——"大学生村官"政策评估研究》，中国发展出版社2013年版，第18—32页。

首先,推动新农村建设。[①] 不论从我国的自然属性还是社会属性来讲,我国都是一个农业大国,"三农"问题关系着我国社会的整体发展。随着社会各界对"三农"问题的关注,我国政府也从各种视角支持农村改革发展,其中,"大学生村官"就是一项推进新农村建设的主要措施,"大学生村官"充当农村"信息员""技术员"的角色。比如:"大学生村官"是具有较高的文化水平、掌握着先进的科学专业技术、具有创业激情和创新思维的一个群体。目前城镇化的过程中,农村保守落后的思想观念与城市存在脱轨,而"大学生村官"融入农村,有助于更新农村落后的思想观念,传播科学技术,推动文化建设。同时,"大学生村官"可以利用自己掌握的专业知识,指导农民进行科学种植和养殖,培养新型农民,推动农村生产力发展。比如:河南禹州市开展"技术惠民"活动。除此以外,"大学生村官"计划促进了人才向农村的输出,改变了"两委"结构老龄化、观念保守化以及知识结构低的状况,推动社会主义新农村建设。比如河北省唐山市的"123"志愿服务项目等。

其次,引导大学生就业。[②] 源于1999年开始的高校扩招,2003年开始逐年增加的高校毕业生人数使得大学生就业形势不容乐观。而新农村建设和农业现代化的不断发展,需要注入新鲜的知识力量。"大学生村官"政策适逢这一时代发展的需求。它无疑是在高校毕业生考公务员、企事业单位以及自主创业、择业之外的又一种人生职业规划,缓解了当前城市就业岗位有限与就业人数庞大之间的矛盾。同时,我国政府鼓励"大学生村官"在职创业,并给予一系列的优惠政策,到2014年年底,全国共有22706名"大学生村官"创业,创造就业岗位221412个。[③] 除此以外,2010年出台《关于做好"大学生村官"有序流动工作的意见》,合理引导"大学生村官"届满之后的去向选择,为"大学生村官"届满之后的发展做好服务。

最后,培养锻炼年轻干部。[④] 到2014年年底,进入公务员队伍的

---

① 佘宇等:《"村官"小政策,人才大战略——"大学生村官"政策评估研究》,中国发展出版社2013年版,第10—16页。

② 同上。

③ 中国村社发展促进会:《2015年中国"大学生村官"发展报告》,中国农业出版社2015年版。

④ 佘宇等:《"村官"小政策,人才大战略——"大学生村官"政策评估研究》,中国发展出版社2013年版,第10—16页。

"大学生村官"有 9.2 万人，占全部人数的 36.9%。① 比如：北京市自 2009 年开始，在公务员考录中预留出专门面向即将卸任的"大学生村官"的招录岗位。"大学生村官"的三年基层工作经验，有利于形成"大学生村官"坚韧的、吃苦耐劳的优良品质。同时在一定程度上拓宽了"大学生村官"解决实际工作事务的思维方式。立足于"大学生村官"的这一岗位支撑，"大学生村官"在工作中无形地培养了一种责任意识，在将来的政策提议或者制定工作计划过程中，更能从农民、农村、农业角度出发，客观地开展工作。"大学生村官"进入农村"两委"班子，是优化基层干部队伍结构，为祖国培养年轻的后备力量，提高党的执政能力和水平的有效途径。

四 "大学生村官"创业的理论导向

早在 20 世纪 80 年代，国际商务理论的研究者邓宁教授就提出学者要"更多地关注创新和创业问题"，他认为如果将来企业会在国际生产上有所突破，那么很可能就是通过创新与创业这个方向。② 此后越来越多的学者从组织学、管理学、心理学、社会学以及社交学等不同学科角度对"创业"进行研究，其就是一种多学科跨领域的活动，也使得对"创业"的研究越来越丰富。综合 20 世纪 80 年代至今的国内外文献，关于创业这一活动现象，很多学者形成了自己关于创业理论的概述。这些阐述主要包含三点：创业主体、创业过程和创业活动。（如图 3-3 所示）

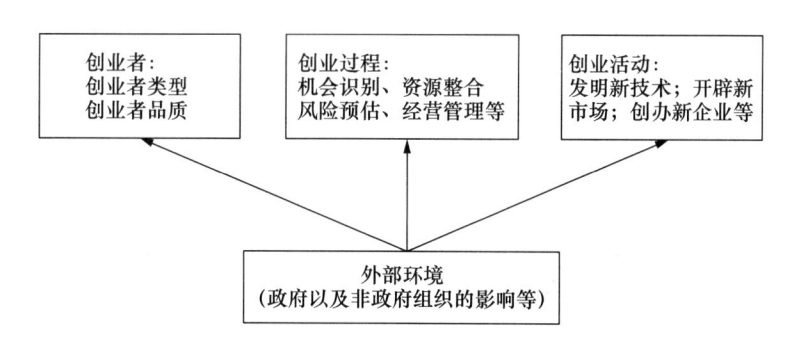

```
┌──────────────┐  ┌──────────────────┐  ┌──────────────────┐
│ 创业者：       │  │ 创业过程：          │  │ 创业活动：          │
│ 创业者类型     │  │ 机会识别、资源整合  │  │ 发明新技术；开辟新  │
│ 创业者品质     │  │ 风险预估、经营管理等 │  │ 市场；创办新企业等  │
└──────┬───────┘  └────────┬─────────┘  └────────┬─────────┘
       └────────────────────┼─────────────────────┘
                  ┌─────────┴──────────┐
                  │ 外部环境             │
                  │ （政府以及非政府组织的影响等） │
                  └────────────────────┘
```

图 3-3 创业的研究框架

---

① 中国村社发展促进会：《2015 年中国"大学生村官"发展报告》，中国农业出版社 2015 年版。

② Pitelis C. N., Sugden R., *The nature of transnational firm*. London and New York：Routledge，2000，pp. 48-49.

(一) 对创业主体的研究

早期学术界对创业的研究就是基于在对创业者研究基础上进行的。认为创业者具有不同于一般人的特殊品质，这多集中于心理学的角度，通过分析创业者的个体水平，得出创业者的个体特征。比如，盖博 (Gibb)[1]、贝尔 (Bell)[2] 以及罗斯宁 (Rushing)[3] 都是侧重于对创业者的共同特质进行描述和研究，指出创业者拥有冒险性、创新能力、自信以及解决问题的能力等特质。陈震红按照创业者的成长历程，将创业者划分为酝酿者、初学者、熟练者、持续者以及拓展者，认为不同时期的创业者的创业行为具有不同的个人特质，这在一定程度上又影响着创业者的创业决策。[4] 除此之外，黄兆信教授根据"内创业理论 (intrapreneurship)"[5]，提出当前社会应该着力培养内创业者 (岗位创业者)，[6] 内创业者兼具创业者和一般管理者的优势。[7] 比如：内创业者具有创业者所具备的持续的创业精神、自主工作学习能力以及强烈的成就动机，且依托于本身的工作平台，创业损失承担最小化等优势。岗位创业也是当前众创时代的创新理念的具体体现。

(二) 对创业内容的研究

创业过程论者认为创业是一个动态的、不连续的发展系统，在这个系统中事物的发生和发展涉及许多先行变量，具有不可预测性。而在这个过程中，如何发现和抓住创业机会，并有效地进行资源整合和经营管理等变得异常重要。Shane 和 Venkatarman 通过研究创业机会进而研究创业活动，他们认为创业是"人们通过某种方式去发现、评估以及利用机

---

[1] Gibb, A., Entrepreneurship and Intrapreneurship – Exploring the Difference, 1990. In R. Donkels & A. Miettinen (Eds.), *New Findings and Perspectives in Entrepreneurship*. Hant: Gower. p. 38.

[2] Bell, Jim et al., Internationalising Entrepreneurship Education. *Journal of International Entrepreneurship*, 2004, 2 (1–2), pp. 109–124.

[3] Rushing, F. W., Entrepreneurship and Education. In Calvin A. Kent (Eds.), *Entrepreneurship Education: Current Developments, Future Directions*. Quorum Books, 1990, pp. 29–39.

[4] 陈震红、董俊武、刘国新：《创业理论的研究框架与成果综述》，《产经评论》2004 年第 9 期。

[5] [美] Pinchot：《创新者与企业革命》，丁康之、丁伟之译，中国展望出版社 1986 年版。

[6] 黄兆信、陈赞安、曾尔雷、施永川：《内创业者及其特质对我国高校创业教育的启示》，《高等教育研究》2011 年第 9 期。

[7] Antoncic B., Hisrich R. D., Intrapreneurship: Construct Refinement and Cross – cultural Validation. *Journal of Business Venturing*, 2001 (16), pp. 495–527.

会进行创造未来商品和服务的活动"。[1] 强调了创业机会的识别对于创业过程的重要性。除此以外，蒂姆斯[2]、丘吉尔[3]等学者也在各自的著作中提出创业就是一个抓住和识别机会的过程。而除了对把握创业机会的研究以外，有效地利用和整合创业资源也是创业成败的关键，正如杰弗里·蒂蒙斯教授所说："创业过程是从开始就进行的连续的寻求平衡的行为。创业过程依赖于机会、创业团队和资源这三个要素的匹配和平衡"。[4] 相比初创者，有经验的创业者因为逐渐拥有的创业经历以及社会网络，使其占有创业资源优势和机会优势。

（三）对创业活动的研究

创业活动的选择与论述多集中于组织行为学和管理学角度，包括创建新企业、引进和发明新技术以及开辟新市场等等。而这些创业活动的最基本的目的就是开创一个由利润导向的事业，实现创业的价值。当然也有学者将创业者的活动定义为创建企业的过程，进而从这一活动之下的子活动，如：资源合并、创新以及风险评估等方面对创业活动进行研究。王占仁教授认为创业可以经由一个"潜伏期"，针对当前的创业教育发展模式，提出"广谱式"教学理念，创业活动应该面向社会全体，但可以"经由就业走向创业"，即依托于自身工作岗位，积蓄创业资源，进而开创自己的事业。[5] 就目前大学生创业成功率仅1%左右的现状来讲，经由就业走向创业的发展过程是值得推广和借鉴的。这一创业理念也恰好是当前我国提倡"大众创新，万众创业"的具体体现。除此以外，格兰诺维特的"内嵌性理论"的任何经济活动只有在具体的社会关系中，我们才能理解它的内容与形式。卓高生等从"社会空间"的角度出发，提出创业过程要坚持理性的创业行为，通过"正确引导内心的创业热情、科学合理地选择创业机会、优化创业资源的组合、创立从事新的企业或

---

[1] Shane S., Venkataraman S., The promise of entrepreneurship as a field of research. *Academy of Management Review*, 2000, 25 (1), pp. 217–226.

[2] Timmons, J., *New venture creation*. Boston: Irwin, 1995, pp. 56–63.

[3] Churchill, N.C., Research issues in entrepreneurship. In D.L. Sexton & J.D. Kasarda (Eds.), *The state of the art of entrepreneurship*. Boston: PWS-Kent. 1992, pp. 579–586.

[4] Jeffry A. Timmons：《战略与商业机会》，周伟民译，华夏出版社2002年版，第56页。

[5] 王占仁：《经由就业走向创业——教育体系建设研究》，《东北师大学报》（哲学社会科学版）2013年第5期。

事业的过程。"①

除此以外,有学者也通过分析创业环境来进行创业描述,强调创业环境对创业活动具有重要的影响作用。Gartner 将创业研究的焦点对准新企业的构建过程,认为企业的建立虽初始于企业家的思想,但是创建过程中受到内外部环境的影响与制约,并且这个动态且不连续的过程受到很多不可预估变量的影响。② 内外部环境的影响因素具有不可控性,而尤其是外部环境对于一个初创企业的生存与发展具有较强的影响力 (Gnyawali & Fogel, 1994)。③ 有学者运用种群生态学和资源依附理论,指出当前社会需要构建一个稳定的、良性的外部环境,鼓励和支持创业活动。从社会支持网络的角度分析,创业环境的构建包括五个维度,即政府政策和规程、社会经济条件、创业和管理技能、创业资金支持和创业的非资金支持。④ 因此,这要求环境的构建主体(如:政府和企业以及社会各界组织)要建立良性联动机制,营造良好的创业环境。

综上所述,尽管学术界对"创业"内涵的理解具有不同的阐述,但总体看,出现频率较高的关键词有:开创新事业、建立新组织、资源整合、创新、拥有新机会、衡量风险、创造价值等 (Morris, 1998)。综合以上观点,本书将"创业"概括为:"个人或者组织为了实现创新或者创造新价值的目的,通过发挥自身优势,整合现有资源以及挖掘潜在资源的过程"。而本书研究的"创业",将其界定为更简单明了的解释,即"一个人开始经营小企业的过程"。"大学生村官"创业是指"大学生村官"通过依托于各种优惠政策,在农村独立创办、组织经济实体,或进行项目培育,并带动农村经济发展,实现创业富民的目的。

五 "大学生村官"创业社会支持体系研究

(一)社会支持体系概念

从社会学意义上来讲,社会支持(Social Support)是指一定社会网络

---

① 卓高生、曾纪瑞:《创业大学生社会融合现状及社会支持体系的构建》,《广州大学学报》(社会科学版) 2013 年第 2 期。

② Gartner, W. B., A conceptual framework for describing the phenomenon of new venture creation, *Academy of Management Review* 10 (4), 1985, pp. 696 – 706.

③ Gnyawali, D. R. & D. S. Fogel, Environments for entrepreneurship development, *Entrepreneurship Theory & Practice*, 1985, 18 (4), pp. 43 – 62.

④ 张建:《创业理论研究与发展动态》,《经济学动态》2003 年第 3 期。

运用一定的物质和精神手段对社会弱势群体进行无偿帮助的行为的总和。[①] 社会支持体系的构建和作用效果受到社会支持体系主体的构成和社会支持体系客体认知的影响，具体表现为通过支持方式、支持内容以及支持度三个变量来影响支持效果。整体来说，当前学者主要从以下角度来进行阐述。首先，社会支持主客体互动理论研究。该观点认为社会支持的主要内容在于人与人之间的互动，同时并非一种单向关系的给予或者帮助，而是社会关系的主客体之间的支持交换，即社会支持主体将给予客体的帮助看作是一种存在"支持回报"的"投资"，是社会主客体间的互动关系。美国心理学家、行为科学家伦西斯·利克特（Rensislikert）在研究支持关系理论的时候提出任何一种更为有效的组织必然存在一个紧密而有效的社会系统，其最大的特点就在于支持的双向性和互动性。[②] 而康恩等（Kahn et al.，1980）认为社会支持是人与人之间的肯定、关心和帮助。其次，社会支持体系的分类研究。对于社会支持系统的研究，很多学者从不同角度进行分类研究，比如：二分法。组织理论认为社会支持包括社会情感支持和工具支持（物质支持和人员支持），这种观点主要立足于支持客体的认知程度。[③] 三分法。立足于社会支持的内容进行分析，将社会支持分为手段支持、情感支持以及信息支持。最后，从社会支持的作用方面进行研究。按照社会支持的作用将其分为主效应模型、缓冲作用模型以及动态模型三种，这三种模型都是立足于社会支持主客体的心理进行研究。[④]

随着经济发展和转型，我国的一些社会问题也显现出来，对于在我国转型期间某些弱势群体（比如：留守儿童、空巢老人以及农民工等）的支持问题逐渐引起社会关注，并取得一定的成果。比如：李树茁的《农民工的社会支持网络》、张友琴的《社会支持与社会支持网——弱势群体社会支持模式初探》、陈世伟的《论中国社会转型期对弱势群体的社会支持》、黄兆信的《创业大学生社会支持体系构建研究——以温州高校

[①] 社会支持，百度百科，http：//baike.baidu.com/link？url＝0U1HjjEiH7C1QQdWe0_ap-D9GXXKYEwd-nsyw56Dy2FmLKscaQGowAwBe7En9jtqKnIApru5cxAzLkus5E-pcq。

[②] 张丽风：《利克特的支持关系理论的评述》，《西南农业大学学报》（社会科学版）2010年第8期。

[③] 谭频：《组织支持理论研究综述》，《企业导报》2009年第9期。

[④] 吕培瑶：《关于社会支持理论的研究综述》，《时代教育》2010年第4期。

为例》、卓高生的《创业大学生社会融合现状及社会支持体系的构建》、黄兆信的《新生代农民工创业的现状与对策研究——基于多个城市的实证调查》等研究，这些理论成果都为我国"大学生村官"创业的社会支持体系的构建起到重要的指导作用。

(二) 社会支持体系主体分析

从社会支持体系的概念分析，我们把社会支持主体定义为"一定社会网络"。这个网络的结构是"各种社会的形态"，包括正式的社会支持网络和非正式的社会支持网络，总的来说，包括"政府""学校""企业""媒体"以及"家庭"，等等。社会支持主体体系的构成对社会支持体系的作用效果具有重要影响。

首先，是政府。社会支持主体都具有主动性和适应性。社会支持体系的构建最初是通过政府的积极支持和引导，从而增强社会支持功能的实现。[1] 政府通过自身的权威性对其他参与主体进行组织协调，这些组织方式通常有：文件政策、法律法规以及行政命令等，在社会体系构建中起到桥梁的作用。其次，是学校。国务院总理李克强说："一个国家基础科学研究的深度和广度，决定着这个国家原始创新的动力和活力。"[2] 学校作为社会建设的知识主体，回归大学理性，构建"大学生村官"创业培养体系的智力支撑。再次，是企业。2014年3月，中国科学技术发展战略研究院公布《2013年国家创新指数报告》，报告显示：我国创新能力稳定上升，继续领跑金砖国家。其中"企业是开展创新活动的重要主体，也是国家创新体系的重要组成部分"。企业在国家创新中发挥重要作用，也是知识成果创新转换的主体。企业在社会网络中拥有充分的资金、技术、项目以及管理等资源。又次，是媒体。媒体在社会支持网络中发挥着舆论宣传作用，正确的舆论导向和宣传有利于创造和谐的社会支持关系，提高社会支持效率。最后，是家庭。家庭作为非正式社会体系的主要部分，目前在构建社会支持体系中最容易受到忽视，但是家庭的支持功能不应该因此而弱化，积极发挥家庭的物质支持、情感支持和精神支持对于支持客体具有重要的意义。除此以外，各参与主体应建立合理的

---

[1] 刘瑛、何云景：《创业支持系统复杂适应性的结构维度分析》，《经济问题》2012年第1期。

[2] 《新京报》2015年5月7日。

联动机制,从物质支持、精神支持、服务支持以及信息支持等各方面进行构建。

(三)构建"大学生村官"创业社会支持体系

在我国经济社会转型的关键时期,创业行为已经从自我驱动为主发展到政府支持为主的攻坚阶段。① 在这一阶段,构建以政府牵头,企业、社会媒介、学校等主体积极参与的社会支持体系,有利于创业主体("大学生村官")在更短的时间内,以较低的成本获得更多的所需要资源,从而提高创业率,推动社会主义新农村建设。

首先,有利于推动"大学生村官"计划的可持续发展。鼓励、支持以及引导"大学生村官"创业富民是实施"大学生村官"计划的主要目的。2009年中组部下发的《关于建立选聘高校毕业生到村任职工作长效机制的意见》明确提出"鼓励'大学生村官'在农村创业""并通过适当政策倾斜和市场机制的办法"提供支持等。② 建立有助于"大学生村官"创业的长效机制,是"大学生村官"农村创业的迫切需求,同时提高"大学生村官"工程的吸引力,吸引更多的大学生投入到农村工作的建设中,促进人才回流,同时使"大学生村官"计划成为一个长久的利民政策。

其次,有利于吸引"大学生村官"农村创业,充实创业大军。"大学生村官"创业目前存在较多障碍,比如:无资金、无人脉、无土地、无经验等。这些缺陷在一定程度上使得"大学生村官"创业风险大。很多"大学生村官"即便有创业的梦想也不敢轻易付诸实践,或者等几年回城之后,具有一定条件保障再开始创业,但这就与国家支持"大学生村官"农村创业富民的初衷相违背。因此,建立完善的社会支持服务体系,有助于在初期提高大学生创业意愿,制定清晰的创业规划,吸引"大学生村官"创业,让"大学生村官""留得下、待得住"。

最后,有利于提高创业成功率,增加农村就业岗位,促进农村经济发展。中组部部长李源潮在2011年全国"大学生村官"培训班上指出,"大学生村官"要"勇于创新创业,帮助农民开拓致富新路"。随着我国

---

① 刘瑛、何云景:《创业支持系统复杂适应性的结构维度分析》,《经济问题》2012年第1期。

② 中组部:《关于建立选聘高校毕业生到村任职工作长效机制的意见》,http://www.54cunguan.cn/news/zhengcewj/200905/931.html,2009年4月7日。

城镇化的推进，农村出现大量的剩余劳动力，建立"大学生村官"创业的社会支持体系，加强对"大学生村官"的创业培训，提高"大学生村官"创业的基本素质，比如：良好的专业能力、较强的学习能力、健康的心理素质以及抗压能力等，从而提高创业成功率。截至2014年年底，全国共有22700多名"大学生村官"创业，为农民群众提供就业岗位22万多个。在一定程度上转移了农村剩余劳动力，有效缓解农民工群体的盲目和无序流动。①

除此以外，有利于"大学生村官"为新农村建设服务，促进新农村向现代化、科技化之路迈进，培养新型农民。城乡二元化结构的发展，大量农村人才流向城镇，造成农村人才流失，"大学生村官"工程恰好弥补了这一缺陷，通过建立完善的"大学生村官"创业支持体系，逐步开创农村创业型经济的内生新模式，转变"以工补农，以城带乡"的外援模式。② 同时，传播新的经济发展理念，培养农民创业技能以及学习新的科学技术，促进农民个体或集体创业。

第三节　基于温州市"大学生村官"创业活动调查分析

2007年温州市开始"大学生村官"选聘工作，截至2015年，累计选聘"大学生村官"3800多人。③ 随着"大学生村官"工作的开展，这一新兴群体的创业热潮也引起社会各界的广泛关注，尤其是2009年中组部联合各部门出台《关于建立选聘高校毕业生到村任职工作长效机制的意见》，不仅明确提出鼓励"大学生村官""立足农村农业实际自主创业"，而且提出各地要积极支持并落实优惠政策，从而提高"大学生村官"创业的意愿和信心，取得了一定的成绩。据统计，我国"十二五"规划纲

---

① 李哲、何云景、代强：《构建以乡镇为重点的创业支持系统》，《集体经济》2011年第1期。

② 袁晓辉、王卫卫：《创业型经济背景下"大学生村官"的角色转变与功能拓展》，《农村经济》2011年第3期。

③ 《温州"大学生村官"选聘总数全省第一》，浙江在线，http://zwnews.zjol.com.cn/vcenter/system/2013/07/31/019505095.shtml，2015年7月31日。

要中,"创业"一词出现14次,"支持"一词出现66次,核心内容是千方百计扩大就业创业规模,核心做法是建立完善的创业服务体系。[①]

为深入了解温州市"大学生村官"创业发展状况,我们选取温州地区部分"大学生村官"作为调研对象,通过座谈会(27人)、发放调查问卷(发放调查问卷513份,回收450份,有效率87.7%)等形式,达到预期目标。样本基本信息如下:有效样本中,男生占43.33%,女生占56.67%,其中83.6%为非独生子女,17.4%为独生子女;从工作时间看,16.67%的刚到任(半年以内),76.67%的工作一年左右,6.67%的工作两年时间;从职务上看,83.33%担任村干部助理,16.67%担任镇干部助理。我们对"大学生村官"目前工作现状及创业情况进行调研,形成报告如下:

一 "大学生村官"创业存在问题之一:创业观念与素质

顺应创新型社会"大众创业,万众创新"的时代潮流,全国范围内兴起了"创业热","大学生村官"作为大学生群体的一部分,本身是受过高等教育(包括创业教育)熏陶的社会群体,是存在创业意识和创业热情的,但是当前"大学生村官"农村创业成功率较低,与"大学生村官"自身素质存在较大关系。

(一)缺乏创业动力、创业意愿和创业观念

创业意愿是创业者个体或者创业组织关于要创办某一项事业的管理理念、发展方向以及经营形式等直接的意向(Bird,1988),创业意愿是影响创业行为的最直接的内因。当前"大学生村官"在农村工作的心态观念不一,调查显示,只有8%的"大学生村官"选择"届满之后留在农村创业",40%的"大学生村官"认为"创业比起其他出路,充满了未知的风险,'大学生村官'需要审时度势,谨慎行事"。在访谈中,有村官表示"创业受到多种因素的影响,不仅包括自身知识技术,还有外界观念和支持度等"。在"大学生村官"对创业的态度调查中,均表示"大学生村官"创业信心支撑不足,尤其是女性,"对自己未来规划表示迷茫,希望届满之后能考到公务员等稳定岗位"。有乡镇干部认为"影响'大学生村官'创业的选择与'大学生村官'的个人意愿有较大关系"。

---

① 刘瑛、何云景:《创业支持系统复杂适应性的结构维度分析》,《经济问题》2012年第1期。

心理学家麦克里兰认为，成就动机是创业意愿最稳定的预测特质，个人成就动机的高低与创业行为存在某种程度的关系，部分"大学生村官"安于"大学生村官"日常的工作状态，个人成就动机较低，工作的主动性不强，缺乏责任感和工作认同感。

（二）涉农专业比例较低，缺乏专业支撑

到2014年年底，我国"大学生村官"中涉农专业（农林牧渔类）的在岗"大学生村官"只有55153名，占全部人数的6.36%。[1] 我国历来的城镇二元化结构使得在社会生产方面，农村和城市肩负着不同的"职责"，扮演不同角色，农村主要以农业生产为主。在访谈中，相比经济学、农学背景的"大学生村官"，社科类专业（如：中文、哲学、历史等）的"大学生村官"表示"对于创业没有头绪，而对于农村经济发展方向也缺乏规划想法"。对于农业生活中常出现的问题，"大学生村官"常常表现出一无所知，更像是农业发展的"弱势群体"——既缺少相关农业知识，又缺少农业生产经验。受访的村干部也表示"大学生村官"的到来确实给农村带来了人才资源，但是大部分"大学生村官"的专业与农村生活、农业生产并没有直接关系，短时间内无法为农村建设服务。

（三）缺乏创业实践，社会经验、创业能力不足

大部分"大学生村官"是大学毕业之后直接进入农村工作的，本身就缺少工作经历和实践经验。据调查问卷显示，在"您在农村主要从事哪项工作"一题中，55.33%的"大学生村官"主要"处理村务，担任村主任秘书"，30%的"大学生村官""没有固定工作，随意性较大"。访谈中，部分"大学生村官"和当地村干部表示"工作流动性比较大"，虽然"大学生村官"工程的目的是促进人才向农村输入，但是"经常被乡镇抽调或者大部分时间是在乡镇挂职工作"，与村民打交道的时间较少。在"与当地村干部相比，'大学生村官'自身的缺陷"一题中，"缺乏工作经验""缺乏对农村的了解"以及"解决问题的实用性办法少"三项占有较高比重（如图3-4）。而"应变能力"和"解决问题的实用性办法"多是在日常处理事务的过程中形成和训练出来的，部分"大学生村官"表示当地多疏忽对"大学生村官"的培养工作，"大学生村官"任

---

[1] 中国村社发展促进会：《2015年中国"大学生村官"发展报告》，中国农业出版社2015年版。

职之后,多从事打字、宣传等秘书类工作,缺乏创业实践培训,创业能力较低。

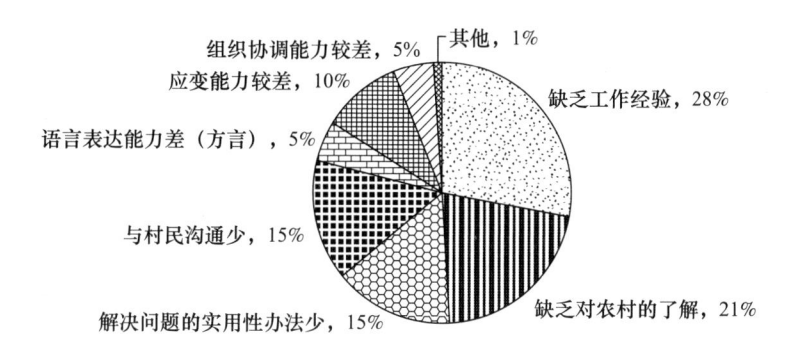

图3-4 与当地村干部相比"大学生村官"自身的缺陷示意

二 "大学生村官"创业存在问题之二：保障政策不够完善

政府作为推动和倡导"大学生村官"创业的主体之一,提出"引导和支持到村任职高校毕业生在农村创业",随着"大学生村官"创业培养计划的推广,"大学生村官"创业取得一定成效,但是也存在"大学生村官"社会融合度低、"大学生村官"招聘程序缺乏针对性、创业保障有待完善、发展机制不健全以及政策失灵等问题。

（一）"大学生村官"身份尴尬,社会融合度低

20世纪40年代,费孝通先生在《乡土中国》中构建了一幅"熟人社会"的文化图景。他用"差序格局"来描述人与人之间的亲疏关系。[①] 这种熟人社会潜在的排他性特征在温州文化中尤为突出,这种文化不仅包含地域差异,还存在家族文化差异。对于"大学生村官"低融合度则受两方面因素影响：自身排斥和他人排斥。首先,自身排斥。"大学生村官"是"非官非农",且有任职期限的职位,对自身的这种社会定位和认知导致"大学生村官"社会融合度低,笔者认为与"大学生村官"的高度的创业热情形成强烈反差的低成功率与"大学生村官"的低社会融合度有着密切的联系。问卷调查显示,在"届满之后的去向"一题中,67%的"大学生村官"选择届满之后"报考公务员、事业编制单位",只

---

① 费孝通：《乡土中国》,中华书局2013年版。

有 12% 的 "大学生村官" 选择 "继续留任", 8% 的 "大学生村官" 选择 "农村创业" (如图 3-5)。而在全国 "大学生村官" 流动去向统计中, 截止到 2014 年年底, 进入公务员队伍的占 36.9%, 进入事业单位的占 28.2%, 这两大选择去向占有流动比例的 60% 以上。[1] 在访谈中, 笔者了解到部分 "大学生村官" 存在 "'大学生村官'只是一块镀金石" 或者 "找不到合适工作的暂时选择" 等观念, 而 "甘心扎根基层、锻炼自己、带领农村创业致富的村官" 所占比例并不多。这表明当前 "大学生村官" 中存在 "跳板" "镀金" 的短视心理, 把为期三年的 "大学生村官" 职位看作是 "后大学时代"。[2] 除此以外, 还有村民的低接受度。"大学生村官" 制度是嵌入到基层自治管理制度中的, 这就决定了基层自治主体与 "大学生村官" 之间关系的多样性, 比如: 排斥型、协作型和融合型社会关系。"大学生村官" 对于自身 "非官非农" 的身份, 缺乏对农村社会的认同感和归属感, 不利于 "大学生村官" 自身树立创业富民的价值理念, 也不利于积极融入到农村社会的治理中。

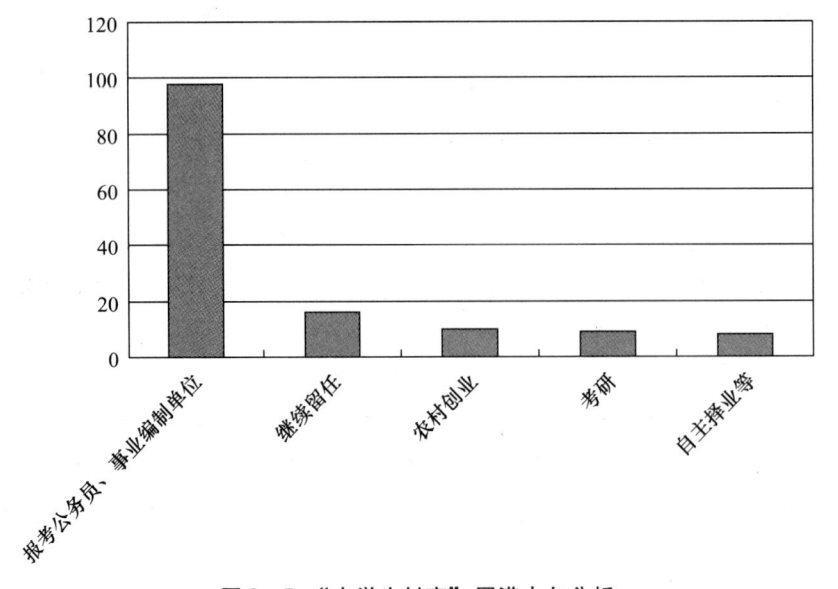

图 3-5 "大学生村官" 届满去向分析

---

[1] 中国村社发展促进会:《2015 年中国"大学生村官"发展报告》, 中国农业出版社 2015 年版, 第 6 页。

[2] 佘宇等:《"村官"小政策, 人才大战略——"大学生村官"政策评估研究》, 中国发展出版社 2013 年版, 第 2 页。

(二)"大学生村官"招聘政策缺乏科学性、针对性

截至2014年年底,我国"大学生村官"中涉农专业(农林牧渔类)的在岗"大学生村官"只有55153名,占全部人数的6.36%。从当前的选聘条件看,对大学生的思想素质、政治文化等作了明确要求,有地方要求是"学生党员或者优秀干部",但是选聘条件忽略了地方需求的差异性特征。在访谈中,当地村干部表示"部分村官专业与农村不相匹配,无法较快地为新农村建设服务"。在调查问卷中,有46.67%的"大学生村官"认为"与当地村民交流少"是"大学生村官"创业的劣势之一,而在访谈中,部分"大学生村官"表示听不懂且不会讲地方方言,阻碍了与村民的交流。由于语言不通,部分"大学生村官"并不能做到人尽其才,相反,部分返乡大学生反而能在新农村的建设中发挥更多作用。除此以外,在访谈中,有村官表示"受专业限制、区域语言文化以及思维方式差异的影响,自身对农村工作并不适应,镇政府也并不给自己发挥空间的工作",失去了岗位支撑的"大学生村官"对农村工作的认同感则更低。

(三)地方政府对"大学生村官"政策认识片面

地方政府是推行"大学生村官"政策的最直接的保障力量,关系"大学生村官"计划的目标是否得以真正实现。当前某些地方乡镇干部对"大学生村官"计划的目标定位认识不够深刻,简单地解读为缓解大学生就业压力的阶段性政策,忽略了国家对"大学生村官""下得去、待得住、干得好、流得动"的人才战略目标,更没有从人才战略的高度进行培养和谋划,突出表现为"重数量,轻培养"。在管理制度上,也没有制定与"大学生村官"相关的激励惩罚制度来调动"大学生村官"的工作积极性。在访谈中,不少乡镇干部表示"'大学生村官'一职是中央政府为缓解大学生就业压力而设置的职位,届满之后'大学生村官'会有更好的选择"。除此以外,乡镇政府对"大学生村官"创业的行为认识不够,支持不到位。"大学生村官"能否顺利创业,关键在于当地政府是否积极引导。访谈中,"大学生村官"表示"多从事档案管理、文字整理之类的重复性工作",忽略创新创业的培养引导。

(四)缺乏创业资金,创业政策环境有待优化

鼓励"大学生村官"创业,是当前解决大学毕业生就业压力、带动农村经济发展的有效措施。然而,"大学生村官"虽然具备较高的文化素质和知识储备,但是市场经验缺乏,创业面临着较多困难和阻碍。首先,

缺乏资金。缺乏创业资金是"大学生村官"创业面临的首要难题。调查问卷显示，在"'大学生村官'创业的阻碍因素"调查中，86.67%的"大学生村官"选择"资金短缺，融资困难"。而在"创业资金来源"的调查中，86.67%的"大学生村官"选择了"个人积蓄和家庭支持"作为创业的主要资金来源，家庭似乎是"大学生村官"创业的最大资金来源（鉴于"大学生村官"毕业之后进入农村工作，没有多少个人积蓄）。这在一定程度上反映出一旦创业失败，"大学生村官"及其家庭经济状况可能会受到较大打击，因此"大学生村官"创业选择较谨慎。其次，创业环境有待优化。在"'大学生村官'创业阻碍因素"调查中，73.33%的"大学生村官"认为"村民排斥或者不支持，难以开展工作"、70%的"大学生村官"认为"信息不畅，难以找到门路"以及43.33%的"大学生村官"选择了"创业优惠政策有待落实"（见表3-1、表3-2）。在访谈中，有村官表示"政府创业资金申请程序复杂，自己创业，承担风险较大"等等。除此以外，在"您是否了解本省、本地区有关'大学生村官'创业的优惠政策"一项中，26.67%的"大学生村官"选择"不了解"、20%的"大学生村官"选择"没关注过"，这在一定程度上显示出当前政府要进一步加强政策宣传和创业引导，完善创业外部舆论和政策环境。

表3-1　　　　"大学生村官"创业阻碍因素调查（多选）　　　单位：次，%

创业阻碍因素	频次	百分比
资金短缺，融资困难	130	86.67
村民排斥或者不支持，难以开展工作	95	73.33
信息不畅，难以找到门路	105	70
创业优惠政策有待落实	65	43.33
村干部的消极态度	55	36.67
社会舆论环境导向	35	23.33

表3-2　　　　"大学生村官"创业资金来源调查表（多选）　　　单位：次，%

创业资金来源	频次	百分比
个人积蓄和家庭支持	130	86.67
向朋友借	30	20
政府政策支持下的相关创业贷款	105	70

续表

创业资金来源	频次	百分比
企业创业帮扶基金	45	30
个人银行借贷	50	33.33
学校的创业帮扶基金	15	10
其他	10	6.67

（五）缺乏一套行之有效的对创业的评估、审计监督的制度安排

为进一步优化创业环境，我国出台了一系列的鼓励创新创业的政策，尤其是在资金、技术、信息以及宣传等要素方面。提出向辐射带动广、社会效益大的"大学生村官"创业项目适当倾斜，让他们的创业路走得更顺畅。[①] 但是当前对创业项目、创业风险的评估等都停留在主管部门的主观判断或者日常管理上，对于创业项目的批准缺乏一套行之有效的遴选机制。根据系统论的观点，只有加强监督反馈才能不断完善制度的发展，"大学生村官"作为刚步入社会的群体，工作经验以及创业经历都有待提高，其创业项目发展形势、经营状况、国家财政支持去向等等，都需要主管部门加强对项目发展的审计监督。除此以外，当前"大学生村官"创业项目普遍存在"虎头蛇尾""人走项目丢"的现象，建立一套完善合理的评估、审计制度，有助于提高创业项目的成功率和发展长久性。

三 "大学生村官"创业存在问题之三："创业教育"针对性和时效性不足

目前在我国大学毕业生逐年增加，就业岗位容纳数量有限的形式下，我国大学生就业难从单纯的就业数量演变为就业质量的问题。因此我国政府鼓励高校改变传统的教育方式，提倡创业教育。随着"大学生村官"成为高校毕业生竞争的岗位，高校应根据时代发展要求，完善自身专业和教学设置。

（一）构建"大学生村官"相关创业知识体系

近年来大学扩招，大学生供给与市场需求不太相符，出现部分毕业

[①] 《新农村："大学生村官"创业还需要更多政策扶持》，中国青年网，http://cunguan.youth.cn/2015/0720/1509648.shtml，2015年7月20日。

生资源滞留的现象。很多人把大学生就业难归因于高校扩招,教育部原副部长吴启迪认为"不要随便把'扩招'和'就业难'联系在一起""就业的事情与教学质量有关,与专业设置有关"①。当前大学毕业生资源滞留、就业难是结构性过剩,毕业生供给与市场需要出现偏差。"大学生村官"是国家选聘的、在农村工作的高校毕业生,需要具备农村相关知识储备。但是,目前高校教学内容、专业设置、培养目标明显带有为城市建设和产业服务的特点。长期受这种知识结构培训的高校毕业生并不适合也不愿意选择在农村就业。② 当然这并不主要是源于毕业生的个人意愿,还包括目前我国农村的发展水平和现代化程度暂时还不需要或者并不能满足这一类专业毕业生的需求。以温州大学为例,作为一所综合类本科院校,全日制本科专业共40个专业,③ 但是缺乏涉农类专业。在访谈中,有"大学生村官"表示"学校应根据当前社会发展趋势,适度增添与农业有关的相关专业,提高大学生知识储备"。除此以外,"大学生村官"创业知识缺乏。关于"您是否学习过高校面向大学生开设的创业教育的相关课程"一项,43%的"大学生村官"选择"没听说过,学校没有开设相关课程"或者"学校开设选修课,但自己没有选择"。54%的"大学生村官"表示"作为公选课接触过",只有3%的"大学生村官"选择了"系统学习过,参加过学校的创业班级培训"。见图3-6。

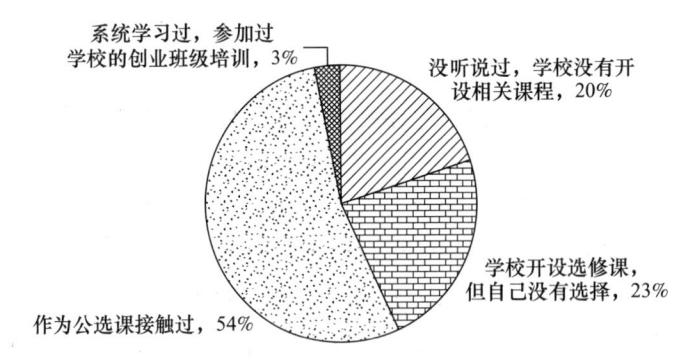

图3-6 是否学习过高校面向大学生开设的创业教育的相关课程

---

① 《大学生就业难与城乡二元有关》,新华网,http://www.ah.xinhuanet.com/news/2009-12/22/content_18559933.htm. 2015-08-14。
② 周玮、吴兆基、王娇、吴玉:《高校在"大学生村官"实践中的对策研究》,《农村经济与科技》2007年第4期。
③ 温州大学招生网官网,http://zs.wzu.edu.cn/Col/Col23/Index.aspx。

(二) 忽略对大学生"重农""创业"文化观念引导

牛长松在对英美两国创业教育的比较过程中指出,"虽然英国创业环境的改善刺激了全民创业活动",但是英国与美国等其他发达国家相比,创业水平仍旧很低,通过对比英美创业环境及公众对创业的态度得出:"文化变革是解决问题的根本途径"。① 创业导向具有文化植根性,文化作为创业导向的环境与条件,意味着在不同国家文化和区域文化环境中可能产生不同的创业导向（Mueller & Thomas, 2000）。② 两千多年的封建专制传统文化,漫长的阶级制度下形成的守业文化,在一定程度上影响着现代人的思维模式和行为方式。同时"官本位"的价值理念深入到社会的层层面面。除此以外,"学而优则仕"的传统教育理念,本身就给高等教育赋予了政治性情怀,并在一定程度上影响受教育者以及其家庭成员的观念。比如,从2012年开始,国考报名人数逐年增长,2014年报名人数高达152万人。在访谈中,有大学生表示"读大学就是为了走出农村,到大城市生活","任期结束后考公务员、加入事业编制"。除此以外,很多大学生认为城市比乡村拥有更好的创业技术、条件以及创业环境,比如:交通、资源以及社会保障。忽视了农村实行创业的土地资源、劳动力以及农副产品等资源。

(三) 忽略大学生创业实践培训,缺乏与农村接轨的社会实践项目

"大学生村官"创业需要技术支撑,"大学生村官"毕业后直接进入农村工作,缺乏经验和技术支撑,与农村生活不相适应。首先,在"你是否参加过创业活动"的调查中,53.33%的"大学生村官"表示"没有了解",大学生参加创业活动的积极性不高;有43.33%的调研对象"参加过学校举行的职业规划大赛和营销大赛等",而只有6.67%的"大学生村官"表示"自己开过工作室"。这表示大部分学校缺乏创业实践培训课程或者学生并没有参与创业实践的主动性和积极性（如图3-7）。其次,大学生的暑期社会实践与农村建设接轨的项目较少,或者缺乏教师指导。暑期社会实践项目是锻炼大学生实践能力、组织能力的主要途径,但是很多大学社会实践项目通过率低、覆盖面小,只有部分学生干部申请参

---

① 牛长松:《英国高校创业教育研究》,学林出版社2009年版,第132—147页。
② 缪仁炳:《创业导向的文化根植——基于温州与关中两地的实证分析》,上海三联书店2006年版,第11页。

加，忽略大部分学生主体的参与性。同时社会实践项目多是与教育、文化传播有关，与农村接轨的社会实践项目较少。除此以外，社会实践项目缺乏教师指导与监督评估制度，往往流于形式。

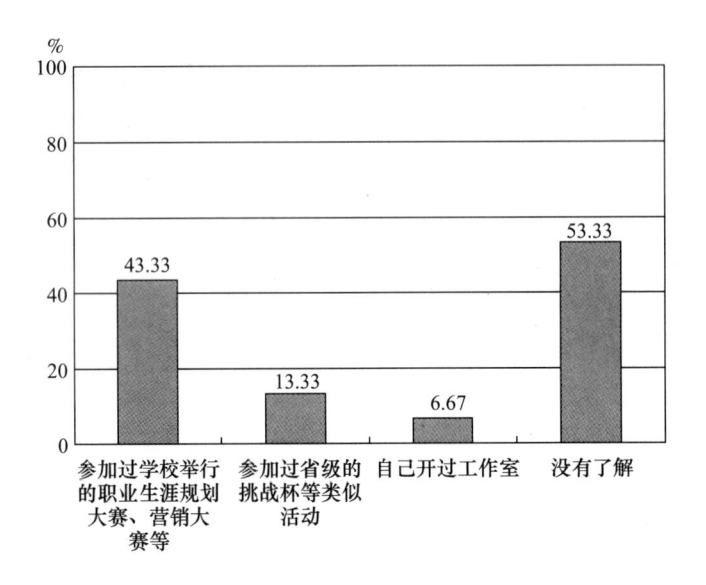

```
%
100 ┤
 80 ┤
 60 ┤                                            53.33
 40 ┤  43.33
 20 ┤           13.33
                        6.67
  0 ┼───────────────────────────────────────
     参加过学校举行  参加过省级的  自己开过工作室  没有了解
     的职业生涯规划  挑战杯等类似
     大赛、营销大赛等  活动
```

图 3-7 是否参加过创业活动调查

四 "大学生村官"创业存在问题之四：企业和社会舆论复杂性对"大学生村官"创业活动的影响

近年来，"大学生村官"创业成为舆论关注的焦点和热点，社会各界媒体

纷纷从不同的角度对"大学生村官"创业进行报道，企业态度及企业支持行为、社会媒体形成的舆论导向、"大学生村官"创业政策的相关利益主体对"大学生村官"的创业倾向、创业行为都具有重要的影响。

（一）社会舆论导向影响村官创业

以中国知网为平台，以"大学生村官"为关键词在"报纸"的数据库进行搜索（2015年8月18日），得出4046条报道记录，其中研究层次主要集中在"'大学生村官'政策研究"、"职业指导""精神文化传播"等方面。关于"着力培养创业型'大学生村官'"[1] "永寿村官创业项目

---

[1] 《十堰日报》2014年11月1日。

'人走茶不凉'"① 以及"'大学生村官'要走创新科学发展道路"② 等创业型报道引起社会各界的关注,鼓励"大学生村官"进行社会创业。在访谈中,大部分"大学生村官"表示"希望'大学生村官'创业得到社会的支持和鼓励,实现自己的人生价值"。实现人生价值认同的一项内容是"在工作选择前受到社会外部环境的良好引导,在工作过程中受到外部社会环境的正向激励,在取得工作业绩时受到社会外部环境的肯定和认可"。③ "大学生村官"从校园走进社会,不仅学习生活环境改变,自身角色也发生重大转变,对工作环境的陌生感会产生排斥心理,主动或者被动地受到社会舆论导向的影响。除此以外,"大学生村官"创业相关主体的态度也成为影响"大学生村官"创业的重要因素。在"阻碍"大学生村官"创业的影响因素"调查中,73.33%的"大学生村官"选择"村民排斥或者不支持,难以开展工作"。同时,"村干部的消极态度"也成为阻碍"大学生村官"创业的影响因素(表3-1)。在访谈中,有乡镇干部表示"影响'大学生村官'工作积极性的因素往往是自身意愿和村干部的支持"。同时也表示"'大学生村官'虽然有创业热情,但是工作和实践经验少,创业失败风险大。"大部分访谈村民表示希望"大学生村官"创业带动农村经济发展,但表示"自身无能为力"。

(二)新媒体成为传播舆论导向的重要载体

2015年CNNIC公布的《第36次中国互联网络发展状况统计报告》显示"截至2015年6月30日,中国网民规模达到6.68亿,互联网普及率为48.8%,10—39岁年龄段为网民主体,其中,20—29岁在网民中占有比例最大"。④ 互联网成为传播信息的主要载体之一。在"您主要通过哪些途径了解"大学生村官"创业发展信息"一项中,除了"电视新闻""报纸"等传统的媒体中介以外,63.33%的"大学生村官"选择了"腾讯、微信等手机终端",40%的选择"手机新闻终端"。表明以网络媒体、手机媒体等为主的新媒体已逐渐成为"大学生村官"了解信息的主

---

① 《农民日报》2014年10月24日。
② 《太原日报》2014年8月14日。
③ 余宇等:《"村官"小政策,人才大战略——"大学生村官"政策评估研究》,中国发展出版社2013年版,第45-57页。
④ 《第36次中国互联网络发展状况统计报告》,中国经济网,http://www.ce.cn/xwzx/gn-sz/gdxw/2015/07/23/t201510723_6022843_1.shtml,2015年7月23日。

要途径。见图3-8所示。

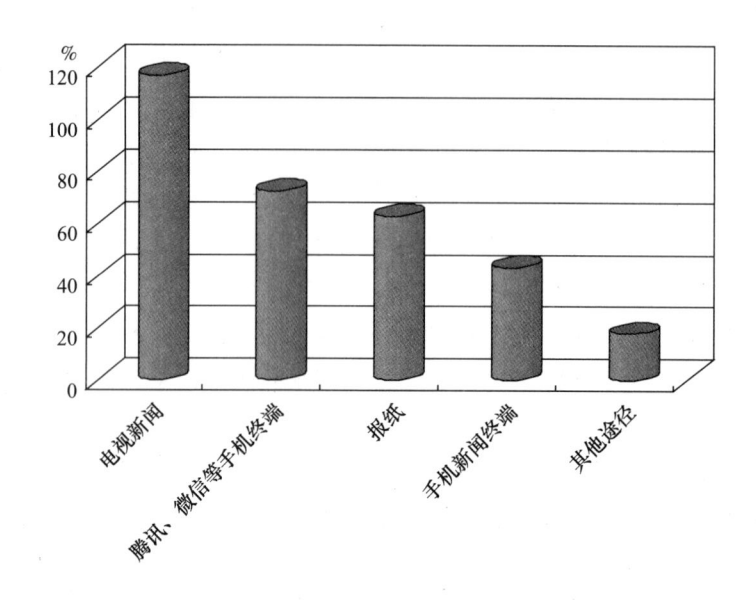

图3-8 "大学生村官"了解"大学生村官"创业发展信息的途径（多选）

（三）"大学生村官"创业需要地方企业的支持

社会主义新农村的建设需要发挥各个参与主体的作用，包括政府、地方企业、村委以及村民等基层力量。企业作为市场经济的创新主体，应主动承担起企业的社会责任。"大学生村官"创业前期或者初期，会遇到资金、技术、品牌以及市场等方面的阻力，在实现滚动发展、扩大规模、有效规避风险方面缺乏经验，[1] 需要企业适当地引导和支持。有些地方企业认为"大学生村官"创业与自身发展无直接利害关系，忽略自身社会责任意识，企业支持成为当前"大学生村官"创业社会支持的盲点。在访谈中，"大学生村官"表示"企业不是慈善机构，它追求利益最大化，因此大部分不会在一个毫无经验的年轻人身上投资"。在调研中，一半以上的"大学生村官"希望得到企业导师的帮助，进入企业挂职，提高自身能力。

---

[1] 《新农村："大学生村官"创业还需更多政策扶持》，中国青年网，http://cunguan.youth.cn/2015/0720/1509648.shtml。

第四节 基于温州地区"大学生村官"
创业社会支持资源调查分析

《2014年温州市国民经济和社会发展统计公报》显示，2014年全市生产总值4302.81亿元，比上年增长7.2%。全年财政总收入612.44亿元，比上年增长8.3%；农林牧渔业总产值192.25亿元，比上年增长2.3%。[①] 温州市作为浙江三大经济中心之一，不断提高的地区国民经济和社会发展水平主要得益于民间企业资源、政府政策、高校以及社会组织的支持。当前要充分分析和利用温州市潜在和现有的资源，支持"大学生村官"创业，建设具有温州特色的"大学生村官"创业支持网络，建设创业型农村。

一 关于民间企业资源分析

根据温州市国民经济和社会发展公报显示，2014年民营企业（规模以上）总产值2304.92亿元，占全市工业总产值的48.6%。民营经济作为温州模式的一大特色，成为温州经济迅速发展的产业支柱。

温州地区丰富的民间企业资源为"大学生村官"实践锻炼提供充分支持。首先，温州有浓郁的创业文化传统和创业精神资源。美国之所以建立了一整套完善的创业创新机制，与其本身的哲学文化底蕴是分不开的，不论是初期的清教主义文化还是后期的实用主义文化，其"自由""多元""冒险"等文化观念，都在一定程度上塑造了美国国民创新创造的性格。具体到我国，被称为东方犹太人的温州人，受温州"永嘉学派"事功理论以及"敢为人先"的现代精神影响，也培养了这一区域群体的开拓、进取、冒险的创新创造精神。同时，优秀民营企业家具有的实事求是、诚实守信、功利倾向、多谋善断以及团队精神等为塑造"大学生村官"创业素质提供榜样。在温州文化中，家族抱团文化又成为温州文化的一大特色。温州模式最早也是家族文化的展示。[②] 这个由血缘、地

[①] 《2014年温州市国民经济和社会发展统计公报》，温州市统计局网，http://www.wzstats.gov.cn/info_view.jsp?id0=z0h8lnkbkw&id1=z0h8lo51at&id=52687，2015年3月28日。

[②] 郑秋枫：《当代大学生创业中的社会网络解析——以温州大学生创业实践为例》，硕士学位论文，云南大学，2014年。

缘、业缘组成的社会群体，相互扶持相互竞争，实现资源共享，降低自身交易费用。除此以外，为了发展温州创业团体，在各行业建立温州商会组织，利用其自身优势，不断适应本行业企业发展需要，制定行业发展规划，引领行业发展、开发行业技术以及进行行业整合等等。其次，温州有丰富的创业企业资源。温州是中国民营经济的发祥地，轻工业发达、房地产业兴盛、市场经济高度活跃，建有汽摩配、电器、鞋类和阀门等31个国家级生产基地，形成了温州特有的块状经济。[①] 温州企业成为解决大学生就业的主力军，充足的区域资源，为大学生提供创业实践平台，同时也为在校大学生以及"大学生村官"提供了充足的实习岗位。温州企业产业规模不断壮大，温州产业链的创业机会就会不断增多。"大学生村官"即可依托于温州不断扩展的产业链，发现创业机会。再次，温州有雄厚的民间资本资源。据匡算，截至2014年，温州民间资本在7500亿至8000亿之间。[②] 温州民间融资渠道呈多元化趋势，包括民间借贷服务中心、小额贷款公司、民间资本管理公司、社会直接借贷、其他市场主体以及农村互助会等融资渠道，且民间融资具有低成本、灵活性强、方便快捷的特点。除此以外，为规范和防止民间借贷带来的风险，温州工商联牵头，成立民间借贷服务中心，为借贷双方进行登记。降低民间融资成本，引导民间借贷阳光化、规范化。"大学生村官"创业要充分关注利用民间信用资本与特殊人脉关系带来的社会资本。

二 关于政府资源支持分析

区域创业文化的培育既受制于个体价值观、信念等因素影响，更受制于政治体制文化等社会因素的影响，因此，创业行为的推动不仅要重视对创业个体的培养，还要重视政府作为制度供给主体的作用。

首先，逐渐完善的政府支持政策。2009年温州市出台了《关于建立完善选聘高校毕业生到村和社区任职工作长效机制的实施意见》，力争到2011年村（社区）换届时，全市有一定数量的"大学生村官"进入村（社区）领导班子。[③] 并充分做好"大学生村官"激励流动机制，2011

---

① 马德龙：《高职院校创业教育模式研究——基于温州资源的分析》，《职教论坛》2013年第19期。
② 《2014年，温州民间资本去哪儿了》，浙江民营企业网，http://www.zj123.com/info/detail-d255980.htm，2014年1月9日。
③ 项琦宜：《我市"大学生村官"有望进乡镇领导班子》，《温州商报》2009年11月5日。

年，温州市委组织部、市人力资源和社会保障局印发《关于转发〈关于选拔优秀大学生"村官"进入乡镇党政领导班子的通知〉》，其中威信县在2011年乡镇党委换届中，选拔在岗"大学生村官"10名进入党委领导班子。① 为促进"大学生村官"在基层成长成才，2007年龙湾区启动"一村一村官"计划，完善"大学生村官"发展机制，龙湾区实行农村指导员、驻村干部、村干部三对一帮扶制度。建立"大学生村官"联谊会，制定"大学生村官"到机关部门挂职锻炼的工作机制。② 对于自主创业的"大学生村官"，《实施意见》指出"各地各部门要大力扶持并研究制定技术支持、项目立项、资金投入、工商税收等方面的优惠政策，并结合实际，建设和完善一批投资小、见效快的"大学生村官"创业园和创业孵化基地，落实"大学生村官"创业的各项优惠、扶持政策。"支持"大学生村官"创业富民，并逐渐落实"大学生村官"流动政策。其次，温州市及各级乡镇政府具有重商尊商的行政理念。区域的社会制度文化是区域经济文化的重要有机构成。③ 温州市政府及各级乡镇政府的行政理念、政策导向在一定程度上影响甚至决定温州经济文化发展方向。温州市委书记陈一新提出"温商是温州赶超的第一资源"，重视温商建设，并于2014年5月温州市委市政府发布《关于进一步加强温商回归工作的若干意见》④，提升温商回乡投资的服务质量，强化保障措施。温州市政府的重商尊商情怀，为"大学生村官"创业营造良好的舆论氛围。最后，资金政策支持以及金融服务。2009年温州市出台了《关于建立完善选聘高校毕业生到村和社区任职工作长效机制的实施意见》，明确提出大力扶持"大学生村官"创业，并对立项的创业项目进行资金投入、工商税收等方面的优惠。为鼓励"大学生村官"创业，各级乡镇政府也出台创业支持政策，比如龙湾区财政每年出资100万元用于"大学生村官"创业补助、设立1000万元"大学生村官"小额创业贷款基金等。同时，温州

---

① 中共威信县委组织部：《关于选拔优秀大学生"村官"进入乡镇党政领导班子公告第一号》，http：//www.wxdj.gov.cn/Item/Show.asp？m=1&d=1715，2012年2月3日。
② 《龙湾"大学生村官"成立联谊会》，《温州日报》2009年12月14日。http：//www.wenzhou.gov.cn/art/2009/12/14/art_3907_121134.html。
③ 辜胜阻等：《区域经济文化对创新模式影响的比较分析——以温州和硅谷为例》，《中国软科学》2006年第4期。
④ 《关于进一步加强温商回归工作的若干意见》，温州网，http：//wendu.cn/zxpd/2014/0528/357909.shtml，2014年5月28日。

市政府牵头进行金融改革，通过了我国第一部民间借贷的地方性法规——《温州市民间融资管理条例》。多渠道融资为青年创业提供融资渠道，净化融资环境，降低融资风险。除此以外，各级政府纷纷建立"大学生村官"创业实践基地。如平阳"大学生村官"创业基地、瓯海"大学生村官"创业服务基地、经开区青年电商孵化器（"大学生村官"创业基地）等。温州地区在创业方面的文化、政策、资金以及实践等方面的发展经验都为"大学生村官"创业提供政府资源支撑。

三　关于高校创业教育资源分析

高等教育大众化、普遍的就业问题以及经济的不断变化导致毕业生技能与就业系统需求的不一致。[①] 创业教育就是在这样的大背景下引入到我国高等教育中，其中温州大学创业教育融入专业教育，形成岗位创业为导向的创业教育新模式，成为当前高校创业教育的典范。

温州地区包含温州医科大学、温州大学、温州科技职业学院等在内的十余所高等院校，为"大学生村官"创业教育的建设提供了丰富的教育资源。2001年初温州大学开始探索创业教育，经过14年的实践发展，学校成立了创业人才培养学院，在师资、课程以及管理等方面形成了创业培养的经验。第一，雄厚的师资。目前创业学院专职从事创业研究与创业教学的博士有5名，聘任兼职导师，形成"校内师资+实务师资+创业师资"等多元化师资建设。为此，创业学院建立校企导师互动模式，鼓励相关专业的教师到企业挂职，增加自身企业实践经验，同时聘请温州企业家、高级管理师以及政府相关工作者兼任学生创业导师。逐渐完善的师资建设为"大学生村官"创业教育的开展提供了师资支持。第二，课程资源支持。温州大学构建"四层金字塔"课程教学模式，并实行专业教育与创业教育相融合的教学方法，开设专业类创业教育选修课，如《服装企业管理》《创业法律指导》以及《鞋类产品市场营销》的创业类课程共25门。第三，校友资源支持。大学总是在与校友的密切联系中获益，所构建的校友互动网络在一定程度上给相关大学和校友都带来更广泛的利益。[②] 温州大学建有专门的校友会，在一定程度上校友资源为高等院校提供资金和岗位实习途径。第四，逐渐完善的创业实践培训系统。

---

① 牛长松：《英国高校创业教育研究》，学林出版社2009年版，第73—78页。
② 同上书，第177—179页。

温州大学成立了创业人才培养学院，专门管理创业教学与培训，成立近十余年，具有创业培训实践经验，并形成了一套"创业工作室—学院创业中心—学校创业园"三级联动的孵化体系和实践平台，8 年孵出 120 支创业团队。第五，丰富的创业培训管理经验。温州大学针对不同创业需求的学生先后开办了创业管理班、跨境先锋班、网络创业实务班等，针对政府需求开办多期"大学生村官"培训班，在班级管理和创业培训等方面具有丰富的经验。

除此以外，温州科技职业学院作为专科类学校，涉农专业不断完善拓展，研究力量不断增强，联合南京农业大学开办"大学生村官"涉农"硕士班"，建立"大学生村官"实践基地，并依托于温州市种子种苗科技园大力开展现代农业创客教育。不管在理论教学、师资力量以及实践训练等方面，都积累了丰富的经验。这些都为温州"大学生村官"创业教育的开展打下坚实的基础。

四 关于社会媒体资源分析

"双创时代"下，创业从来不是个体行为，我们需要更多的人来创业，来生产"蛋糕"和做大"蛋糕"，改变"食之者众，生之者寡"的局面。[①] 完善的社会宣传网络，正确的社会舆论导向，对动员青年创业，激发创业热情，树立创业信心具有重要意义。

温州地区拥有电视、广播、报纸以及网络平台等宣传媒介，为"大学生村官"创业宣传提供了资源平台。首先，多元化的宣传媒介。以媒体介质为划分标准，主流媒介有电视媒介、纸质媒介以及移动网络媒介，以喜闻乐见的方式传播创业文化。从电视媒介看，温州电视台播放了《温州一家人》《只想今生一起走》等描述温州青年创业的电视剧；并先后推出了《创业加油站》、《网赢商机》等青年创业类节目，依托于栏目进行创业访谈，如"创业人才培养基地助推高校学子创业""移动互联网时代，青年应如何创业"等。通过温州新闻联播宣传"经济转型与大学生创业论坛"、"万达创业专场"等。从纸质媒介看，温州目前有《温州日报》《温州晚报》《温州都市报》《温州商报》以及《科技金融时报》等主流报纸，共关注"大学生村官"这一主体的报道 370 篇；以"温州"

---

① 辜胜阻等：《区域经济文化对创新模式影响的比较分析——以温州和硅谷为例》，《中国软科学》2006 年第 4 期。

"大学生村官""创业"为关键词在百度搜索平台上进行搜索,共得到相关页面 4400000 个(表 3-3)。同时,温州还建设有移动电视、电子屏等宣传设施,为创业宣传提供平台。其次,良好的重商传统和创业舆论导向。"永嘉学派"的功利、重商思想,生长于温州的现实环境之中,也影响温州人注重功利、重视商业的思想观念。[1] 同时,家庭创业人才培育的发展模式和优良传统,自下而上的文化传播,使得创业传统文化深入人心。除此以外,关注农村发展,宣传重农创业文化。如创办《温州新农村》《聚焦三农》以及《幸福农庄》等栏目。《科技金融时报》专门进行科技创新、青年创业以及农业发展等主题报道。这些都为"大学生村官"创业提供了较好的宣传平台。

表 3-3　　媒体媒介创业宣传情况(2015 年 8 月 30 日)

	表现形式	内容
电视媒介	电视剧	《温州一家人》《只想今生一起走》等温州人创业电视剧
	栏目报道	创业加油站等青年类创业节目
纸质媒介	《温州日报》《温州晚报》《温州都市报》《温州商报》《科技金融时报》	370 篇与"大学生村官"相关的报道
网络媒体(以百度为搜索平台)	4400000 个相关页面	以"温州""大学生村官""创业"为关键词进行搜索

第五节 "大学生村官"创业社会支持体系的构建

20 世纪 60 年代,美国学者伊沃里特·S. 李(Everett S. Lee)提出"推力—拉力"理论(Push – Pull Theory),从动力学角度分析自然环境、经济环境以及社会环境如何影响研究对象的运动趋势。创新型国家的发

---

[1] 缪仁炳:《创业导向的文化根植——基于温州与关中两地的实证分析》,上海三联书店 2006 年版,第 41—45 页。

展要依靠创业者和创业生态系统,"大学生村官"作为创业的新兴群体,其自身的社会资本和人力资本是影响创业选择的重要因素。本书基于对"大学生村官"创业认知模式的构建(图3-9),分析"大学生村官"创业的影响因素,利用影响他们创业的推力—拉力理论建设研究,构建"大学生村官"创业的社会支持体系,使得"大学生村官""敢创业,会创业,创新业"。对创业环境进一步优化,即从政府部门、社会组织、高校以及农村基层各利益相关者等方面加强配套措施,为"大学生村官"营造一个自由宽松的创业环境。

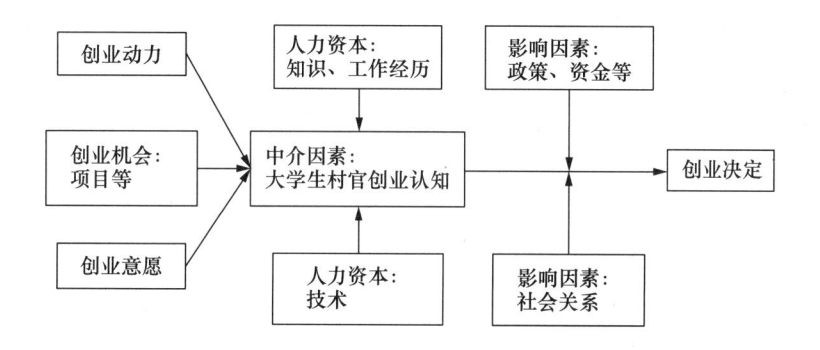

图 3-9 基于"大学生村官"创业认知的创业模型

一 加强对"大学生村官"创业素质的培训

创业者作为三大生产要素中最活跃最积极的因素,作为特殊的人力资本群体,为社会发展带来了巨大的经济增值作用,创业行为决定于创业者对创业环境的认知,[1] 加强对"大学生村官"的创业培训,树立创业观念,提高"大学生村官"创业能力。

(一)培养创业动力,刺激创业意识,树立创业观念

Shapero 构建了创业三维模式:创业愿望、创业倾向和创业可行性。[2] 因此,鼓励"大学生村官"创业要激发创业愿望和创业倾向,提高创业可行性。首先,要培养"大学生村官"的创业愿望和创业精神。创业愿

---

[1] 丁明磊、刘秉镰:《创业研究:从特质观到认知观的理论溯源与研究方向》,《现代管理科学》2009 年第 8 期。

[2] Shapero, A., The displaced, uncomfortable entrepreneur. *Psychology Today*, 9 (Nov. 1975): 83 – 88.

望是影响"大学生村官"创业的动力因素,激发创业愿望是"大学生村官"创业的前提。同时,通过组织基层创新文化传播等活动,宣传创新文化,培养"大学生村官"创新精神。正如现代化专家英格尔斯所说,"那些先进的现代制度要获得成功,取得预期效果,必须充分运用他们的现代人格、现代品质,无论哪个国家,只有它的人民从心理、态度和行为上,都能与各种现代化式的经济发展同步前进、相互配合,这个国家的现代化才能真正得以实现。"[1] 当前创新型国家的建设潮流中,"大众创业,万众创新",需要培养"大学生村官"具有创新意识、创新精神的现代品质,推动创新行为。其次,基层干部要加强对"大学生村官"的正确引导,提高"大学生村官"自我效能感,培养职业信心。"大学生村官"毕业进入农村,社会角色转变较慢,面对新的生活环境,存在一定心理适应期。基层要定期召开"大学生村官"职业思想规划交流会,进行适当引导,并给予"大学生村官"一个展现自我的平台,树立"大学生村官"的职业信心,同时对有创业倾向的"大学生村官"集中座谈,重点扶持。最后,培养创业动力,刺激创业意识,提高个体创业需求。在"创业选择的影响因素"的调查中,改善自身环境成为创业者最直接的动力。因此,强化宣传引导,宣传"大学生村官"创业的保障政策,提高创业信心,同时注重思想引导和典型宣传,组织大学生参观成功的创业项目,并宣传"大学生村官"创业的优势及有益影响,从而提高"大学生村官"创业积极性。除此以外,建立"大学生村官"创业交流群、"大学生村官"创业宣讲团以及"大学生村官"创业联盟[2],及时分享创业信息和创业经验,提高创业积极性。

(二)开展涉农专业知识培训班,提高"大学生村官"涉农专业知识

农村拥有丰富的农业生产资源,文史类专业的"大学生村官"在农业生产方面知识欠缺,因此要加强涉农知识培训,为"大学生村官"创业提供知识储备。首先,"一对一"结对作业,了解农业生产状况。"大学生村官"进入农村对当地农业生产比较陌生,可聘请当地的农民精英与"大学生村官"结对,向"大学生村官"介绍当地作物生长状况、作

---

[1] [美]阿力克斯·英格尔斯:《人的现代化》,殷陆君译,四川人民出版社1985年版,第4—7页。

[2]《"大学生村官"创业联盟成立》,中国政府网,http://www.gov.cn/xinwen/2015-07/05/content_2890356.htm。

物用途、成果去向等，了解农民种植作物选择的影响因素以及作物发展的潜在用途，在实践中发现创业机会。比如：北京延庆"大学生村官"袁超平就是在与当地村民的交流中发现商机，创办农家院。[1] 其次，联合高校进行涉农专业知识培训。大学作为知识传播和知识创新的主体，拥有一套行之有效的知识教育传播体系。因此，加强与高校的合作，能系统地提高"大学生村官"的涉农知识储备，为"大学生村官"后期创业提供智力支持。温州市委组织部与南京农业大学联合创办全方位培养"大学生村官"的"村官硕士班"。专门针对农村工作设置的农业推广硕士学位，培养"农业专家"，并根据地方实际，设置了农产品品牌战略与营销、"大学生村官"创业政策研究、农产品加工技术的应用性课程。[2] 除此以外，各地生产具有特殊性，根据当地生产状况，聘请相关涉农专业指导老师，为"大学生村官"提供知识技术咨询。

（三）丰富实践经验，提高创业能力

首先，明确"大学生村官"工作属性，落实"村级组织特设岗位"职能。"大学生村官"是国家选聘的用于服务农村建设的高校毕业生，志愿服务农村工作三年时间，从长远来看，是为建设社会主义新农村，富民惠民的决策。因此，要明确规定"大学生村官"的职能，杜绝长期乡镇政府挂职的现象，给"大学生村官"更多处理和了解村务的机会，积累社会经验。其次，开展"大学生村官"创业实践训练，提高实践能力，增加实践经验。加快创业平台建设，建立村官创业实践基地，引导"大学生村官"投身创业大潮。比如：温州市建立"大学生村官"网络经济（电子商务）实践基地，开展网络经济实训，提高"大学生村官"参与网络经济能力，除此以外，平阳县建立创业实践基地、农作物种植等，为"大学生村官"提供创业实践平台，引导"大学生村官"主动参与创业过程。再次，制定"大学生村官"创业能力培训计划。创业相关技能包括寻求创业机会的能力、资金管理能力、管理技能、销售技能以及市场知识。聘请电商人才、青年企业家，进行创业经验交流，并依托当地创业实践基地，对"大学生村官"进行系统的创业能力培训。江苏省泰州市

---

[1] 《他们有一个共同的名字叫农庄庄主》，中国青年网，http://cunguan.youth.cn/2015/08/21/1800545.shtml。

[2] 《我市开办首个"大学生村官"硕士班》，温州网，http://wzed.66wz.com/html/2010/05/30/content_693531.htm，2014年12月26日。

为使"大学生村官""会创业",聘请创业导师"一对一、一对 N"进行创业引导和技术帮扶。除此以外,鼓励"大学生村官"借助共生模式,吸引当地企业投资,抱团创业。

二 完善创业政策体系,创设激励创新的制度环境

一般来说,创业活动起源于个体,遵循"个体—社会—政府"自下而上的发展模式,但是在现代创业型社会构建中,变成了政府政策主导、扶持的自上而下的社会行为,而政府则从这一社会活动中得到社会利益。所谓创业社会利益是指社会从创业活动中获得的利益,如经济增长、就业增加等,它是创业利益的外部表现。作为社会利益代理人的政府有支持创业活动的动机。[①] 而支持创业的政府行为就是获得社会利益的一种补偿。这种行为具体表现为完善创业政策体系,创设激励创新的制度环境。

(一) 完善基层自治管理制度,推进"大学生村官"社会融合度

首先,完善基层法律法规,明确"大学生村官"身份。我国实行村民自治制度,基于农村实际进行自治。"大学生村官"进入农村担任"村主任助理"或者"支书助理",但"大学生村官"并不属于当地村民,届满之后也无权参与村委选举的状况,使得"大学生村官"对所在农村缺乏归属感。正如费孝通所描述的,"这是一个熟悉的社会,没有陌生人的社会",熟悉度也就成为选举的标杆之一。完善基层自治制度,从法律层面上消除"大学生村官"身份限制,增加村民认同感。其次,加强"大学生村官"对自身角色认识,树立"大学生村官"的社会责任感。由于部分"大学生村官"抱有"届满之后离开农村"的想法,因此对工作并不积极。要加强"大学生村官"自我认识,""大学生村官"不是公务员,是国家有偿支付的带有志愿者性质的工作岗位。"[②] "有偿支付"、"志愿性"的角色性质要求"大学生村官"树立社会责任感。除此以外,建立人文关怀的导入机制。大学生初到农村,生活、工作以及心理适应要适度调整,基层政府要从各方面加强对"大学生村官"的人文关怀,落实资金保障政策,营造融洽的生活氛围。

---

① 王延荣:《创业动力及其机制分析》,《中国流通经济》2004 年第 3 期。
② 佘宇等:《"村官"小政策,人才大战略——"大学生村官"政策评估研究》,中国发展出版社 2013 年版,第 45 页。

(二) 确保招聘政策的针对性、时效性和科学性

"大学生村官"工程在全国全面铺开推行以来,问题逐渐显现,因此要不断调整"大学生村官"招聘政策,形成一套科学、高效以及充满活力的招聘机制。首先,"大学生村官"招聘时应不仅重视数量,也应制定对"大学生村官"岗位职能的长远规划,为"大学生村官"农村创业奠定知识储备的基础,比如:知识结构、专业要求等。"大学生村官"的主要生活工作场所是农村,树立自身权威性的主要途径是解决农民面临的问题。因此,"大学生村官"招聘应考虑根据当地实际进行专业限制,某些涉农专业或者与当地建设相关专业优先考虑。比如:浙江省 2015 年选聘"大学生村官"进行专业定向选聘,包括法学、理学、工学、农学、管理学、经济学等六个基层一线经济社会发展所需的学科门类范围。[1] 其次,"大学生村官"招聘试行"本土化"。优先考虑"生源地"大学生,村官招聘当地的大学生回当地村工作,对农村较熟悉,与当地村民交流无障碍,家乡认同感高。最后,根据地方发展需求,创新选聘机制。根据地方要求设置岗位,上级组织部分负责监督指导,提高面试环节所占比例,如推行"农村创业面谈/企业化面谈/村务管理面谈 + 重点追问 + 综合分析"模式,对农村工作有明确规划的大学生优先考虑,选聘适合农村发展的"大学生村官"。除此以外,根据地方实际,降低学历要求,为职业类学院的应用型人才进入村官队伍提供相应途径。

(三) 加强地方政府部门对"大学生村官"计划的理解和认识

"大学生村官"支持政策,对于加强这一群体培养计划的持续性、重要性不言而喻。进一步完善"大学生村官"政策,不仅仅需要中央层面的不断创新和改革,也需要确保政策在地方的细化、分解和落地。[2] "大学生村官"计划实行的目的是向农村输入人才,带动农村经济文化发展,同时锻炼和培养党的后备人才。加强基层政府对这一政策的理解,有利于提高这一政策效力。首先,端正地方政府对"大学生村官"的思想认识,转变暂时缓解"就业压力"的肤浅认识。并将"大学生村官"对地方政府的工作评价纳入政府年度考核中,鼓励村官对政府工作进行监督。

---

[1] 《2015 年浙江省选调生村官招考公告》,浙江组织工作网,http://zzgz.zjol.com.cn/system/2014/12/25/020431505.shtml, 2014 年 12 月 26 日。

[2] 佘宇等:《"村官"小政策,人才大战略——"大学生村官"政策评估研究》,中国发展出版社 2013 年版,第 45 页。

其次,强化对"大学生村官"创业政策的执行力。有些地方政府对"大学生村官"创业存在认识偏颇,过度担心村官创业失败导致地方财政兜底以及政府权威受损。鼓励地方政府提高"大学生村官"创业支持力度,把"大学生村官"创业状况纳入到地方党政工作的年度考核政策中。最后,加强地方政府之间的交流,注重对"大学生村官"的培养工作。中央政府加强对"大学生村官"创业的宣传力度,组织地方政府部门到"大学生村官"创业成功地区进行学习,促进不同地方"村官"创业交流。

(四) 施行积极的财税激励政策,营造良性创业环境

根据伊沃里特·S.李提出的"推力—拉力"理论,构建农村强拉力弱推力,城市弱拉力强推力的发展模式,营造农村创业良性发展环境,对提高"大学生村官"创业积极性具有重要作用。首先,增加创业财政政策扶持力度,鼓励当地企业参与"大学生村官"创业。政府除了落实国家对"大学生村官"的财政支持以外,可根据当地经济发展状况,设立"大学生村官"创业基金,适当提高"村官贷"金额,为优秀创业项目提供资金支持,同时设立"大学生村官"创业风险担保基金,降低创业失败风险。对成功创业并带动当地农民就业的,根据人数给予创业补贴。其次,建立创业资金来源多元化机制。比如,建立"村官"创业项目启动基金、创业补助以及优秀项目鼓励基金等。同时,鼓励"大学生村官"抱团创业,对参与支持"大学生村官"创业项目的企业进行手续费减免、税收优惠等政策,并纳入优秀企业考评中。2009年江苏省如东县出台《如东县关于推进"大学生村官"创业的实施意见》,协调金融部门,发放""大学生村官"创业绿卡",解决"大学生村官"创业融资难的问题。再次,开设村官创业"绿色通道",简化创业申请程序。英国创业者认为政府鼓励创业必须去掉官僚作风、简化税收、简化雇佣立法等。[①] 相比较于经济发达地区的其他大学生创业者,"大学生村官"创业的选择成本相对较少,发展空间和物质回报率也相对低,因此,对"大学生村官"创业项目简化行政事业性规费,提高创业效率。江苏泰州抓住当前互联网的契机,建立2000多平方米的电商孵化基地,"村官"可以随时免费入住,简化了申请批准程序等。最后,加强创业政策宣传引

---

① 牛长松:《英国高校创业教育研究》,学林出版社2009年版,第38—43页。

导，营造全社会支持创业的氛围。将"大学生村官"创业政策宣讲作为"大学生村官"岗前培训的一个重要部分，除此以外，建立完善的创业企业网络系统，定期举办"村官"项目推介会，加强大学生创业项目的宣传，引起风险投资家和天使投资人的关注。

（五）建立一套完善的评估、监管以及风险规避机制

"大学生村官"创业发展状况受到不同利益主体的关注，同时影响当地政府在村民心中的形象。因此，要建立完善的项目选择评估、监管及风险规避机制，保证"大学生村官"创业顺利进行。首先，成立"大学生村官"创业项目评估、审批机构。由不同领域、不同专业的专家组成审批机构，制定项目评估审批标准，对"大学生村官"创业项目可行性进行严格评估，从项目前期降低创业失败风险。其次，建立严格的财政监管机制。对"大学生村官"创业项目发展的资金去向可行性及合理性进行审批，减少不必要的资金浪费，保证项目支持资金落到实处。最后，实行动态考核机制，对项目实施状况进行考核。不定期对项目的发展状况进行考核，对发展情况好且有潜力的项目，加大支持力度；而对存在问题的项目，及时纠正发展方向，进行调整，从而减少创业失败的风险。

三 大学对于培养创业创新型"村官"的使命

"大学生村官"实现从学生到创业者的转变需要更多的资源支持，包括提供创业知识、孵化支持、专业化援助等。[1] 如何培养适应农村发展需要、富民惠民的"大学生村官"，是高等院校亟待解决的难题。"双创时代"下，高等院校理应成为创业型社会的核心机构，要根据社会需求调整运作方式，争取在国民经济发展中发挥更大作用，担负起创业人才培养的使命。[2]

（一）更新高校专业设置，构建"大学生村官"创业知识体系

大学要守正创新，教学才是大学的真正使命与核心竞争力。完善教学体系建设，把课程体系建设作为培养人才的重要抓手。[3] 首先，更新高校专业设置，增加涉农专业。各个农业类高校或者普通高校二级涉农（林、渔）学院在对农村实际状况发展需求的调研基础上，做好对课程规

---

[1] 牛长松：《英国高校创业教育研究》，学林出版社2009年版，第38—43页。
[2] 同上。
[3] 唐景莉、刘志敏：《守正创新：回归大学的根本——访国家教育咨询委员、中山大学原校长黄达人》，《中国高等教育》2015年第7期。

划、设计和研究，开设相关课程，课程内容可以包括：畜牧业、种植业、法律、城镇化专业等，其中，对非涉农专业学生规定农业学分要求。其次，设立"大学生村官"专业及农业双学位。在本科教育招生的过程中，增加对"大学生村官"专业宣传，对毕业之后有意向服务农村建设的学生重点培养，同时，鼓励在校大学生进行双学位学习，通过开办创业"大学生村官"回校交流会、专家讲座等形式，加强对农业双学位的宣传。最后，创新创业教育形式，注重创业教育的推广。以1997年清华大学举办"创业大赛"为起点，创业教育在我国推行了十几年，但是某些高校还仅仅是将创业教育停留在"职业生涯规划"的课程层面，在调研中，80%的"大学生村官"希望"创新教学内容，优化课程结构，将创业教育渗透到专业教学中"。因此，高校要落实创业教育课程建设，将创业教育与专业教育相结合，将创业整合到专业课程中，带来大学文化的变革，在大学内形成创业文化的氛围。除此以外，注重"大学生村官"后期培养，做好"大学生村官"创业的后盾。对于"大学生村官"，高校不仅要"扶上马"，还要"送一程"。设立"大学生村官"创业基金，同时为"大学生村官"创业提供知识技术支持。比如：温州大学定期开设"'大学生村官'培训课程"，对在农村工作的"大学生村官"进行培训，并根据当前互联网创业的潮流趋势，邀请互联网创业专家为"大学生村官"讲解互联网创业。

（二）高校要加强对大学生"重农""创业"观念的引导

为贯彻落实国务院大众创新创业的号召，2015年7月农业部实施推进创业创新行动计划（2015—2017），推进农民创新创业，建设创业型新农村。"大学生村官"作为促进新农村建设的知识人才，是建设农村创新创业文化，带动农民创新创业意识的关键力量。因此，高校应加强对大学生"重农"意识的文化观念引导，让大学生认识到农村资源的重要性，对"三农"有一个全面、理性的认识。首先，定期举办创业型"大学生村官"讲座。邀请"大学生村官"回校讲座，以切身实际帮助大学生认识一个全新的建设中的新农村，让大学生认识到农村创业的优势。其次，通过思政理论课、党团活动等宣传新农村建设，改变大学生排斥或者歧视农村的观念。树立为"新农村建设服务"的思想观念。最后，通过就业指导等方式，鼓励大学生到农村任职"村官"。Pascal和Athos（1982）认为文化既影响人们对问题的看法，也影响问题的解决之道，个体的价值观在管理决策中起到一种关键性作用（Schwartz & Wolfgang, 1987）。

通过就业咨询和职业规划指导的途径，鼓励大学生到农村任职"大学生村官"。除此以外，宣传创业文化，培养大学生创新精神。国家提倡万众创新，体现在高等教育上就是培养学生创新精神和创新能力。[1]

（三）注重大学生创业实践培训，有针对性地设置与农村接轨的实践活动

创业者作为最积极最活跃的生产要素，作为特殊的人力资源为社会生产带来巨大的经济增值作用，教育应担负起创业人才培养的时代使命。提高大学生创业实践能力，注重创业实践培训。首先，鼓励大学生开展与农村有关的社会实践项目，让大学生深入农村生活，了解农村建设。如：中南大学大学生赴湘西十八洞村调研"'大学生村官'如何发挥作用"、江西师范大学社会主义核心价值观宣讲团小分队赴赣州水岩乡进行"社会主义核心价值观宣讲"等。[2] 其次，高校联合地方政府建立"'大学生村官'助理"见习岗位。组织有意向毕业后进入农村基层工作的大学生，暑假担任"'大学生村官'助理"一职，提供见习证书，鼓励大学生毕业扎根农村，发现农村发展潜力，富民惠民。最后，高校创新研究课题设立农村专项研究项目，鼓励大学生申请农村项目的调研。调研项目立足于农村实际，以为农村发展提供理论借鉴为目的。除此以外，高校建立大学生创新创业见习基地，成立大学生创业园、创客空间等。温州科技职业学院依托于原农校的教学优势，建立了首个由"设施农业、大宗农作物、园艺精品、特色畜牧"四部分组成的大学生农业创业园。同时设立了1个博士后流动站、1个省级实验室以及包括园艺技术、农作物技术以及动物科学在内的9个研究所为大学生农业创业提供技术支撑。[3] 该学院的原副院长谢志远说"通过创业园开展创业教育，是培养精于技术、善于管理、长于经营的'现代农民'，这也是当代和未来农业发展之需要。"

四 构建企业和社会舆论对"大学生村官"创业的支持系统

受我国传统文化的影响，当前社会存在一种反冒险和以规则为基础

---

[1] 唐景莉、刘志敏：《守正创新：回归大学的根本——访国家教育咨询委员、中山大学原校长黄达人》，《中国高等教育》2015年第7期。

[2] 《高校大学生暑期社会实践，体验村官生活》，http://cunguan.youth.cn/wztt/201407/t20140714_5517039.htm，2014年7月14日。

[3] 《温州科技职业学院成立温州首个大学生农业创业园》，http://news.66wz.com/system/2009/11/12/101506437.shtml。

的社会舆论，这种导向在一定程度上影响公众的创业态度，"双创时代"下，我国需要营造一种"支持大众创业，宽容失败"的文化环境，在这样的环境里，创业作为一种主流文化得到大力扶持，国民更偏好创业，并拥有将新的想法付诸实践的机会和能力。

（一）积极营造正向激励的创业舆论环境

首先，宣传创业典型，树立创业榜样。通过电视广播、报纸以及网站等新闻媒体，充分发挥媒体对"大学生村官"的创业富民的正面报道，提高"大学生村官"自身的心理认同感，增强其职业自信心，吸引更多大学生加入到"大学生村官"的行列。其次，加强对村干部的创业培训，促进村干部与"大学生村官"的互动。村干部是农民通过选举推出的村民事务的负责人，是长期扎根农村的重要力量，村干部的态度在农村事务中具有导向和号召作用。因此，加强村干部的创业培训，激发村干部的创业热情，鼓励村干部以身作则带领村民创业。同时，村干部与"大学生村官"的互动，能够增强双方对彼此工作的支持和认同。最后，乡镇政府通过政策宣讲团、乡镇干部下基层等形式，加强政策宣传，转变村民观念。当前村民对"大学生村官"创业抱有反对或观望态度，政府要加强对"大学生村官"和创新创业政策的讲解和宣传力度，营造出国家支持"大学生村官"创业的积极氛围，使"大学生村官"创业能够惠民富民的作用深入人心，提高村民对"村官"创业的认同，从而积极主动加入到"大学生村官"创业的行列中。

（二）发挥新媒体为创业服务的作用

随着互联网时代的到来，新媒体成为大多数"80后""90后"接触社会信息的主渠道。要充分利用新媒体的交流、宣传载体作用。首先，建立"大学生村官"创业公众号，推广"大学生村官"创业信息。2015年我国90%以上的智能手机用户使用微信，成为国民社交的又一种主流软件，覆盖娱乐、餐饮及公共服务等领域。因此，充分利用微信宣传、交流的便利功能，推广大学生创业信息。其次，建立专门的网络平台进行宣传，及时更新政策信息。在调研中，大部分"大学生村官"表示"从政府网站了解政策信息"具有权威性。但是目前很多政府网站更新速度较慢，信息宣传滞后。要督促宣传部门充分利用网络宣传平台，及时更新政策信息。比如，中组部联合团中央建立了"'大学生村官'之家"，① 专门用于宣传"大学生村官"政策、新闻、风采以及组织工作等，并成立互动社区，进行交流互动。"大学生村官"网要不断升级，使其成为权威的、统一的"大学生村官"交流服务平台。除此以外，净化网络环境，宣传正能量。对网络环境进行监督，抵制不良、不实信息，培养网民的网络自觉性。同时，对"大学生村官"创业失败的案例，要进行客观剖析，切勿放大负面影响。

（三）加强地方企业的社会责任感，为"村官"提供创业支持

所谓的创业型社会是一个有着广泛参与和遍地机遇的系统，它能够保护人们的政治自由和经济自由。支持创业的不应只是政府，许多企业——尤其是大型企业——都必须营造一种创业文化，② 培养自身社会责任感，支持和培育创新创造行为。首先，接纳"大学生村官"到企业挂职实习。吸收"大学生村官"参与初创项目的管理，为村官提供创业平台，鼓励"大学生村官"对初创项目提出自身建议，激发"大学生村官"创业意识。同时"大学生村官"进入企业实习，能够为企业发展带来原创性思想，注入新的活力。其次，入股"大学生村官"创业项目，共担风险。企业对审核通过的"大学生村官"创业项目进行资金、技术入股，能够降低"大学生村官"创业失败的概率。企业自身具有技术、资金以及人力资源优势，在企业业务的发展过程中积累了大量的人脉资源，这些都是"大学生村官"创业需要的宝贵资源。再次，选拔企业优秀员工入驻"大学生村官"创业基地，担任创业导师，主动对创业"大学生村官"进行创业指导，避免创业的盲目性。除此以外，为"大学生村官"企业创办咨询服务，包括如何形成和发现商业意识、如何做市场调查、如何创建企业以及在何处寻求帮助等。比如：江苏省宿迁市发展"政企共建'大学生村官'培养模式"，雨润集团利用自身优势与"大学生村官"共建农村养殖业、农村休闲以及农村设施建设等农业示范性创业园，带动村官创业及当地居民就业。

---

① http://cunguan.youth.cn/.
② [美] 卡尔·J. 施拉姆：《创业力》，王莉、李英译，上海交通大学出版社 2007 年版，第 4 页。

第四章　新生代农民工创业调查与分析

农民工是我国改革进程中所产生的一个特殊群体。从 20 世纪 80 年代第一次"民工潮"以来，这个群体已经存在和发展了 30 多年。2016 年年底，农民工总量已达 2.82 亿人，其中，新生代农民工占到了近五成。他们为我国的经济社会发展做出了不可替代的贡献，也随之带来了诸如农村空心、权益受损、身份模糊等许多关系到我国未来经济发展和社会进步的重大问题。在这个背景下，党的十九大报告提出促进农民工多渠道就业创业。

在学界，近年来越来越多研究者关注农民工的问题，涌现了很多研究成果。在这些研究成果中，研究者通常对农民工的内涵有两种理解角度。一是从职业的角度将农民工视为"具有农民身份的工人"。关注他们由农民变成工人，进而由工人成为城市人的发展过程。在具体研究问题上，通常在对比城市工人相关状况的基础上，研究农民工的就业机会、就业公平以及收入等问题；二是从身份的角度将其理解为从农村流入城市并在城市工作生活的户籍制度规定下的农民。这种研究视角将农民工视为一个整体，以城市居民为参照系，关注其在城市的生活状况以及如何融入城市社会等问题。这些研究对如何提高农民工的经济地位，如何促进农民工融入城市消除其边缘化状态提出了很多有价值的解决方案。

然而，农民工是一个内部差异性很大的异质性群体，可以划分为三个不同的社会阶层：占有相当生产资料并雇用他人的老板、占有少量资本的自我雇佣的个体工商业者和完全依赖打工的受薪者。从创业的广义内涵看，前两者可以视为创业农民工。农民工进城创业工作方式灵活，时间较为自由，很多人拖家带口进入城市。因此，研究农民工进城创业不仅可以丰富我国城市化理论，对缓解城乡社会割裂中的许多现实问题也有着重要的意义。不过，现有文献中对创业农民工的研究多集中于回乡创业的农民工上，而忽视了城市里创业农民工的研究。这使得外出务工的农村劳动力转移模式仍然作为政府对农民工转移就业的决策起点，影响着城市化的进程和效果。

除了阶层的差异，农民工群体本身还存在代际的差异。改革开放初期形成的老一代农民工已经或即将隐退，新生代农民工成为农民工群体的主流。近年来，80年代和90年代出生的新生代农民工日益成为农民工研究领域的焦点。很多研究指出，新生代农民工到城市的目的已经不仅仅是为了多赚钱改善家境，更重要的是希望体验城市中与农村不一样的生活方式。同时，不同的时代背景下出生和成长起来的农民工，具有显著的群体特征差异。那么，与老一代相比，这些差异将会带来怎样的影响？新生代创业农民工的创业绩效和城市融入状况如何？哪些因素对新生代创业农民工的创业绩效和城市融入状况产生影响？研究这些问题有助于人们认清两代创业农民工之间的具体差异，有助于揭示新生代创业农民工群体当前生存状况以及未来生存状况变动的趋势，对现阶段农民工方面政策制定亦具有现实意义。

第一节 新生代农民工创业现状及影响因素分析

一 新生代农民工的内涵界定及创业行为特征

（一）新生代农民工的内涵界定

2010年1月，国务院发布的中央一号文件首次使用"新生代农民工"这个名词，传递出中央对这个新社会群体的关切。新生代农民工正成为我国产业工人的主体力量，与第一代农民工之间存在着明显的代际差异。2001年，中科院王春光教授所提出的"新生代农村流动人口"的概念，便是如今社会大众所说的"新生代农民工"。王春光（2001）对新生代农民工的定义：年龄普遍较小，多在25岁以下，出生于20世纪70年代末80年代初，成长和受教育于80年代，基本上于90年代外出务工经商。[①]与第一代农民工相比，他们受教育程度相对较高，务农的机会较少，甚至有一部分人没有务农经历，更容易接受新事物和新观念，因此外出动机与自我期望也带有独特的群体特征。

---

① 彭仁贤：《新生代农民工问题研究述评》，《经济问题探索》2011年第4期。

此后，新生代农民工问题备受学术界的关注和重视，学者们不仅着力研究新生代农民工问题，还提出了许多切实可行的政策建议。一部分学者对两代农民工之间存在的代际差异展开了研究。王东、秦伟（2002）以社会分层作为理论依据，从流动的动机和目的、流动的组织性、收入和消费，对城市的适应性以及对家乡的回归性等方面对农民工群体内的代际差异进行初步研究。[1] 分析结果显示：在流动目的和动机方面，学习技术、见世面开眼界、挣钱回家做生意等具有自我发展的想法是新生代农民工的主要目的和动机。全国总工会新生代农民工问题研究课题组的研究报告（2010）也指出新生代农民工在外出就业动机、劳动权益的诉求、对职业角色的认同、务工城市的心态、对外出生活的追求等六个方面发生了"转变"。[2] 另一部分学者关注新生代农民工生存、就业的生存困境。王春光（2001）的研究认为新生代农民工没有真正建立起对社区的认同或归属，但已有一部分人在努力适应着流入地社会生活与环境；新生代农民工对家乡的乡土认同在减弱，开始不认可或批评农村习惯或传统。同时，由于社会认同的不明确和不稳定，新生代农民工也将表现出更明显的"流动性"特征和游离社会的倾向。[3] 许传新（2007）的研究发现：新生代农民工城市工作适应、人际适应都处于中等水平，而生活适应处于较低水平；研究还指出家庭背景、城市经历、大众传媒的推动、社区参与以及组织支持五个方面的因素对于新生代农民工的社会适应具有显著影响。[4] 谢建社（2007）以冲突理论为理论背景，从经济、权利、思想、文化、家庭婚姻以及代际等多个角度对新生代农民工融入的冲突问题进行研究，得出如下结论：巨大的心理落差导致农民工面临冲突，而这些冲突的根源除了国家制度与政府决策外，更重要的是农民工自身素质。[5]

---

[1] 王东、秦伟：《农民工代际差异研究》，《人口研究》2002 年第 9 期。
[2] 彭仁贤：《新生代农民工问题研究述评》，《经济问题探索》2011 年第 4 期。
[3] 王春光：《新生代农村流动人口的社会认同与城乡融合的关系》，《社会学研究》2001 年第 3 期。
[4] 许传新：《"落地未生根"——新生代农民工城市社会适应研究》，《南方人口》2007 年第 4 期。
[5] 谢建社：《农民工融入城市过程中的冲突与分析——以珠三角 S 监狱为个案》，《广州大学学报》（社会科学版）2007 年第 4 期。

(二) 新生代农民工创业行为的普遍特征

借鉴《全球创业观察（GEM）2003 中国报告》中对创业者的操作定义，我们认为，新生代农民工创业者主要是指新生代农民工群体中，创立或参与创立创业企业，或新企业的所有者和管理者，现阶段他们的创业行为具有如下特征：

1. 从打工到创业的职业经历

与传统第一代农民工不同，新生代农民工基本上是一离开初中或高中校门就走上了外出务工的道路，他们普遍缺少从事农业生产劳动的经历，据统计，89.4%的新生代农民工基本不会农活，37.9%的新生代农民工从来没有务农经历[①]。其次，与大学毕业生可能一走出校门就可能创业不同，几乎所有的新生代农民工创业者，都是从打工开始的。他们在艰辛的打工历程中，认识到如果永远都为他人打工，自己将无法获得经济地位的明显提升，且总有寄人篱下的感觉；同时，随着打工生涯的推移，他们的见识、商业经营知识等也逐步增长，并开始形成初步的经济积累，各类资源也不断丰富。于是，一些人选择了终止打工生涯自己创业，做一些个体生意，甚至开办自己的私营企业。笔者访谈的一些做个体或私营经济的农民工几乎都是从打工者或学徒转变而来。

2. 异地城市创业的明显倾向

传统农民工近似于候鸟的打工方式和亦工亦农经历造就了他们城市过客心理，据1999年清华大学对农民工家庭的一项调查，89.7%的农民工表示将来一定会回到家乡定居。而新生代农民工没有经历过父辈那样从农村到城市的变化过程，很多是自小就跟随父母移居城市，或是在农村初中（高中）一毕业就到城市"谋出路"，因此他们对城市生活环境比对农村生活环境更熟悉、更适应。他们的"城市梦"也比他们的父辈更执着，他们有着强烈的融入城市的渴望，他们不愿回到农村，他们选择在城市工作，贡献于城市的建设，即便是选择创业，也呈现出明显的异地城市创业倾向，有别于第一代农民工的返乡创业潮。有调查报告显示，关于"未来发展的打算"，选择"回家乡务农"的，相对于当前仍旧外出就业的传统农民工11%的比重，新生代农民工只占1.4%。

[①] 全国总工会新生代农民工问题课题组：《关于新生代农民工问题的研究报告》，《新华文摘》2010年第17期。

3. 多元因素的创业动机

创业动机是各种环境因素和创业者个人特征的产出。农村环境的动态复杂变化及生存压力的不断增大是第一代农民工创业的主要驱动力，而正值青春年华、职业道路刚刚开始的新生代农民工处在体制变革和社会转型的新阶段，物质生活逐渐丰富使他们的需要层次由生存型向发展型转变，随之主动选择创业的他们，创业动机也更趋多样化，除了出于经济方面的考量，更为重视对地位、人格、尊重、成就等社会性需求的考量。由生存型创业走向发展型创业。

4. 趋同化的创业路径选择

新生代农民工的创业企业多为初创企业，企业的规模以微型企业或个体经济居多；创业的行业选择与其打工的行业有着很高的相关性，绝大多数人选择的是适宜个体和私营企业经营的商品零售业、服务业或小规模加工业。创业起始资本主要依靠打工的自我积蓄，这在某种程度上反映了新生代农民工创业向银行借贷比较困难；主要依赖本地资源，采用劳动密集型的适用性技术，劳动技能简单，较少管制，因此创新性不足，企业成长空间有限。

(三) 样本选取和样本基本情况

针对创业农民工的实证研究，数据的获得及其质量的把握是一个难点。本书的原始数据通过问卷调查的方式获取。在调查地点的选择上，考虑到调查数据的代表性，课题组选择了长三角的杭州、南京等大城市，以及青岛、福州、温州等经济发达城市，另外也对武汉、合肥、南昌做了调查。在样本的选择上，本书将占有相当生产资本并雇用他人的老板、占有少量资本的自雇创业的个体工商业者、非正规就业者视为创业者。考虑到农民工创业一般会选择劳动密集型的餐饮、维修等进入门槛比较低的服务业以及农产品、家具、服装、鞋帽等加工业，在收集数据时，课题组将城市中的小商品市场、农产品市场、餐饮集中区域以及市郊规模较小的工业集中区作为问卷发放的重点，采用调查人员现场发放问卷并请被调查者当场填写的方式收集数据。为了降低调查操作难度，也为了采集数据的丰富性，课题组要求调查人员仅对调查对象是否创业者进行确认，而无须刻意排除其他非农民工创业者填写问卷。项目调查组于2011 年 7 月至 11 月集中发放问卷 850 份，在剔除一些无效问卷后，共回收有效问卷 832 份。在回收的 832 份有效问卷中，有 312 份由城市居民创业者所填,其余520份问卷为农民工创业者所填。

以最常见的20世纪80年代为新老两代农民工的分界点,在收集的520份样本中,出生于80年代以后的创业农民工为357份,出生于80年代以前的有163份。分布于餐饮、电子、服装、家纺、农产品、五金、外贸、家具等行业,其中,在餐饮业创业的农民工比例最高,有115人,占全部样本的22.1%。性别特点是男性多于女性,前者占样本总数的63.7%,但是在新生代创业农民工中,男性比例为62.7%,低于老一代的65.6%,这说明在新生代创业农民工中,女性比例有所上升。从出生年代看,本书收集的样本主要分布在70年代和80年代两个年龄段,占总数的82.3%。总样本中已婚者人数较多,但新生代农民工已婚者比例仅为39.2%。从调查对象的身份上看,人数最多的是个体工商户,其次是私营企业主、其他创业者以及合伙创业者。在总样本中,拥有的企业或生意处于创建阶段、成长阶段和成熟阶段的比例分别为35%、36%和27.3%。其中新生代农民工的创业阶段大多属于前两个阶段,而老一代农民工的创业阶段则多属于后两个阶段。研究样本的基本信息如表4-1所示。

表4-1 研究样本的基本信息 单位:人

类别	具体内容	全部农民工	新生代	老一代
所属行业	餐饮	115	72	43
	电子	84	73	11
	农产品	66	41	25
	外贸	44	34	10
	家具	66	38	28
	服装鞋帽家纺	83	60	23
	五金	55	36	19
	其他	7	3	4
性别	男	331	224	107
	女	189	133	56
出生年代	1960年及以前	6	0	163
	1961—1970年	39	0	
	1971—1980年	118	0	
	1981—1990年	310	357	0
	1991年及以后	47		0

续表

类别	具体内容	全部农民工	新生代	老一代
婚姻状况	未婚	232	212	20
	已婚	281	140	141
	未报告	7	5	2
创业身份	私企业主	141	98	43
	包工头	15	12	3
	个体工商户	223	152	71
	企业控股股东	15	6	9
	普通股东	24	19	5
	职业投资者	9	5	4
	无证小摊贩	15	11	4
	其他	78	54	24
创业阶段	创建阶段	182	156	26
	快速成长阶段	100	69	31
	成长速度放缓	87	53	34
	成熟阶段	142	74	68
	衰退阶段	9	5	4

二 新老两代农民工创业差异性比较

近年来，80年代和90年代出生的新生代农民工日益成为农民工研究领域的焦点。我们发现，不同的时代背景下出生和成长起来的城市创业农民工，在群体特征、工作强度、信息来源、雇佣规模、经济收入和城市社会融入等方面有显著差异，但在创业动机、创业领域和面临的创业障碍上基本相似。基于以80年代为新老两代农民工的分界点的520份样本分析，可以得出以下结论：

第一，新生代创业农民工的关键词："男性""未婚""较高学历"。调查发现，所有被调查对象中，男性比例为63.7%，女性比例约为36.3%，新生代创业农民工中男性占62.7%；在总样本中已婚者超过了一半，但新生代创业农民工中未婚者则超过了六成；新生代创业农民工的受教育程度和接受职业技能培训的程度远高于老一代。新生代创业农民工小学及以下学历者仅占全部调查总数的1.7%，而大专以上学历者占

52.2%，老一代创业农民工中小学及以下学历者占 13.5%，初中学历者占 40.5%，而大专以上学历者占 18.4%。从这些数据可以看出，城市创业的新生代农民工多为具备较高文化素质的未婚青壮年。

第二，两代农民工创业动机并不存在显著差异。研究新老农民工外出打工动机的文献普遍认为两代农民工外出务工的动机不同，老一代农民工进城经济利益第一，个人发展第二；而新生代农民工将个人发展放在第一，经济利益放在其次。但本书发现，两代农民工创业动机并不存在显著差异。获取财富、解决就业这两项是两代农民工创业的首要出发点，对于财富的追求和向往是两代农民工创业的首要原因。虽然个人兴趣爱好在新生代农民工中的比重有所增强，但是检验并不显著，在整个农民工群体中这样的差异并不存在。农民工创业者创业动机最主要是"生存推动型创业"，经济方面的要求大于"抓住机遇"或"兴趣爱好"等机会拉动（表4-2）。之所以这样，是与农民工在社会经济体系中的劣势地位相一致。

表 4-2　　　　　　　两代农民工创业动机对比　　　　　　单位：%

	解决就业	获取财富	兴趣爱好	提高地位	其他
老一代	22.1	63.2	4.3	4.3	6.1
新生代	25.8	57.1	9.5	2.0	5.6
$\chi^2 = 7.510$　$P = 0.111$					

第三，新生代创业农民工以进入门槛较低的自雇型创业为主，但与老一代相比，雇佣规模较小，家庭创业的比例降低。与老一代农民工基本相同，新生代创业农民工大多在资金需求少，雇佣人数少的领域内创业。在创业时的身份选择上，研究样本中的新生代农民工选择最多的是个体工商户，占比超过四成（表4-3）。从雇佣规模上看，新生代创业农民工所雇佣的人数比老一代创业农民工要少。超过八成的新生代创业农民工雇佣的人数小于 10 人，其中接近五成只是自雇佣创业（表4-4）。不同代际农民工创业形式存在显著差异。老一代农民工创业的主要模式是家庭创业，其次是独立创业，再次是合伙创业；而对于新生代农民工而言，创业的主要模式是独立创业，其次是合伙创业，而家庭创业则位居第三（表4-5）。

表4-3　　　　　　　　　　两代农民工创业身份对比　　　　　　　　　单位:%

	私营企业主	包工头	个体工商户	企业股东/投资者	无证小摊贩	其他
老一代	26.4	1.8	43.6	11.0	2.5	14.7
新生代	27.5	3.4	42.5	8.4	3.1	15.1
	$\chi^2 = 12.918$　P = 0.004					

表4-4　　　　　　　　　　两代农民工雇佣规模对比　　　　　　　　　单位:%

	暂时没有	1—10人	11—20人	21—30人	31人及以上
老一代	44.2	34.4	6.7	6.1	8.6
新生代	47.6	37.3	8.7	4.2	2.2
	$X^2 = 12.592$　P = 0.013				

表4-5　　　　　　　　　　两代农民工创业形式对比　　　　　　　　　单位:%

	合伙创业	家庭创业	独立创业	其他
老一代	21.5	41.7	34.4	2.5
新生代	26.9	23.2	45.1	4.8
	$\chi^2 = 19.019$　P = 0.000			

第四,新老两代创业农民工在创业信息获得渠道上存在显著差异,新生代创业农民工主要依赖于自己对市场的观察和调研。李培林认为"在那些关系农民切身利益的个人决策中(如职业选择),农民的主要信息来源依然是亲属和朋友"。但是本书调查发现,创业信息获得上存在代际差异,发现老一代农民工创业过程中更多创业信息来源于亲友的介绍,自己对市场的调研占第二位,而新生代农民工中,创业信息获得的主动性更高,近50%的新生代农民工是通过自己对市场的调研获得市场信息,而亲友的介绍则降到了第二位(表4-6)。

表4-6　　　　　　　　　　两代农民工信息获得对比　　　　　　　　　单位:%

	自己对市场的调研	亲戚朋友介绍	政府的引导	报纸媒体的报道
老一代	37.0	54.5	4.5	3.9
新生代	47.6	41.7	4.2	6.5
	$\chi^2 = 7.848$　P = 0.049			

第五，新生代创业农民工的工作时间较老一代农民工短，劳动强度要小。根据国家统计局2012年4月发布的数据，全国农民工每天工作时间超过8小时的占总数的42.4%。但是本书的数据显示，创业农民工的工作时间比一般农民工更长，无论新生代还是老一代，每天工作时间超过8小时的人数都超过样本总数的60%。其中，新生代创业农民工这一比例低于老一代创业农民工，后者的这一比例达到71.1%，前者也达到65.5%（表4-7）。

表4-7　　　　　　　　两代农民工劳动强度对比　　　　　　　单位:%

	3小时以下	3—5小时	6—8小时	9—12小时	13小时及以上
老一代	0.6	5.5	22.7	51.5	19.6
新生代	3.9	3.9	26.6	54.3	11.2
$\chi^2=11.472$　P=0.022

第六，两代创业农民工面临的创业障碍基本相同。在创业的过程中面临什么样的问题？资金不足是两代农民工创业时所面对的首要问题，而此后，对于老一代农民工而言，所面临的困难依次是"没有好的创业方向""社会关系缺乏"；而对新生代农民工而言，则是"经验不够"和"没有好的创业方向"，在对风险的心理承受能力的判断上，新生代农民工要优于老一代农民工（表4-8）。

表4-8　　　　　　　　两代农民工创业障碍对比　　　　　　　单位:%

	资金不足	没有好的创业方向	经验不够	社会关系缺乏	面对风险的心理承受能力不足	其他
老一代	38.0	23.3	11.0	16.0	6.1	5.5
新生代	39.2	15.1	22.4	11.2	2.8	9.2
$\chi^2=19.090$　P=0.000

第七，创业农民工的收入高于打工的农民工，新生代创业农民工的收入显著低于老一代农民工。表4-9报告了老一代和新生代创业农民工的银行存款和月收入的描述性统计和比较检验的结果。从分布上看，两组的银行存款分布最集中的都是在10万元以内的区间，其次是10万—30

万的区间；两个组别的月收入分布也与银行存款的分布相似。从平均水平上看，老一代和新生代创业农民工的银行存款得分分别是 2.03 和 1.61，处在 10 万—30 万区间；而月收入的平均数则分别为 3.15 和 2.77，尽管无法推断其具体的数值，但根据我们变量的定义，大致可以判断出创业农民工的月收入要远高于国家统计局公布的 2011 年外出农民工月均收入的 2049 元。同时独立样本 T 检验的 P＜0.001，这说明无论是银行存款还是月收入，老一代均显著高于新生代。

表 4-9　创业农民工经济收入状况的频数分布与均值比较

变量	得分	老一代	新生代	合计
银行存款	1	82	237	319
	2	38	69	107
	3	16	20	36
	4	10	17	27
	5	17	14	31
	均值及比较检验	2.03	1.61	3.912（0.0001）
月收入	1	10	45	55
	2	41	136	177
	3	56	83	139
	4	26	41	67
	5	30	52	82
	均值及比较检验	3.15	2.77	3.367（0.001）

注：得分情况参见后文表 4-24。

第八，创业农民工经常有被城市排斥之感，这方面新老两代并无显著差异。新生代创业农民工更容易融入城市文化，但在属于城市人还是农村人的身份认知上却更加模糊。本书从城市社会排斥、心理融入和文化融入三个维度考量创业农民工的城市适应状况。表 4-10 报告了新老两代创业农民工城市融入状况的比较。统计显示：总体上看，老一代创业农民工与新生代创业农民工在感觉到的城市社会排斥方面没有显著差异。值得注意的是，无论是老一代还是新生代创业农民工回答"时时处处"和"很多时候"感觉到城市社会的排斥和不公平的都大约占其总数的三成,这说明城乡不平等意识仍然影响到创业农民工;在心理融入方面,老一代和新生代创业农民工之间存在显著的差异。老一代创业农民工中在心理上能够确认自己属于城市人或者农村人的人数占其总数的57.7%,而新生代创业农民工的这一比例仅为40.9%,独立样本 T 检验 P<0.001,这说明新生代创业农民工在身份认知上更加模糊;在文化融入方面,老一代和新生代创业农民工之间存在显著的差异。独立样本 T 检验的 t 值为 3.925(P<0.001),且其中新生代创业农民工的平均得分比老一代低,这说明新生代创业农民工比老一代的生活方式更接近于城市化。

表 4-10   创业农民工城市融入状况的频数分布与均值比较   单位:人

变量	得分	老一代	新生代	合计
社会排斥	1	8	30	38
	2	41	77	118
	3	38	94	132
	4	34	73	107
	5	42	83	125
	t 值(比较检验)	3.37	3.29	0.747(0.456)
心理融入	0	69	211	280
	1	94	146	240
	t 值(比较检验)	0.577	0.409	3.587(0.0004)
文化融入	1	9	64	73
	2	58	107	165
	3	34	107	141
	4	34	51	85
	5	28	28	56
	t 值(比较检验)	3.09	2.64	3.925(0.0001)

注:得到情况参见后文表 4-24。

通过上述的描述统计,本书发现城市创业农民工有一定的规律和特征,不同代际直接存在一定的差异,也存在一定的代际传承现象。

首先,农民工在社会体系中处于劣势地位,他们的创业存在经济目的性强、竞争力弱等特点；家人的支持、亲戚的支持和银行贷款是获得创业资金的主要模式，资金的不足是两代农民工所面临的共同难题。

其次，老一代农民工入行时间长，他们在行业中摸爬滚打的历练，使得他们在企业规模、企业收益等方面都要优于新生代农民工，创业活动给他们带来的职业地位变化要优于新生代农民工。与此同时他们在创业过程中遭遇的失败经历也较新生代农民工更多。

最后，新生代农民工的创业吃苦精神不如老一代农民工，但新生代农民工创业过程中对市场的把握较老一代农民工更积极，创业模式也由老一代的家庭创业向独立创业转变。虽然自雇创业还是两代农民工创业的主要形式，但是，老一代农民工通过创业过程实现职业流动的状况要优于新生代农民工。

随着现在大资本已经占据了城市的农产品、超市、商场等主要领域，使中小资本创业的人必须在一个狭小空间艰难挣扎，农民工的创业空间狭窄、收益低，而新生代农民工创业收益状况则更差，这也就是为什么有些学者认为，不能寄希望于依靠创业来解决农民工问题。本书认为，创业本身就是风险和机遇并存的，农民工作为城市的弱势群体，他们在创业的过程中会遭遇更多困难和挫折，但是，并不能由此而否定农民工城市创业这一行动，作为农民工寻求城市融入的重要探索，政府对农民工的创业行为应给予更多的政策支持；在政策制定过程中，更应基于两代农民工创业行为差异，有针对性地制定政策措施，以提升他们的创业能力和创业绩效。然而，所有这些措施的实施都需要改变中国的城乡二元社会体制，改变农民工弱势群体的社会地位。

三 新生代农民工创业现状分析

（一）新生代农民工的创业行为现状特质

与老一代农民工进城创业时存在众多的市场缝隙机会但伴随各种制度性壁垒的外部环境不同，如今新生代农民工在创业时的制度壁垒逐渐消失，但市场机会更为隐蔽，开发机会所需资源更多。大量新生代农民工创业的报道认为，新生代农民工创业难度大，由于知识、经验、资金的缺乏和创业利益空间的狭窄，成功者寥寥。目前在学术界，学者们对新生代农民工创业问题作了一定的探讨，但是总体而言，对新生代农民工创业的研究并不多，并未给出创业农民工的创业全景描述。

在样本的选择上,将占有相当生产资本并雇用他人的老板、占有少量资本的自雇创业的个体工商业者、非正规就业者视为创业者。考虑到农民工创业一般会选择劳动密集型的餐饮、维修等进入门槛比较低的服务业以及农产品、家具、服装、鞋帽等加工业,在收集数据时,将城市中的小商品市场、农产品市场、餐饮集中区域以及市郊规模较小的工业集中区作为问卷发放的重点,采用调查人员现场发放问卷并请被调查者当场填写的方式收集数据。为了对新生代农民工创业者与其他创业者进行比较,调查人员仅对调查对象是不是创业者进行确认,而并未刻意排除非其他类型创业者填写问卷。通过对长三角的杭州、南京等大城市,青岛、福州、温州等经济发达城市,以及武汉、合肥、南昌等市所回收的832份问卷(实际发放850份,有效问卷中,312份由城市居民创业者所填,其余520份问卷为农民工创业者所填)分析,我们发现,新生代创业农民工存在以下特点:男性创业者多于女性;"80后"创业者多于"90后"创业者;在婚育状况上,未婚者多于已婚者,和我国目前从事其他工作的新生代农民工婚育状况较为一致;在受教育程度上,在城市创业的新生代农民工其受教育程度高于其他的新生代农民工;在城市生活时间较长,在目前所在城市生活1年以内的占17.4%,1—3年的占30.5%,3年以上的占52.1%;大部分属于初次创业(69.5%),20.2%的是第二次创业,7.3%的是第3次创业,3.0%的经历过较多的创业波折,有第4次创业及以上经历。

(二) 新生代农民工创业现状分析

1. 创业动机

创业动机是创业研究的重要内容,研究者发现,子女教育、照料老人是导致农民工返乡创业的重要原因。而农民工选择创业的根本动机是追求经济收益,农民工是否选择创业,或是否选择继续创业取决于其所从事的创业活动能否带来创业利益。新生代农民工城市创业的动机又是什么?调查发现,57.1%的新生代农民工创业者其创业主要目的是获取财富;25.8%的是解决就业;兴趣爱好所致占9.5%,提高地位占2.0%,其他占5.6%。卡方检验发现,文化水平影响创业的动机。随着受教育程度的上升,"获取财富"取向的比重有所增加,"解决就业"取向出现明显的下降,"发展兴趣爱好"取向中,初中及以下和本科及以上的该比例要高于其他两个受教育层次,但是本科及以上的该取向要明显高于初中

及以下的创业群体。（见表 4-11）

表 4-11　　　　　　　　受教育程度与创业动机　　　　　　单位：%

	解决就业	获取财富	兴趣爱好	提高地位	其他	合计
初中及以下	39.6	44.0	9.9	0.0	6.6	91
高中或中专	23.8	63.8	5.0	3.8	3.8	80
大专	20.2	63.5	8.7	2.9	4.8	104
本科以上	19.5	57.3	14.6	1.2	7.3	82

$\chi^2 = 22.484$　　P = 0.032

2. 创业模式

郭军盈在研究中将农民工创业分为两大类：个体户、承包土地扩大生产规模、发展多种经营等仍然依托现有的家庭组织，不创建新组织的创业和创办企业等创建新的组织形式进行创业与农民工创业的模式相类似，农民工创业模式也存在自雇创业和创办企业这两种模式。其中个体工商户、包工头、无证小摊贩等属于自雇创业；而私营企业主、企业普通股东、职业投资者、企业控股股东等属于创办企业创业。具体来看，新生代农民工自雇创业的比例超过 50%，包括 42.6% 的个体工商户、3.4% 的包工头、17% 的无证小摊贩；另外，创办企业占 37.0%，其中，27.5% 的是私营企业主，5.3% 的是企业普通股东，2.5% 的是职业投资者，1.7% 的是企业控股股东，这些创业者在创业过程中涉及资本多、企业规模相对较大。

卡方检验发现，不同性别、不同学历的创业者在所从事的职业的分布上存在显著差异。由表 4-12 可见，女性新生代农民工在创业过程中，从事自雇创业的比例要高于男性，而创办企业的比例要低于男性。笔者认为男性创办企业的比例较女性更高与中国传统的财产继承制度有关，在家族中如果有男性的继承人，那么家族的事业往往更多是由男性继承，而非女性。

文化水平对新生代农民工创业状况有显著影响，文化水平越高，越倾向于创办企业，文化水平越低则越倾向于自雇创业。随着文化水平的上升，创办企业的比例呈逐渐升高的趋势，尤其是在私营企业主和企业股东两项中，本科及以上学历的创业者的比例要远远高于初中及以下的创业者;而自雇创业的比例随着创业者文化水平的提高而在不断下降,尤其是无证小摊贩选项中,初中及以下的创业者占到了不少的比例,而其他学历水平的创业者中均少有从事自雇创业;另外,在其他选项中,本科及以上学历的创业者中有将近20%选择了该项,也从一个侧面反映出高学历创业者创业途径的多样化。(见表4-13)

表4-12　　　　　　　　　性别与创业模式　　　　　　　　单位:%

	创办企业			自雇创业				合计
	私营企业主	企业股东	职业投资者	包工头	个体工商户	无证小摊贩	其他	
男	29.0	8.9	3.6	4.5	37.5	2.2	14.3	224
女	24.8	3.8	0.8	1.5	51.1	4.5	13.5	133

$\chi^2 = 13.610$　　$P = 0.034$

表4-13　　　　　　　　　文化程度与创业模式　　　　　　　　单位:%

	创办企业			自雇创业				合计
	私营企业主	企业股东	职业投资者	包工头	个体工商户	无证小摊贩	其他	
初中及以下	18.7	3.3	0.0	3.3	56.0	11.0	7.7	91
高中或中专	25.0	7.5	2.5	2.5	48.8	0.0	13.8	80
大专	33.7	4.8	2.9	4.8	37.5	1.0	15.4	104
本科及以上	31.7	13.4	4.9	2.4	28.0	0.0	19.5	82

$\chi^2 = 56.028$　　$P = 0.000$

3. 创业资源获得

创业本身是一种对资源重新整合的过程。在创业过程中,外部环境中资源的易得性、经营成本高低与创业者对未来远景的认知都将影响创业的启动与成败。显然,能否在城市获得足够的资源、能否建立与城市社会相适应的社会网络将影响到进城农民工创业的启动与成败。本章主要分析新生代农民工创业的信息来源与资金来源两个方面。

创业过程始于创业机会,创业机会主要体现为市场机会或者商业机会,是创业成功的前提条件。商机的多少受市场发育程度制约,市场发育不完善，信息闭塞，获得信息渠道少，创业机会就少。随着我国市场经济的发展与完善，信息的开放程度增加，信息获得途径拓展，创业的机会日益增多，新生代农民工在创业过程中，能否主动地获取商机，把握机会？调查显示，在创业信息来源上，44.8%的新生代农民工是通过自己对市场的调研，39.2%的是通过亲戚朋友的介绍，3.9%的是通过政府引导，6.2%的是通过报纸媒体报道，5.9%的是通过其他途径。卡方检验分析发现，不同文化程度的创业者信息来源差异显著。文化水平越高，新生代农民工获得创业信息的自主性越强，能更多地通过市场调研、报纸媒体报道等获得创业信息。

另外，政府对高文化水平创业者的引导也更多，虽然亲戚朋友介绍也是高文化水平创业者的重要信息来源，但是这个比例明显比低文化水平的创业者要低些。初中及以下文化程度的创业者中，51.6%的创业信息来源于亲戚朋友，远远高于本科及以上的22.0%的水平；在"其他"项中，本科及以上的比例为9.8%，高于其他文化水平的创业者，也反映出，高文化水平的创业者创业信息来源更广泛（见表4-14）。可见，新生代农民工在创业的过程中能多渠道获得信息，而政府在农民工创业的支持和引导方面的作用还有待加强，尤其是要重视政府在对小学及以下创业者引导和帮扶作用的发挥。

表4-14　　　　　　　　文化程度与创业信息来源　　　　　　　　单位:%

	自己对市场的调研	亲戚朋友介绍	政府引导	报纸媒体报道	其他	合计
初中及以下	37.4	51.6	3.3	2.2	5.5	91
高中或中专	43.8	46.3	1.3	7.5	1.3	80
大专	44.2	36.5	4.8	7.7	6.7	104
本科及以上	54.9	22.0	6.1	7.3	9.8	82

$X^2 = 25.059$　　$P = 0.015$

创业资金来源，新生代农民工在创业的过程中，47.5%的是从家人中获得资金支持；12.9%的是从亲戚那里得到支持，朋友占11.8%，银行贷款占12.4%，其他占15.4%。统计检验发现，在资金来源上不存在性别上的差异，而存在文化水平的差异。由表4-15可见，随着文化水平的提高,创业者获得创业资金的渠道更广,对家人、亲戚的依赖越少,从朋友、银行中获得资金的比例越高;在本科及以上文化水平的创业者中,除了家人之外,银行贷款成为其获得创业资金的重要渠道;在本科及以上创业者中,资金来源渠道"其他"项占24.4%。一方面,这是本书的一个不足,作为一项探索性研究,本书在问卷设计中没能将一些重要的资金来源渠道列入选项;另一方面也从一个侧面说明,新生代农民工在创业的过程中,资金获得的渠道较为多样化,高文化水平的创业者更是如此。

表4-15　　　　　　　　　文化程度和创业资金来源　　　　　　　　单位:%

	家人	亲戚	朋友	银行贷款	其他	合计
初中	61.5	17.6	6.6	5.5	8.8	91
高中或中专	55.0	16.3	11.3	6.3	11.3	80
大专	42.7	10.7	15.5	13.6	17.5	103
本科及以上	30.5	7.3	13.4	24.4	24.4	82

$X^2 = 41.997 \quad P = 0.000$

4. 创业绩效

创业绩效是衡量企业成功与否的重要标杆,不同的研究者通过不同的指标体系对创业的绩效进行了考察。笔者主要对产品及服务竞争力、创业收益状况这两方面对新生代农民工的创业绩效进行评价。

(1) 产品或服务的竞争力

新生代农民工在不同的行业和领域中为社会提供商品和服务,其产品的竞争力如何?调查发现,38.7%的受访者表示"竞争者很多、竞争非常激烈",31.9%的受访者表示"有一些竞争者,比较激烈",18.5%的属于"竞争者虽多,但有自身特色","特色明显,竞争者少"的占7.6%,"具有独特性,几乎无竞争者"的占3.3%。新生代农民工创业过程中,提供的产品和服务的竞争力并不是很强。检验分析发现,不同性别的创业者他们的创业产品存在显著差异。男性创业者的产品或服务更多的是集中在"竞争者很多,竞争非常激烈""有一些竞争者,比较激烈"的领域内,而女性在这两项的比例要低于男性10多个百分点,女性在竞争特色方面要优于男性,更多集中在"竞争者虽多,但有自身特色"

和"特色明显,竞争者少""具有独特性,几乎无竞争者"这几项上都高出男性创业者。(见表4-16)

表4-16　　　　　　　　分性别创业产品竞争状况　　　　　　　单位:%

	竞争者很多, 竞争非常激烈	有一些竞争者, 比较激烈	竞争者虽多, 但有自身特色	特色明显, 竞争者少	具有独特性, 几乎无竞争者	合计
男	40.6	35.3	16.1	4.9	3.1	224
女	35.3	26.3	22.6	12.0	3.8	133
$\chi^2 = 10.289$　P = 0.036

从表4-17可以看到,随着文化程度的升高,创业者在市场产品和服务的提供上竞争力增强,在"竞争者很多,竞争非常激烈"这一项中,大专以上学历的创业者要低于初中及以下的创业者近20个百分点;"具有独特性,几乎无竞争者"选项中,在初中及以下文化程度的创业者中比例为零,而在本科及以上的创业者中占到8.5%。可见知识、文化在创业产品和服务提供的过程中扮演了增强竞争力的重要角色。"特色明显,竞争者少"这个选项中,初中及以下的占12.1%,高于其他文化水平的创业者,笔者认为这和一些民间技艺的掌握和分布有关,传统民间技艺更多地由一些较低文化程度的创业者所掌握,高学历的创业者更多掌握的是知识型技能。

表4-17　　　　　　　　文化程度与创业产品竞争力　　　　　　　单位:%

	竞争者很多, 竞争非常激烈	有一些竞争者, 比较激烈	竞争者虽多, 但有自身特色	特色明显, 竞争者少	具有独特性, 几乎无竞争者	合计
初中及以下	50.5	16.5	20.9	12.1	0.0	91
高中或中专	40.0	25.0	21.3	8.8	5.0	80
大专	32.7	44.2	18.3	3.8	1.0	104
本科及以上	31.7	40.2	13.4	6.1	8.5	82
$\chi^2 = 38.568$　P = 0.000

(2) 创业收益

创业者创业的最主要目的是赢取利润,那么,企业或生意是否能给创业者带来较好的收入?调查显示,6.4%的认为"没有什么收入",

31.7%的认为收入"数额不大且不稳定",47.6%的认为"数额不大但较稳定",认为"数额大但不稳定"的占9.2%,认为"数额大且稳定"的只占5.0%。

卡方检验,不同性别创业者创业收益状况存在显著差异。在男性创业者中"没有什么收入""数额大但不稳定""数额大且稳定"这几项的比例要高于女性;"数额不大且不稳定"和"数额不大但较稳定"的比例,女性高于男性。总体来看,女性创业者创业收益更多集中在小数额的阶段,而男性创业者在大数额和无收入的分布都要多,笔者认为在不同性别的创业者中,男性更具挑战精神,女性更加稳扎稳打。(见表4-18)

表4-18　　　　　　　　　　性别与企业收益　　　　　　　　　　单位:%

	没有什么收入	数额不大且不稳定	数额不大但较稳定	数额大但不稳定	数额大且稳定	合计
男	7.1	29.9	44.6	12.5	5.8	224
女	5.3	34.6	52.6	3.8	3.8	133
$\chi^2 = 9.741$　$P = 0.045$							

另外,卡方检验发现创业规模不同创业收益存在显著差异。个体经营者的收益状况更多集中在小数额稳定或不稳定的状态下,大数额收益者较少,而雇用1—10人的其大数额收益的比例开始上升,小数额稳定的收益比例也升高;雇用11—20人的,大数额收益但不稳定的比例有很大的上升,雇用在21人及以上的则大数额稳定收益的比例显著提高。因此在创业过程中,政府要支持和引导,努力扩大规模,以增加效益。(见表4-19)

表4-19　　　　　　　　　　创业规模与收益状况

	没有什么收入	数额不大且不稳定	数额不大但较稳定	数额大但不稳定	数额大且稳定	合计
没有雇用	11.8	37.6	44.7	3.5	2.4	170
雇用1—10人	1.5	25.6	57.9	12.0	3.0	133
雇用11—20人	3.2	38.7	35.5	19.4	3.2	31
雇用21人及以上	0.0	13.0	26.1	21.7	39.1	23
$\chi^2 = 98.607.024$　$P = 0.000$							

5. 创业环境评价

大量研究认为，政策支持对创业的成功影响重大，Storey 认为，多种形式的财政支持对创业行为有积极的影响。朱红根通过实证研究发现，农民工是否获取政策资源和获取政策资源的多少对返乡创业绩效都有显著影响。近年来，政府对返乡创业的农民工、大学生给予了一定的政策支持，新生代创业农民工在创业过程中，对政府政策支持评价如何？（见表4-20）

表4-20　　　　　　　　　　创业环境评价　　　　　　　　单位：%

	很满意	满意	一般	不满意	很不满意	合计
对政府部门服务效率评价	3.4	21.0	59.1	12.6	3.9	357
对城市政府出台的创业政策评价	3.4	23.5	54.3	16.8	2.0	357
对企业周边治安环境评价	6.4	28.0	51.8	9.5	4.2	357

调查发现，创业者对政府部门的服务效率满意的（含很满意和满意）占24.4%，不满意的（含不满意和很不满意）占16.5%；对城市政府出台的创业政策评价中，满意的为26.9%，不满意的为18.8%；对企业周边治安环境满意的为34.4%，不满意的为13.7%。总体而言，新生代农民工对创业环境满意度在中等偏上水平，各个维度比较来看，对政府部门服务效率的满意度最高，对企业周边治安环境的满意度其次，而对政策的满意度最低。

卡方检验发现，受教育水平不同的创业者、不同创业规模的创业者在"这个城市出台的政策有利于外来人员创业"这个维度上存在显著差异，而其他无显著差异。不同文化程度的新生代创业农民工，对政策环境的评价存在显著差异，本科及以上学历的创业者对政策评价要优于初中及以下学历的创业者（见表4-21）。

四　新生代农民工创业影响因素分析

（一）样本选取

通过采用内容分析的方法，利用万方数据库为文献来源平台，对有关"新生代农民工创业"研究的文献进行定量的搜索与统计，以标题含

表 4-21　　　　　　　文化水平与对政策环境评价　　　　单位:%

	很满意	满意	一般	不满意	很不满意	合计
初中及以下	3.3	12.1	67.0	13.2	4.4	91
高中或中专	0.0	27.5	50.0	21.3	1.3	80
大专	4.8	23.1	53.8	17.3	1.0	104
本科及以上	4.9	32.9	45.1	15.9	1.2	82

$\chi^2 = 22.272$　$P = 0.035$

"新生代农民工创业"为索引关键字,获取相关文献为 10 篇,以摘要含"新生代农民工创业"为索引关键字,获取相关文献为 19 篇,以全文含"新生代农民工创业"为索引关键字,获取相关文献也仅为 29 篇。

(二) 数据分析及结论

借助 NVIVO.8.0 定性分析软件对所有样本文件进行高频关键字的排序索引,得出描述"新生代农民工创业"的关键性变量,选取其中前 20 位的变量为索引关键字,对所有样本文献进行再次索引,统计得出文献来源的数量,以样本文献中出现关键性变量的篇数为标准,从而进行排序,得出排名前 8 项的关键性变量。排名前 8 位的关键性变量可以概括为影响新生代农民工创业的三大维度因素,分别是个人特征因素(年龄、性别、婚姻)、人力资本因素(受教育程度、社交能力、工作经历)、创业环境因素(政策制度、城市融合)。最后,对上述三个因素维度下的 8 个变量进行具体操作化设计,形成调查问卷。(详见表 4-22)

表 4-22　　　新生代农民工创业关键性变量统计 (NVIVO 8.0)

	一级指标	二级指标
新生代农民工创业能力研究	个人特征因素	年龄
		性别
		婚姻
	人力资本因素	受教育程度
		社交能力
		工作经历
	创业环境因素	政策制度
		城市融合

问卷调查的样本数据为 2011 年 7—11 月，对北京、上海、武汉、杭州、合肥、青岛、南京、福州、武汉、南昌等地的创业农民工进行随机调查所得。本次调查共发放问卷 550 份，收回问卷 549 份，其中有效问卷 519 份，问卷回收率 99.8%，问卷有效率 94.5%。

五　新生代农民工创业支持政策建议

（一）加强教育培训，增加创业概率

人力资本因素是新生代农民工进行理性择业的基础，大力提升新生代农民工的人力资本有助于提高新生代农民工的创业概率，人力资本的增加主要途径还在教育培训。

1. 发展职业技能培训，奠定创业基本素质

虽然新生代农民工的受教育程度已经明显高于老一代农民工，但是他们大多数接受的是基础性教育，在职业技能的培训上还存在着很大的不足。同时，新生代农民工有强烈的学习意愿，政府应加大对新生代农民工的职业技能培训的投入，建立完备的继续教育体系，拓宽新生代农民工接受技能培训的渠道。在技能培训的内容上，政府应以本地区产业发展需求为导向，可根据社会资源、市场需求、新生代农民工的兴趣取向及就业方向开展职业培训，使新生代农民工明确自己的创业方向，提高新生代农民工的创业成功率。同时，在职业教育中注意性别差异，提高新生代农民工的性别觉悟，正确认识女性农民工的社会地位、社会作用和社会价值，帮助女性新生代农民工改变性别定式思维，增加女性农民工创业概率。

2. 发展创业知识培训，提升创业能力素质

发展创业能力培训体系，注重培养四种能力，即创业机遇把握能力、风险抵御能力、项目选择能力和项目经营能力。农民工创业主要是把握创业机遇能力的培养等。一是创业机遇能力。机遇无处不在，时刻都在，关键在于你能不能识别它和把握它。二是抵御风险能力。在市场经济条件下，任何机会都可能使你成功或失败。如何实现从"危机"到"商机"的转变，取决于你的抵御风险和调整应变能力。三是选择适合创业项目能力。选择一个适合创业者本人所拥有的知识、能力与智慧的创业项目，使创业机会与创业者具有良好的匹配性。四是经营能力。经营能力是一种高层次的能力，指的是将某一项目机会转变为创业实践之后，进入项

目运作阶段所需要具备的能力。①

3. 加强创业精神的培养与培训

企业家精神对于创业者来说是非常关键的素养，新生代农民工在创业过程中可能会遭遇到各种困难和挫折，树立正确的创业观，以正确的心态，果敢的精神面对创业过程中出现的问题，是创业农民工在创业过程中需要着重培养的；注重文化水平和产品竞争力的提高，通过参加社区和政府组织的各项培训和创业服务活动，多读书、多看报，提高自身的文化素养和创业能力，深入市场调研，积极主动地获取创业信息，及时发现创业中的问题和商机，联系自身实际发展具有地方特色的产品和服务，提高创业竞争力。

(二) 构建良好互动，消除城乡障碍

新生代农民工强烈的创业意愿与留城意愿之间有着直接联系，他们适应并积极融入城市，意图通过创业来获取更高收入以应对昂贵的城市生活成本。然而，新生代农民工的市民化行为在现实中面临一系列制度和非制度障碍，如买房、医保、子女教育等显性制度障碍，以及地域歧视、负面认知、联姻、交友等隐性非制度性障碍，因此有必要消除制度和非制度性障碍，促进城市融合，提升创业意愿。

1. 消除制度性障碍，建立基础性保障体系

政府应在户籍制度改革基础上，使新生代农民工与城市居民同等享有教育就业、卫生医疗、住房租购、社会保险等公共服务，为新生代农民工构建基础性社会保障体系，消除其创业顾虑。

2. 消除非制度性障碍，构建和谐的社会氛围

新生代农民工在意识上、行为方式上都率先融入城市，调研数据显示，37.5%的新生代农民工认为自己是城里人，32.5%无法确认自己的身份，有30.0%认为自己是农村人口。但是最终决定他们能否融入城市的是城市社会的包容度。自有了城市以来就有了城乡差别，城市作为政治或经济中心就意味着城市拥有更多的社会资源和发展机会，也就产生了城市对乡村的歧视，城市人口对乡村人口的排斥，这也就导致了近三分之一的新生代农民工对自身身份的不确定性。只有消除了城市歧视的

---

① 邓婉婷、岳胜男、沙小晃：《新生代农民工创业意向调查实践报告》，《学理论》2011年第18期。

隐形障碍，才能实现真正的融入。因此，新闻媒体应通过新闻宣传、典型示范、形象展示等多样化的手段展示新生代创业农民工坚忍、勤劳、诚信等优秀品质，塑造这一群体的良好群体形象。同时，政府部门应组织各类互动活动，增加城乡群体间的沟通机会，为新生代农民工创业提供足够的社会支持。

3. 发挥社区的功能，为新生代创业农民工建立创业家园，为其提供精神和技术等多方面的支持

将创业指导和创业咨询工作纳入社区服务体系，在流动人口集中的社区建立"创业咨询室"，对有意向在城市创业的农民工给予政策咨询和创业指导；社区加强同高校、职业学校、企业或已经成功创业者的交流合作，组建农民工城市创业培训师队伍，对创业农民工进行创业培训、管理咨询和融资指导；加强与农民工创业的合作，设置创业体验基地，通过与农民工创业企业的合作，在各企业建立的创业体验基地组织创业观摩和学习；创建"创业者之家"等组织，通过"创业老乡联谊会"的多种多样的活动形式，将同样有创业梦想的新生代农民工组织起来，为他们寻找可以共同探讨创业中的问题和困难的伙伴，帮助他们扩大社会资本；通过组织专家、成功创业者给创业农民工进行系列讲座，为创业者提供创业榜样，促进其企业家精神的培养。

（三）创新政策环境，完善创业服务

政府要建立良好的政策制度以鼓励创业。加强政策宣传，提供操作指导，并实时针对不同具体情况调整政策策略，不断完善帮扶政策。

1. 扩充培训内容，创新政策体系

充分考虑新生代农民工的创业特征，进一步完善和创新新生代农民工创业培训内容及政策体系。一是不断扩充创业培训内容，由于新信息和新产业不断涌现，市场需求也呈现快速变化的趋势，因此创业培训内容也应与时俱进，以市场为导向创新和完善新生代农民工职业技能培训的内容。二是加大财政投入，重点创新融资政策，着力解决新生代农民工创业的融资难题，为农民工创业提供资金支持。由于新生代农民工创业项目多样性，因此应建立符合多样化创业需求的金融财政政策。在中央和地方财政拨款的基础上，地方政府可通过设立专项基金，如农民工创业融资贷款贴息基金、风险补助基金等，主要用来资助新生代农民工或对他们进行创业培训；也可借助小额贷款的成功经验，由政府牵头、

企业参加，共同成立社会担保机构或信用机构；也可通过建立信用制度，根据创业人员的创业项目和信用等级为其提供信用贷款项目等等。[①]

2. 加强政策宣传，提供操作指导

由于新生代农民工的自主创业能带动就业，各地政府纷纷出台了促进农民工创业的相关优惠政策，引导并扶持农民工创业。但数据显示，有近五成的调查者对政府出台的创业优惠政策不了解或根本就不知道有相关政策，这说明政策的宣传力度不够。同时，政策在操作层面上的执行力不够，且缺乏相应的过程及结果评估政策，导致扶持效果较差。因此，政府今后应该加强政策的宣传和落实，定期对扶持政策效果进行跟踪观察，并实时针对不同具体情况调整政策策略，不断完善帮扶政策。

3. 出台相关政策，给予政策优惠

作为解决新生代农民工就业和发展的重要途径，政府应该出台相应的政策给予政策支持。首先，由于创业农民工尤其是自雇创业的农民工往往存在着资本量少的问题，政府对这个创业群体应给予更多支持，通过给予城市创业农民工创业费用上优惠减免，提供贷款优惠政策、允许企业注册资本零首期和分期到位；其次，根据经营范围确定减免税收的期限和额度，在一定时间内给予税收政策的支持，尤其是对特色明显、低污染、低能耗以及能多提供就业岗位等创业项目给予特别优惠；再次，对于特色明显的创业项目，提供必要的无偿资助资金或风险投资资金。最后，创建新生代农民工创业扶助基金，给予处于创业起步阶段或创业困难阶段的新生代创业农民工提供小额无息或低息贷款，帮助他们渡过创业难关。

4. 完善信息咨询和服务体系，为创业者提供信息支持

流入地政府建立创业农民工档案和联系卡，根据创业农民工的创业行业分布和需求，以手机短信等方式及时向创业农民工发布各类创业信息与创业政策，以便其掌握最新的市场动态和政策导向；流出地政府搜集整理外出创业的新生代农民工信息，在春节等重大节日，通过创业座谈会等，给创业农民工搭建沟通平台，同时，及时向创业农民工发布家乡的创业形势和政策，鼓励回乡带动更多村民创业。

[①] 李丽群、胡明文：《农民工创业政策支持体系成效分析及对策》，《韶关学院学报》2011年第5期。

第二节　新生代农民工的创业绩效研究

对于新生代农民工创业绩效及其影响因素，本书在回顾相关文献的基础上，设定了创业绩效的测量指标及其影响因素。创业绩效作为因变量采用主客观指标相结合的方法来测定，包括个人对创业状况的主观感受、对创业收益的主观评价以及创业规模。影响因素自变量则是包含创业者的人口学特征、人力资本状况、社会资本状况和政策支持评价状况。其中性别、出生年代、是否拥有稳定的创业团队、行业组织参与状况、资金来源、决策信息来源、是否获得城市户口以及政策环境作为控制变量。然后运用多元回归分析方法对357份新生代农民工创业者问卷数据进行了实证分析。

一　文献回顾与研究假设

国外移民创业研究始于1972年Light对在美国的移民的研究（Light，1972）。大量研究发现，移民创业受个人、文化、制度等多方面因素影响。研究认为人力资本影响移民创业行为，而受教育水平是其中重要的变量。教育对于创业的影响，各个研究的结论不同：有学者认为教育获得的水平影响自雇决定的做出，受教育水平越高则越倾向于自雇（Cooper & Dunkelberg, 1987）；也有不同意见认为一个受教育水平高的国家，其自雇创业率比较低（Uhlaner & Thurik, 2004）。另外，有研究发现，受教育水平和自雇创业呈现倒U形关系；受教育程度越高，越可能从失业进入自雇创业，自雇创业失败退出率越低；受教育程度高的创业失败者失业的可能性低（Fairlie, 2005）。受教育程度更高的家庭成员更易成为创业者（Fafchamps & Quisumbing, 2003）。在此基础上，提出第一个研究假设：

H4-1：农民工文化水平和在校学业状况影响其创业绩效。

影响移民创业的文化因素包括：独特的价值观、技能以及文化特质（内部凝聚力、忠诚、灵活性、个人动机等等），其中与本族群体中的人际交往状况以及由此获得灵活的筹资渠道，是影响移民创业的重要因素，大量研究发现，社会资本、社会网络影响移民创业的成就。移民创业能否成功取决于长时间工作、低支出和创业者他们所嵌入的特殊的社会关系网，这些关系网能够通过正式或者非正式的方式降低他们的交易费用（Kloosterman，2002）。由于不容易获得政府的支持，移民在创业过程中更多地向家庭成员或其他群体的成员借钱以获得资金支持（Rath，2000）。创业者的社会网络是带来创建企业需要的商业情报、创业资金、首份订单三项资源的重要渠道（边燕杰，2006）。于是，本书提出第二个研究假设：

H4-2：农民工在城市里的社会网络越广，其创业绩效越好。

H4-2a 社会网络越广，其创业满意度越高；

H4-2b 社会网络越广，其创业规模越大；

H4-2c 社会网络越广，其创业收益越高。

影响移民创业的制度因素包含社会排斥、歧视、市场进入的困难、政策不支持等。由于受主流劳动力市场的排斥，移民群体中失业率高，大量移民自己创业（Kloosterman，2002）。本地人的创业启动资金往往来源于银行贷款，不同于本地人，移民通过银行获得贷款的可能性更小（Rath，2000）。1998年以前葡萄牙政府拒绝给外国移民贷款，因此，那个时期葡萄牙的移民创业很少，创业主要依赖于社会关系网（Tuzin & Peter，2009）。国内研究发现，"二元结构"及由此形成的土地制度、户籍制度和教育制度等影响农民工创业的机会（郭军盈，2006），政策支持力度的大小是影响农民工返乡创业意愿的重要因素，农民工是否获取政策资源和获取政策资源的多少对返乡创业绩效都有显著影响（朱红根，2012）。信贷约束影响农户创业过程中的资源配置结构以及创业的层次和水平（程郁、罗丹，2009）。在此基础上，提出第三个研究假设：

H4-3：政府给予越多政策支持，农民工创业绩效越好。

H4-3a 政府给予越多政策支持，其创业满意度越高；

H4-3b 政府给予越多政策支持，其创业规模越大；

H4-3c 政府给予越多政策支持，其创业收益越高。

二 变量设计

以往研究中，学者按照指标信息来源，将创业绩效指标分为主观与客观指标。主观指标是指通过量表以"非常好""非常差"等来衡量企业绩效；客观指标则是销售增长率、利润率等确切数据。但获得企业发展的客观指标是一件非常困难的事情，由于让被调查人相信调查是单纯的学术研究，与税收、国家监控等活动无关成了一项非常困难的任务，被调查人对于涉及企业业绩的利润、收入等问题或拒答,或误报(边燕杰,2006)。有学者指出,"当某些企业不愿或不能向调查者提供具体的财务数据时,当客观绩效数据不易获得时或无法获取时,可以考虑直接使用同样具有较高效度的主观评价绩效数据来代替客观绩效数据"(姚鹏磊,2010)。据此,本书采用了主观指标来评价创业绩效作为因变量,其中包括个人对创业状况的主观感受、对创业状况的主观评价以及对创业规模的汇报。自变量则是包含创业者的人口学特征、人力资本状况、社会资本状况和政策支持评价状况。其中性别、出生年代、是否拥有稳定的创业团队、行业组织参与状况、资金来源、决策信息来源以及是否获得城市户口是虚拟变量,其他为连续变量。

三　结果与分析

（一）创业绩效状况

①创业规模。调查显示,47.6%的暂时没有雇用他人,雇用1—10人的占37.3%,雇用11—20人的占8.7%,雇用21—30人的占4.2%,雇用31人及以上的占2.2%。从雇用人数的规模来看,新生代农民工创业者目前的创业规模小,实现较大规模雇用的比例较低,不到10%。这也正是我国目前农民工创业以"家庭创业"为主要模式的重要表现。

②创业收益状况。创业者创业的最主要目的是赢取利润,那么,企业或生意是否能给创业者带来较好的收入？调查显示,6.4%的认为没有什么收入,31.7%的认为数额不大且不稳定,47.6%的认为数额不大但较稳定,认为数额大但不稳定的占9.2%,数额大且稳定的只占5%。总体来看,收益小是新生代农民工创业收益的主要特征。

③创业满意度。通过"对目前事业发展的自我评价"来看,对于创业表示很满意的占7.0%,满意的占25.8%,一般的占51.3%,不满意的占13.4%,很不满意的占2.5%,总体满意度状况属于中等水平。

（二）影响新生代农民工创业绩效的因素分析

为了分析影响新生代农民工创业绩效的影响因素(参见表4-23),本书采用了逐步回归,以消除变量之间的多重共线性的影响,分析人力资本、社会资本、政策环境等指标做自变量来预测新生代农民工对创业满意度、创业规模和创业收益状况。

表4-23　　　　　　　影响新生代农民工创业绩效的因素

自变量（Beta）		创业满意度		创业规模		创业收益状况	
		B	Beta	B	Beta	B	Beta
	常数项	2.866		1.415		1.934	
个体状况	性别						
	婚姻状况						
	出生年代	0.248	0.096				
教育状况	受教育程度			0.147	0.261		
	在校学业成绩	0.108	0.158				
社会资本	婚恋圈状况						
	社交圈大小						
	入行时间			0.099	0.15	0.137	0.174
	已拥有稳定创业团队	0.438	0.256	0.4	0.264	0.284	0.096
	行业组织参与			0.289	0.163	0.305	0.147
	资金来源					-0.226	-0.114
	决策信息来源			0.234	0.101		
	歧视状况	0.168	0.247			0.123	0.172
政策因素	是否获得城市户口					0.273	0.127
	政府部门服务效率评价						
	企业周边的治安环境评价	0.193	0.191				
	是否需要向政府支付不合理费用	-0.123	-0.166				
	R^2	0.22		0.243		0.154	
	$AdjR^2$	0.206		0.23		0.139	
	F	15.726		20.505		10.148	

在模型中我们发现，用这些因素来预测创业满意度可消减20.6%的误差；用这些因素来预测创业规模可消减23.0%的误差；用这些因素来预测创业收益状况可消减13.9%的误差。三个模型均通过了显著性检验，回归模型有意义。

出生年代、在校学业成绩、是否拥有稳定的创业团队、遭歧视状况以及企业周边治安环境状况和是否需要向政府支付不合理费用影响着创业满意度。出生年代不同的新生代农民工，创业满意度不同，80后创业农民工的创业满意度要高于90后的创业农民工；在校学业成绩越好、越是拥有稳定的创业团队，遭受到的歧视越少、企业周边治安环境越好、需要缴纳的不合理费用越少，创业满意度越高。比较 Beta 系数发现，创业团队状况、受歧视状况和企业周边治安环境对新生代农民工创业满意度影响最大。

受教育程度、入行时间、是否拥有稳定创业团队、行业组织参与、决策信息来源影响新生代创业农民工的创业规模。受教育程度越高、入行时间越长、决策信息来源与家人、拥有稳定的创业团队、参与相应的行业组织的新生代农民工的创业规模越大。比较 Beta 系数发现，创业团队状况、受教育程度和参与行业组织对新生代农民工创业规模的影响最大。

入行时间、是否拥有稳定创业团队、行业组织参与、资金来源、受歧视状况和城市户口的获得状况影响新生代农民工的创业收益状况，入行时间越长、拥有稳定创业团队、参与行业组织、受歧视状况越少、获得城市户口的新生代农民工创业收益状况越好。比较 Beta 系数发现，入行时间、受歧视状况和行业组织参与对新生代农民工创业收益影响最大。

四 结论

通过上述分析，本书得到以下结论：

（1）新生代农民工在创业过程中，存在创业规模小、创业收益少和创业满意度一般的状态。受教育状况、社会资本和政策因素部分影响其创业绩效。

（2）新生代农民工的受教育程度和在校学业状况影响创业绩效。受教育程度越高，创业规模越大；在校学业成绩越好，创业满意度越高。人力资本假设被部分证实，虽然移民创业者人力资本与创业收益的关系不显著，但可以确定，新生代农民工文化水平、在校期间的学业状况影响他们的创业满意度和创业规模，影响方向为正。

（3）社会资本中入行时间、创业团队状况、行业组织参与、资金来源、决策信息来源、受歧视状况影响新生代农民工创业绩效的三个维度，而通婚圈状况和交际圈大小则对创业绩效的各个维度均无显著影响。研究假设部分被证实，同时发现，不同层次的社会资本对创业绩效的影响不同。

（4）政策因素中，是否获得城市户口、企业周边的治安环境评价、是否需要向政府支付不合理费用影响创业农民工的创业绩效，政府部门服务效率评价对创业绩效没有显著影响。研究假设部分得到证实。

五 进一步的讨论

（一）不同层次社会资本对创业绩效的影响

学界认为，社会资本可以分为微观和宏观两个层次。微观层次的社会资本又称个体或外在层次的社会资本，它是一种嵌入于个人行动者社会网络中的资源，产生于行动者外在的社会关系，其功能在于帮助行动者获得更多的外部资源；宏观层次社会资本，又称集体或内在层次的社会资本，它是群体中表现为规范、信任和网络联系的特征，这些特征形成于行动者（群体）内部的关系，其功能在于提升群体的集体行动水平（赵延东，2007）。关于微观社会资本与创业的关系有不少研究。有研究发现，话费支出、常联系朋友个数和可借款人数等"弱关系网络"对农民工获取政府支持有重要帮助（陈昭玖、朱红根，2011）。农民工在打工地的亲朋关系网络对其创业地点选择有显著影响，农民工的社会网络关系主要在打工地，那么其留城创业的可能性较大（赵浩兴，2012）。不同于已有研究，本书发现，微观社会资本对新生代农民工创业绩效的影响有限：不论是"是否和城里人通婚、恋爱""婚姻状况"等强关系还是"社会关系网的大小"弱关系，对新生代农民工城市创业绩效都没有显著影响；在创业资金和创业信息支持上，微观社会资本对创业绩效起到一定的作用，而且方向不一致。创业资金越是更多来源于亲戚、朋友等的创业者，其创业收益状况越差，而能从银行等其他途径获得贷款的则收益状况较好，本书认为当前银行选择创业农民工类贷款对象，往往选择前景较好的，前景差、收益差的较少能获得支持；而农民工家庭的经济资本有限，即使是从家庭中获得资金支持也是有限的。

宏观社会资本对新生代农民工的创业绩效有显著影响。稳定的创业团队、参与行业组织、入行时间等这些能带来宏观社会资本的变量影响着创业绩效。新生代农民工创业过程很多是通过家族或者亲戚朋友这些具有"强关系"的人一起创业的形式实现的，调查显示，新生代农民工创业中，26.9%是合伙创业，23.2%是家庭创业，独立创业占45.1%。可见，在创业过程中，只有发展为稳定创业合作关系的微观社会资本中的"强关系"才会影响创业绩效，而一般的，不构成创业合作关系的强关系则对创业绩效没有太大影响。

另外，行业组织参与对创业规模和收益有显著影响。国内研究普遍认为职业行会无法满足中国目前日益增长的中小企业的需求，职业行会对移民创业者的帮助较小（姜磊，2010；张学军，2005）。国外学者看来，加入行业协会是移民创业者嵌入当地社会的一个重要内容。在行业协会里有一套共同的书面或非书面规则以使成员遵守行业实践，协会能提供成员相互协助的机会，通过各种形式保护协会内部人员和部分外部人员（Kloosterman，2002）。行业协会作为介于政府、企业之间，商品生产业与经营者之间，为其服务、咨询、沟通、协调等服务的社会中介组织，成立协会和进入协会都具有一定的门槛。而新生代农民工中很大一部分没有相应的行业组织可以加入，或者不够条件加入行业协会。调查显示，仅有25.2%的新生代农民工创业者参加了行业协会或其他类似组织。但是参与行业协会有利于创业发展，诸如沙县小吃同业公会，通过和银行等合作，为从业人员提供信贷支持。因此，在新生代农民工城市创业的过程中，除了关注新生代农民工个人微观资本的积累之外，政府需要通过政策支持与引导，为新生代农民工创业创造良好的宏观环境，促进其宏观社会资本的建构。

（二）政策支持与创业发展

社会政策是影响移民创业的重要因素，社会福利制度、住房政策、最低工资水平等影响移民创业者的创业成本和绩效。优惠的税收政策可以激发创业意愿，促进更多的潜在创业者选择创业。政府制定的各种政策和法律对于创业者的意愿和行为具有重要影响，不同国家之间创建企业的成本存在巨大差异，在创建企业成本高的国家，个人成为创业者的意愿很低。本书发现，创业企业周边的治安环境，是否需要缴纳不合理费用，影响创业者的满意度，城市户口的获得状况影响创业收益状况，政府服务效率的评价对创业绩效没有显著影响。可以发现，政策环境在一定程度上影响新生代农民工的创业绩效，宽松良好的创业环境是促进新生代农民工创业发展的重要因素。近年来，户籍制度改革在逐步推进，中小城市对有条件落户的外来务工人员打开了大门，但是长期的城乡二元体制下的社会政策体系是创业农民工所面临的最不利的政策环境，因为没有城市户籍，他们遭遇福利排斥、经济排斥、文化排斥等，从而城市生活的成本增加、竞争力减弱，一些成功的创业者通过城市制度身份的获得为他们的创业带来更加宽松的环境和条件。"政府服务效率的评价"对创业绩效没有显著影响，这是因为，目前政策设计和政府服务对新生代农民工创业者的支持有限。近年来，国家重视返乡农民工创业，努力为其创造良好创业环境。国务院明确要求地方政府在用地、信息、收费、工商登记、纳税服务等方面对返乡创业农民工给予支持。相对而言，对城市创业农民工关注不够。虽然有些城市出台一些政策，鼓励外来农民工在城市创业，但是在国家层面，具体可行的鼓励外来农民工城市创业的政策并未出台。因此，在促进新生代农民工创业过程中一方面要进一步深化户籍制度改革，消除附着在户籍制度之上的各类差别待遇；另一方面要尽快出台相关的政策，为城市创业农民工创造更好的创业政策环境。

（三）教育获得与创业发展

已有研究发现，文化水平影响创业模式和资源获得，文化水平越高，越倾向于创办企业，文化水平越低则越倾向于自雇创业；随着文化水平的提高，创业者获得创业资金的渠道更广，对家人、亲戚的依赖越少（黄兆信等，2012）。无论是正规教育还是职业培训对农民工的自主创业都有显著影响。就正规教育而言，不同的教育水平对创业行为选择的影响程度不同。具有大学或大专学历的返乡农民工选择创业的概率较高，为57%；小学教育，初中和高中教育也能促进创业。本书发现教育对创业绩效有正向影响，受教育程度高、在校期间学业状况好的创业者其创业满意度和创业规模都要高于其他创业者。当下由于大学扩招带来的教育投资收益变小，大学生面临着毕业即失业的状况，读书无用论抬头，怀疑读书的价值和意义，很多农民工子女在读完初中之后就进入劳动力市场，希望通过在社会、市场这个大课堂的磨砺中积累经验，进而闯出一片天地，但事实并非如此，即便是自主创业，良好教育同样是成功必不可少的要素。教育不仅仅是创业技能和创业精神积累的过程，同时也是积累微观和宏观社会资本的过程。因此，必须正视教育的意义与价值，政府通过教育政策改革，为农民工子女创造在城市获得高等教育的机会，通过职业技术培训等为有创业意向的新生代农民工提供创业指导。

第三节 新生代农民工创业城市融入研究

新生代创业农民工通过创业获取经济价值并不是最终目的，融入城市才是他们的终极目标。本书从"弱嵌入性"的理论视角，从个体与结构互动的层面来分析新生代创业农民工的城市融入过程中遇到的问题。

一 创业农民工经济收入与城市融入的代际比较

（一）文献回顾

1. 农民工的经济收入及其影响因素

经济收入是农民工进入城市的生存基础，也是早期农民工流动的动因。

早在20世纪70年代，社会学家Derringer与Piore（1972）便共同提出一种观点，认为劳动力市场远非是竞争和统一的，它被分割成首属劳动力市场和次属劳动力市场。"首属劳动力市场"收入高、劳动环境好、待遇好、福利优越，凡是能进入此种市场的人自然成为社会上的富有者，成为地位较高的阶层；"次属劳动力市场"收入低、工作环境差、待遇差、福利低劣，凡是在此市场上就业者，自然成为地位较低的低收入阶层。由于我国的户籍制度和社会保障覆盖面的有限性，从而自然地将劳动力市场分割成首属劳动力市场和次属劳动力市场，农民工来到城市后也就自然地只能进入次属劳动力市场，从事收入低、工作环境差、待遇差、福利低劣的工作。

现有的很多研究也证实了上述结果。田凯（1995）针对农民工的调查得出尽管农民工从事的工作强度大、工作环境差，但其薪酬在整个城市生活中仍居于偏下水平。陆康强（2010）针对上海农民工的薪酬调查表明，2009年沪上农民工的人均月收入为2009元，与上海职工同年的人均月薪相比低39%。

在解释收入差异的诸多理论中，人力资本和劳动力市场分割是最通行的理论。前者将收入不平等完全归结于劳动者个体特征的差异，认为收入不平等的主要根源是劳动者在人力资本方面的差异，而通过教育和工作实践增加人力资本的投入和积累是工资增长的主要途径（Lester，1975）。后者则认为工资收入的不平等并不取决于个体特征的差异，而是由劳动者所处的结构性位置决定的，因此，个体劳动者经济地位提升的主要途径是通过竞争进入那些较高收入的职位（Sorensen and Kalleberg，1981）。

在许多对比城市居民和农民工收入的研究中，上述两种理论都得到了经验证据的支持。德姆希尔等（2009）证明受教育程度差异是造成城市工人和农民工收入差距的主要原因；韩俊（2009）认为，农民工在受教育程度和劳动技能上与城市工人相比存在显著差异，是造成农民工收入较低的重要因素。田丰（2010）的研究发现，城市工人与农民工的人力资本差异能够解释两者收入差距的较少部分，而入职门槛导致的单位之间的收入差异是总体收入差距的主要部分。

然而，单就我国的农民工而言，由于处在次属劳动力市场结构中，农民工不仅很难进入首属劳动力市场获得经济地位的改善，而且很难通过改变岗位获得更高的收入。陆康强（2010）针对上海农民工的研究发现，农民工换工与否和换工频度都未导致工资收入的显著增加。因此，人力资本差异将是影响农民工内部收入差异的主要因素。

正如前文所言，我们理解的创业农民工不仅包含扮演雇用者角色的企业主，更多指的是扮演自雇用者角色的农民工。对于这部分农民工而言，进城后选择创业大致有两种原因：一是在劳动力市场中求职失败而被动成为创业者，二是拥有独特资源的农民工主动成为创业者。

Tervo（2008）认为，在快速城市化的过程中，新工作岗位主要产生在大城市繁华地带，大批农民进城务工。然而，城市中的企业或其他部门在短时期内难以提供足够多的受雇形式的岗位来满足这些劳动力的需求。一些具有特定不利条件的人则更倾向于选择自雇（Heckman & Sedlacek, 1985）。也就是说，这部分在劳动力市场中缺乏竞争力的农民工往往成为自雇用者。而且，自雇经营活动的门槛较低也是他们的特征。因此，这部分创业农民工与处于次属劳动力市场中就业的农民工相比，在收入上并无优势。个体的经验和能力等人力资本方面的差异亦是其收入的主要影响因素。

对于主动创业的农民工，除了个体的人力资本影响其收入之外，很多研究指出，这是由于个人拥有的社会网络资本丰富，有利于发现并识别创业机会，导致其主动选择自雇创业（Hilis 等, 1997；Nisbet, 2007；Moog and Backes‐Gellner, 2009）。同时，创业者的社会网络资本也是创业所需信息和资源的重要来源（Shane 等, 2003），能够在新创企业融资以及降低人力资源成本上提供支持（Batjargal, 2006），从而提高企业绩效，进而提高创业者的收入。

2. 农民工的城市融入及其影响因素

农民工在进入城市后，除了获得经济收入之外，还会直接或间接地与城市社区发生一定的联系，探讨农民工的城市融入，离不开考察农民工与城市社会的关系,即农民工对于城市的感知和城市对农民工的接纳程度。一般认为,研究农民工城市融入的理论基础最早源于西方的劳动力迁移理论和社会融合理论。前者试图解释劳动者从迁出地到迁入地的过程中所遇到的吸力和阻力以及不同人群对此的反映,后者关注劳动力的现代社会融合问题,相关理论研究主要集中在社会排斥问题上。社会排斥有多种形式,包括经济排斥、政治排斥和社会排斥(Giddens,2001)。

与国际上一般趋势相比,中国农村劳动力流动有自己的特征。改革开放以来,农村劳动力向城市转移已经成为一种趋势,但是,没有出现大规模的乡村永久性定居转移(辜胜阻、刘传江,2000;盛来运,2008)。因此,更多学者将注意力集中于农民工的城市融入问题上。

农民工的城市融入不仅是地理位置上进入城市,更重要的还是身份上的置换。田凯(1995)提出农民工适应城市生活的过程包括经济层面、社会层面、心理层面或文化层面三个方面。朱力(2002)认为农民工城市融入三个不同方面是依次递进的,经济层面的适应是立足城市的基础;社会层面是城市生活的进一步要求,反映的是融入城市生活的广度;心理层面的适应是属于精神上的,反映的是参与城市生活的深度,只有心理和文化的适应,才说明农民工完全融入城市社会。陈钊与陆铭(2008)认为,城乡融合有三个层面,包括地理上的融合、社会上的融合和权利上的融合。从另一个角度看,农民工融入城市,会遇到诸如制度的、政策的、经济的和自身素质及心理因素等很多障碍,因此,在探讨农民工城市融入的问题时,人们也会从相反的角度来关注城市排斥的问题。

关于农民工城市融入内在机理,现有许多研究都是立足社会网络资本这个分析角度,探讨农民工的社会网络资本对城市融入的影响。李培林(1996)认为,市场化的变革和农民职业及生活方式的变化,并没有从根本上改变他们对血缘、地缘关系为纽带的社会网络的依赖。刘林平(2001)发现,农民工群体到深圳发展,主要依靠的是社会资本,而不是充分的人力资本,也不是金融资本。王春光(2003)认为,在农民工融入城市社会之时,遭遇到制度短缺。在城市务工过程中,强社会关系是主要社会机制,由于与城市社会的分割,他们只能在原有的熟人圈子里寻找社会关系支持,强化了熟人关系对他们的作用,导致农民工始终处于水平流动的状态。

农民工的人力资本也是影响其城市融入的重要因素。由于进城的农民工大多处于城市社会结构的底层，在与城市居民的交往中经济上处于劣势，心理上处于自卑状态。但是，一部分具有较高人力资本的农民工，往往可以通过努力拉近与城市人群的社会距离。此外，由于具有较多文化知识，更易于和城市人群沟通，也易于接受城市人群的生活方式，具有与城市人群更为接近的情感和生活偏好，这也有助于他们融入城市（季文、应瑞瑶，2006；刘传江、周玲，2004）。

此外，外部环境尤其政策环境对农民工融入城市的影响更是重要。中华人民共和国成立以来，以户籍制度为核心，包括劳动就业制度、劳动保护制度、劳动工资制度、社会保障制度、城镇住房制度、教育制度等在内的城乡二元制度及现行的农村土地制度仍对农民工融入城市构成巨大障碍，是制约农民工融入城市的一个最重要因素。近年来，政府已经采取措施试图通过制定的相关制度政策来解决农民工融入城市过程中所面临的问题，但不可否认的是，农民工政策和制度的配套和衔接还并不完善，农民工的社会保险问题、农民工子女的教育问题、农民工的住房保障问题、农民工的就业公平问题等，依旧困扰着农民工群体。

对于在城市创业的农民工群体来说，除了少部分占有相当生产资本并雇用他人并且取得市场经营成功的农民工创业者成为"准市民"（谢建社，2006）之外，大多数的创业农民工无论在经济收入上还是社会地位上与受雇的农民工并没有显著的区别。

3. 农民工的代际差异

由于成长的社会环境和家庭环境发生了巨大的变化，农民工的结构特征已经悄然发生了变化，不同时代的农民工不再是一个具有高度同质性的抽象群体，而是在文化、观念和行为上都有明显差别的亚群体。

不同时代农民工群体的差异性，自20世纪90年代以来就开始进入到研究者的视线。如杜鹰与白南生（1997）认为，农村流动人口在20世纪80年代以寻求就业为主，到90年代则转变为以寻求增加收入为主。王春光（2000；2001）将90年代初次外出打工的农村流动人口称为"新生代的农村流动人口"，并与80年代初次外出打工的"第一代"农村流动人口进行比较，得出了新生代农村流动人口具有大部分未婚、更高的教育水平、较少的务农经历、追求城市生活方式的"生活型"外出动机以及对身份更为模糊的认同、对农村归属感更为淡化等方面的特征。

与王春光对新生代农民工的界定不同,最近的一些研究者对新生代农民工一般界定为"1980年以后出生、拥有农村户籍的进城务工或经商的青年"(如刘传江,2010;杨菊华,2010)。

在新生代农民工特征上,刘传江(2010)除了进一步证实与王春光(2001)类似的一些结论之外,还从行为导向的角度得出了诸多有价值的结论:新生代农民工倾向于自主创业或到比包工队有发展空间的民营企业;新生代农民工吃苦耐劳程度低于老一代农民工;新生代农民工对自己城里人的社会身份的认同感在提高;新生代农民工较之老一代具有更好的城市适应能力;对城市生活和市民身份更为强烈的向往;更强的学习倾向,更有意识地为自身的全面市民化做出努力。杨菊华(2010)将新生代农民工的特点概括为"四高""一低""一薄弱":受教育程度较高、职业期望较高、消费水平较高、保障程度较高;工作耐受力低;乡土观念淡薄。

上述特征使得新生代农民工虽然希望融入城市社会,成为新市民,却由于多种因素而遭到排斥。与他们的"候鸟"父辈相比,新生代农民工在城市里成为"无根漂泊的一代",他们的身份认知比父辈更模糊。于是,很多新生代农民工更倾向通过创业来改变命运。段锦云与韦雪艳(2012)采用访谈法对新生代农民工的创业意向现状及其影响因素进行了研究,发现新生代农民工普遍表现出较强的创业意向,而这种创业意向的高低主要受环境因素和个体因素的影响。张改清(2011)通过访谈研究也认为,在不考虑是否返乡的情况下,农民工二代的创业意愿高于农民工一代。

(二)研究假设

我们通过对现有文献的梳理,发现目前关于城市创业农民工问题的研究文献还很少,针对其代际差异的文献则更少。现有研究对新老两代农民工的差异研究主要集中在描述新生代农民工相比较老一代农民工所出现的群体特征上,但对这些具有异质性的特征所产生的影响方面的研究还很零碎。本书在此前研究的基础上,将目前在城市里雇用自己或雇用他人的农民工定义为创业农民工,以最常见的80年代为新老两代农民工的分界点,通过实证研究,不仅将分析城市创业的农民工新老两代存在的代际差异,而且将重点探讨这些代际差异对其经济收入和城市融入带来的影响。

文军(2005)提出了一个农民工的"移民系统"。他认为,农民工的移民系统存在宏观、中观、微观三重结构。宏观结构指国家制度、政策、法规；中观结构指移民网络，包括血缘、地缘、亲缘所构成的人际关系网络；微观结构包括农民工个人的人力资本。根据上文对文献的回溯，可以发现影响农民工的经济收入和城市融入的因素可以归纳为三个方面：(1) 农民工的人力资本；(2) 农民工的社会网络资本；(3) 外部环境。这与文军分析的"移民系统"结构非常相近。因此，分析创业农民工在经济收入和城市融入的代际差异，也可以从这三个方面入手。图 4-1 给出了本部分的研究框架。

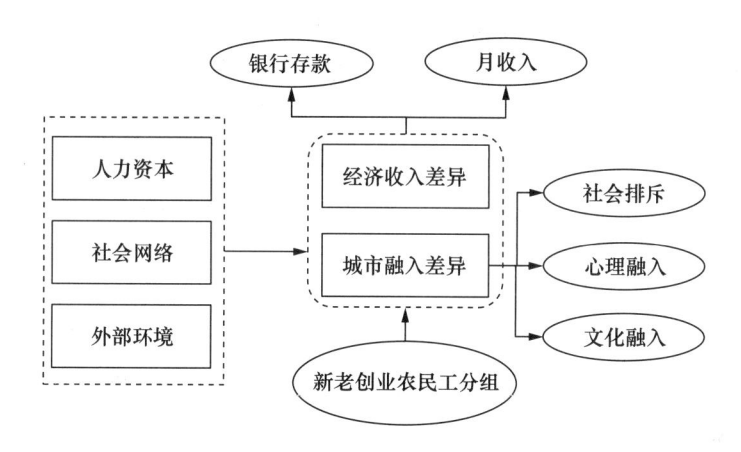

图 4-1 本章研究框架

首先，与受雇就业的农民工一样，新老两代创业农民工也存在人力资本上的差异。据现有对新老农民工的对比研究，新生代农民工受教育程度较高，但工作经验较少，而且，吃苦耐劳程度也低于老一代农民工。受教育程度较高，意味着新生代农民工可能进入老一代农民工难以进入的回报更高的领域创业。但是，在这样的领域创业，新生代农民工却将面临人力资本优于自己的城市居民的竞争。因此，对于城市创业的新生代农民工而言，大多数与其父辈一样，经营业务的进入门槛较低，竞争激烈，加上创业经验少，吃苦精神不高，收入很难超过其父辈。受教育程度较高和知识结构上的现代性，使得新生代创业农民工在生活方式上以城市青年为参照，能够快速地接受现代城市的生活方式，大多数新生代农民工都会通过网络、报纸等现代化的媒介来获取信息。但是，这并不一定意味着新生代创业农民工比父辈的城市融入程度高。因为，现行的制度使得他们在生活、教育、医疗和保障等方面受到别样的待遇,时时提醒他们并非是城市居民。理想与现实的强烈反差,导致新生代创业农民工对城市社会的排斥感受更深,在心理上对身份的认知更加模糊。

其次,新老两代创业农民工也存在社会网络资本的差异,由于新生代农民工的主体是由有着"留守儿童"经历的和"从小跟随父母在城市中接受教育"的青年构成(陈辉与熊春文,2011),虽然其对城市有一定的了解,但是新生代农民工大多从学校毕业不久,新型的社会关系尚未建立,初始的社会关系存在缺陷。而老一代创业农民工随着创业过程的延伸,其社会网络由血缘关系向地缘关系推开,在城市也经历了学习和再社会化的过程,在这一过程中,学习能力强的农民工已经建立了一定程度的新型社会关系,这不仅有助于老一代创业农民工维持和提升其创业绩效,而且也可以帮助他们适应城市的生活,降低其被城市社会排斥的程度。

最后,尽管老一代和新生代创业农民工有着不同的成长环境,但对于外部环境中最为重要的政策环境,从比较研究的角度来看并没有本质的区别。在2010年的中央一号文件《中共中央国务院关于加大统筹城乡发展力度 进一步夯实农业农村发展基础的若干意见》中,首次从中央政策文本的意义上提出了"新生代农民工"的称谓,并明确要求"采取有针对性的措施,着力解决新生代农民工问题"。但是,各地方出台的实质性的支持政策还不多,即使有也并未对新老农民工进行区别对待。

综上所述,我们提出以下研究假设。

H3-1:新生代创业农民工的经济收入状况差于老一代创业农民工。

H3-2:新生代创业农民工与老一代创业农民工在城市融入上存在显著差异。

H3-2a:在社会排斥上新生代创业农民工比老一代感觉更强烈;

H3-2b:在心理融入上新生代创业农民工比老一代更加模糊;

H3-2c:在文化融入上新生代创业农民工比老一代更加城市化。

(三)研究变量

对于收入状况,从存量和增量两个角度来考察更为全面。因而我们选择了银行存款和月收入两个指标来衡量。对于城市融入状况,分社会排斥、心理融入和文化融入三个维度来测量。在实证研究中,我们以创业农民工在城市中感受到的歧视和不公平的程度来衡量社会排斥程度;以创业农民工在心理上对自己属于城市人或农村人的定位来衡量心理融入；以生活方式的城市化程度来衡量文化融入。

从比较研究的角度，分析两个具有群体之间差异的根源，除了按照新老两代农民工进行分类之外，还需要控制其他影响两个群体的异质性因素以及外部环境因素。因此，我们把影响创业农民工经济收入和城市融入的因素分为两个方面：一是教育状况、学校表现（这是考虑到很多新生代农民工刚从学校毕业，社会经验并不多的缘故）、社会交往、创业次数、工作经验、工作时间等内部性因素；二是创业团队、经营环境、政策支持、治安环境、政府效率等外部性因素。

考虑到数据的易得性，我们在设计问卷时，将上述变量设计成等级变量或虚拟变量，等级变量用李克特5维量表来表示，虚拟变量用0—1表示。具体变量定义见表4-24。

表4-24　　　　　　　　　　　主要变量定义

类别	名称	变量定义
因变量	银行存款	10万以内为1；[10万—30万）为2；[30万—50万）为3；[50万—100万）为4；100万及以上为5
	月收入	2000元以下为1；2001—4000元为2；4001—6000元为3；6001—8000元为4；8001元及以上为5
	社会排斥	是否在城市里感受到种种歧视和社会的不公平？ 时时处处感觉到为1；较多时候为2；有一些为3；很少为4；几乎没有为5
	心理融入	觉得自己现在是：A. 城里人 B. 不确定 C. 农村人。回答A或C为1；回答B为0
	文化融入	生活方式属于： 城里人为1；接近成为城里人为2；不确定为3；更接近农村人为4；农村人为5
自变量	新生代	出生于1980年及以后为1，出生于1980年以前的第一代农民工为0。
	受教育程度	小学及以下为1；初中为2；高中或中专为3；大专为4；本科及以上为5
	在校学业成绩	名列前茅为5；优秀为4；良好为3；及格为2；不及格为1

续表

类别	名称	变量定义
自变量	在校同学关系	在校时关系很好的同学数量：几乎没有为1；少数为2；一半左右为3；多于半数为4；全部为5
	在校师生关系	教过的老师喜欢您的数量：全部为5；很多为4；一半左右为3；较少为2，没有为1
	社交广度	社交圈：非常广为5；比较广为4；一般为3；比较窄为2；非常窄为1
	社区参与	经常参与且热心组织为5；只是经常参与为4；有时间就参与为3；偶尔参与为2；完全无兴趣为1
	相关工作经验	从事目前工作时间：1年内为1；1—3年（含1年）为2；3—5年（含3年）为3；5—8年（含5年）为4；8年及以上为5
	创业次数	1次为1；2次为2；3次为3；4次为4；5次以上为5
	每天工作时间	3小时以下为1；3—5小时（含3小时）为2；5—8小时（含5小时）为3；8—12小时（含8小时）为4；12小时及以上为5
	婚姻状况	已婚为1，未婚为0
	城市逗留时间	1年以内为1；1—3年（含1年）为2；3—5年（含3年）为3；5—8年（含5年）为4；8年及以上为5
	创业团队	是否团队创业：是为1；否为0
	经营环境	在经营过程中需要向政府支付不合理的费用：经常是为1；有一些为2；偶尔是为3；很少为4；几乎没有为5
	治安环境	对周边治安环境：很满意为5；满意为4；一般为3；不满意为2；很不满意为1
	支持政策	所在城市出台的政策有利于外来人员创业？完全符合事实为5；比较符合事实为4；不好判断为3；不太符合事实为2；完全不符合事实为1
	政府效率	对政府部门服务效率的评价是：很满意为5；满意为4；一般为3；不满意为2；很不满意为1

（四）回归结果与分析

组间比较能够为研究假设提供初步的检验，但为了结论的可靠性，还有必要对其他主要的影响因素进行控制。根据上文中对新老两代创业农民工存在人力资本差异和社会网络资本差异的分析，为了避免回归分析中自变量之间的共线性问题,在选择控制变量时需要剔除一些能直接反映老一代和新生代创业农民工差异的变量,于是,根据图4-1的分析框架,我们先进行了一次以新老两代创业农民工分组为因变量的Logistic回归。结果见表4-25。

表4-25　创业农民工代际分组的影响因素——Logistic回归结果

变量	B	Sig.	Exp（B）	变量	B	Sig.	Exp（B）
婚姻状况	-0.354*	0.040	0.702	社区参与	0.051	0.725	1.052
受教育程度	0.472***	0.000	1.603	创业次数	-0.140	0.315	0.870
在校学业成绩	-0.203	0.211	0.816	创业团队	-0.155	0.541	0.857
在校同学关系	0.041	0.744	1.042	经营环境	0.133	0.193	1.143
在校师生关系	0.150	0.290	1.162	治安环境	-0.038	0.796	0.963
城市逗留时间	-0.443**	0.001	0.642	支持政策	-0.156	0.352	0.855
相关工作经验	-0.438***	0.000	0.645	政府效率	-0.233	0.156	0.792
每天工作时间	0.046	0.764	1.047	Constant	4.057	0.002	57.791
社交广度	-0.134	0.438	0.874	—	—	—	—

注：*表示$P<0.1$；**表示$P<0.01$；***表示$P<0.001$。

Logistic回归结果表明,创业农民工的婚姻状况、受教育程度、城市逗留时间和相关工作经验可以有效地预测老一代和新生代的分组,回归系数的方向也符合原来的预判,并且其准确率达到78.5%。因此,在进一步分析创业农民工代际差异对经济收入和城市融入状况的影响时,我们依据上文的研究框架选择了在校学业成绩、在校同学关系和师生关系、社交广度、社区参与、每天工作时间、创业次数、创业团队等作为多元线性回归分析的控制变量。回归分析结果如表4-26和表4-27所示。

在表4-25的多元线性回归结果中,新生代虚拟变量的回归系数分别为-0.328（$P<0.01$）和-0.223（$P<0.05$）,这说明在控制了其他影响创业农民工收入因素的情况下,新生代创业农民工与老一代创业农民工在经济收入状况上存在显著差异,老一代显著高于新生代。这与均值比较的结果相同,说明本书的假设H3-1得到支持。

从控制变量与经济收入的关系看,我们发现了三个变量与经济收入的银行存款和月收入均存在显著的相关,另有三个变量只和银行存款和月收入中的一个因变量存在显著的相关。具体为：（1）创业农民工社交广度与其银行存款和月收入正相关；（2）创业农民工的创业次数与其银行存款和月收入正相关；（3）与个人单独创业相比，团队创业的创业农民工拥有更多的银行存款和更高的月收入；（4）政府对农民工的支持政策与创业农民工的银行存款正相关，但与创业农民工的月收入之间的关系不显著；（5）对社区参与的热心程度与创业农民工的月收入负相关，但与其银行存款的关系不显著；（6）创业农民工平均每天的工作时间与月收入正相关，但与其银行存款的关系不显著。

表4-26 　　创业农民工代际差异对其经济收入状况的影响

自变量	因变量			
	银行存款		月收入	
	B	Sig.	B	Sig.
(Constant)	0.419	0.358	1.643**	0.001
新生代	-0.328**	0.002	-0.223*	0.050
学业成绩	0.058	0.355	0.019	0.784
在校同学关系	-0.012	0.813	-0.073	0.185
在校师生关系	-0.077	0.173	0.055	0.374
社交广度	0.299***	0.000	0.278***	0.000
社区参与	-0.041	0.459	-0.227***	0.000
每天工作时间	-0.090	0.116	0.142*	0.024
创业次数	0.185**	0.001	0.169**	0.007
创业团队	0.358***	0.000	0.259*	0.020
经营环境	-0.005	0.904	-0.036	0.441
治安环境	-0.001	0.984	0.080	0.235
支持政策	0.220***	0.001	0.019	0.798
政府效率	0.016	0.800	0.007	0.925
Adjusted R^2	0.174		0.121	
DW Statistic	1.736		1.518	
F Statistic (sig.)	9.393 (0.000)		5.362 (0.000)	
样本数（份）	520			

注：*表示$P<0.1$；**表示$P<0.01$；***表示$P<0.001$。

回归模型所有自变量的方差膨胀因子VIF值均处于1.06—1.45之间，说明各自变量之间不存在多重共线性。

根据表4-26报告的结果，可以看到三个模型拟合程度并不是很理想。这是由于与经济收入相比，农民工城市融入的因素比较复杂。除了人力资本与社会资本的差异和外部环境的影响之外，农民工务农经历和外出经历的社会记忆（王春光，2003）、农民工的个人自我认同的"优越感"或者"自卑感"等主观方面的感知也将对其城市融入产生较大的影响。尽管如此，回归结果还是反映了一些有价值的信息：与老一代创业农民工相比，新生代创业农民工在心理融入和文化融入上都存在显著差异，但在社会排斥上两者的差异不显著。其中，新生代创业农民工对自己属于城市居民还是农村居民的身份认知上比第一代更为模糊，而在生活方式上比老一代更接近城市。这些结论与表4-10中的均值比较T检验所显示的结果一致，说明本书的假设H3-2得到部分支持。其中，假设H3-2a没有得到支持，而H3-2b和H3-2c得到支持。

从控制变量与城市融入三个因变量的关系上看，我们有以下发现：（1）创业农民工感知的经营环境与城市融入的三个变量均呈显著的相关关系。其中，经营环境与社会排斥和心理融入为正相关，与文化融入变量呈负相关。对照文化融入变量的定义，由低到高反映的是从城市生活方式到农村生活方式的变化，这就意味着经营环境越有利，社会排斥感越少，身份认知越确定，生活方式越接近城市化；（2）政府对创业农民工的支持政策与其生活方式负相关，即支持政策越有利，创业农民工越接近城市化生活方式；（3）政府效率与创业农民工的心理融入负相关，即创业农民工对政府效率的满意度越高，其身份认知越模糊；（4）创业农民工平均每天的工作时间越长，社会排斥感越弱；（5）创业农民工创业次数越多，其身份认知越模糊，生活方式更远离城市化；（6）创业农民工在校学业成绩越好，其社会排斥感越强；（7）创业农民工在校师生关系越好，其生活方式越倾向于城市化。

表4-27　　创业农民工代际差异对其城市融入状况的影响

自变量	因变量					
	社会排斥		心理融入①		文化融入	
	B	Sig.	B	Sig.	B	Sig.
（Constant）	1.930***	0.000	-0.089	0.921	4.713***	0.000
新生代	-0.057	0.639	-0.760***	0.000	-0.448***	0.000

续表

自变量	因变量					
	社会排斥		心理融入①		文化融入	
	B	Sig.	B	Sig.	B	Sig.
在校学业成绩	-0.136*	0.065	0.082	0.505	0.026	0.695
在校同学关系	-0.048	0.412	0.138	0.161	0.033	0.542
在校师生关系	0.018	0.781	-0.053	0.634	-0.100*	0.098
社交广度	0.117	0.127	-0.012	0.922	-0.177*	0.012
社区参与	0.059	0.351	-0.047	0.657	-0.059	0.311
工作时间	0.244***	0.000	0.155	0.171	-0.077	0.207
创业次数	0.032	0.635	-0.250*	0.031	0.109*	0.074
创业团队	-0.113	0.336	0.124	0.529	-0.009	0.934
经营环境	0.125*	0.011	0.142*	0.082	-0.130**	0.004
治安环境	0.114	0.107	0.088	0.458	-0.056	0.392
支持政策	-0.055	0.491	-0.084	0.529	-0.204**	0.005
政府效率	-0.019	0.797	-0.213*	0.092	-0.056	0.419
Adjusted R^2	0.039		(Cox & Snell R^2) 0.057		0.098	
DW Statistic	1.739		(Overall Statistics)		1.892	
F Statistic (sig.)	2.606 (0.002)		29.824 (0.000)		5.334 (0.000)	
样本数（份）	520					

注：* 表示 P<0.1；** 表示 P<0.01；*** 表示 P<0.001。

①由于心理融入采用 0—1 变量的形式，故用 Logistic 回归方法进行分析。

回归模型所有自变量的方差膨胀因子 VIF 值均处于 1.06—1.45 之间，说明各自变量之间不存在多重共线性。

（五）结论与讨论

与现有对农民工代际差异的研究相比，我们针对创业农民工的研究不仅得到了一些相似的结论——老一代和新生代创业农民工之间在婚姻状况、受教育程度、城市逗留时间和相关工作经验上存在显著差异，而且还对这些差异对创业农民工的经济收入和城市融入状况的影响进行了实证分析。研究结果支持假设 H3-1，即城市工作和生活经验丰富的老一代创业农民工其经济收入要高于新生代创业农民工；对于假设 H3-2 却只得到部分支持，即新老两代创业农民工在心理融入和文化融入上具有显著差异，但在感受到的社会排斥上并没有发现显著差异。

上述结论中，大部分符合我们的研究预期。只有新老两代创业农民工在社会排斥上呈现较为一致的感受需要进一步解释。我们理解的社会排斥是指一部分人被一个社会的主流群体排斥到相对于主流社会和中心社会的边缘的现象。在现阶段，我国城市人群大多处于中心地位，享受着公共产品、公共服务和公共设施，对公共政策具有发言权和参与权。除了极少数已经创业成功在城市拥有住房和城市户籍的创业农民工之外，作为农民工群体的亚群体，无论老一代还是新生代的创业农民工都处于"边缘"地带。他们一样不能享受到城市的教育、医保等公共产品，也不具有参与公共决策的权利。虽然新生代创业农民工较高的受教育程度和对城市生活更加强烈的向往可能会对城市排斥感觉更加强烈，但老一代创业农民工在面临着子女教育、未来保障等实际问题而受挫时，一样会产生出和新生代相似的被排斥感。这些可能是两代创业农民工在社会排斥上没有显现出明显差异的原因。

除了对创业农民工经济收入和城市融入的代际差异进行分析之外，本书还有另外两方面的发现。一方面，我们发现创业农民工的社会交往广度、创业次数、是否团队创业、工作时间长短以及政府支持政策与其经济收入状况呈显著的正相关，而社区参与程度与创业农民工的月收入则呈负相关。上述正相关的因素合乎我们的研究预期，对于创业农民工的社区参与程度与月收入的关系，亦不难解释。由于创业农民工的工作时间与月收入正相关，与社区活动投入时间负相关，那么意味着工作时间越长，投入到其他活动的时间则越少，创业农民工的月收入便越高。反之，社区参与程度越高，工作时间便越少，月收入便越低。

另一方面，我们还发现外部环境尤其是政策环境对创业农民工的城市融入有重要影响，创业农民工的工作时间、创业次数、以前的学校表现对其城市融入也有显著影响。

本书设定创业农民工的外部环境包括经营环境、支持政策、治安环境和政府效率，数据分析结果显示，除了治安环境对城市融入三个测量变量的影响均不显著之外，经营环境、支持政策和政府效率分别对创业农民工的城市排斥感、生活方式和身份认知有明显的影响。前两者的影响与我们的预期一致，即好的经营环境能够降低创业农民工的城市排斥感，好的支持政策可以帮助创业农民工倾向于采用城市化的生活方式。

但政府效率与身份认知的负相关关系比较令人费解,因为这意味着在其他条件不变的情况下,创业农民工对政府效率的满意度越高,其身份认知越模糊。我们猜测,这可能由于与农民工感受到的社会排斥有关。当创业农民工对政府行政效率的满意度较低时,社会排斥感则升高,其身份认知倾向于农民;然而,当创业农民工对行政效率的满意度较高时,由于一些其他因素如刚性的户口制度的存在,社会排斥感并不会随之同比例降低,因而对身份的认知开始模糊。

对于创业农民工的工作时间与社会排斥感之间的负相关关系,合理的解释是:较长的工作时间将带来较高的经济收入,从而降低了社会排斥感。这意味着创业农民工的经济收入将影响其社会排斥感。为了对这个推断进行检验,我们将银行存款和月收入两个变量引入到社会排斥感的回归方程,结果显示,回归模型的可决系数(Adjusted R^2)由 0.039 上升为 0.043,在控制其他影响因素的条件下,创业农民工的月收入对其社会排斥的回归系数为 0.101($P<0.1$),这表明我们的推断是成立的。按照这个思路,我们将银行存款和月收入引入到心理融入和文化融入的回归方程,文化融入方程得到的结果与社会排斥的结果相似,银行存款对文化融入的影响不显著,而月收入与生活方式的城市化程度正相关(回归系数 -0.09,$P<0.1$),同时,回归方程的拟合度有所提高(Adjusted R^2 由 0.098 上升为 0.102)。心理融入方程在加上银行存款和月收入两个自变量后,Logsitic 回归方程的拟合度也出现了细微的好转(Cox & Snell R^2 由原来的 0.057 变为 0.058),但经济收入的两个变量与心理融入的关系不显著。综合这些分析,我们判断,创业农民工的经济收入在人力资本、社会网络资本、外部环境与城市融入的关系中发挥了中介作用。

对于研究结果中的创业次数对创业农民工城市融入的影响,不太容易解释,我们在此只能作一些合理的推测。创业次数较多的农民工,虽然更可能获取较高的收入,但创业过程中其经受的挫折和付出的成本也很多,其银行存款未必就多(表 4-27 中其回归系数不显著),其对自己属于城市人还是农村人的判断则容易陷入模糊,生活方式也更倾向于成本较低的农村化而不是城市化。

我们的研究还发现了一个有趣的结论:创业农民工以前在学校时的表现与其创业取得的经济收入关系不大,但与城市融入状况有着显著的关联。在学校的学业成绩与目前的经济收入状况关系不显著,但与社排斥感关系显著；创业农民工以前在校时师生关系处理得越好，其生活方式越倾向于城市化。这个结论可能给有志于城市创业的农民工一些启发：在学校的学业成绩并不能说明一切，对环境的适应能力有时候可能比智力更重要。

二 嵌入者视角下的新生代农民工创业者的现状解读

（一）主动的关系嵌入与被阻滞的进程

脱离了乡土，暂时或间歇地切断了血缘、地缘关系的新生代农民工在流入的创业地需要建立新的关系网络，在创业过程中，强关系网络逐渐疏离，业缘关系与社区、管理服务组织结成的关系以及由娱乐活动构成的关系成为新的关系网络。这些关系不仅能教给新生代农民工各种技能，还能促进他们在新环境下的进一步社会化。当新生代农民工怀揣着美好的愿景，投入新的关系嵌入过程时发现，阻滞的力量要强于他们的预期。

1. 与城市居民的关系距离难以跨越

新生代农民工属于低禀赋的流动人口，他们创业地点首选为城市中的社区，而社区是中国特色的"身份型"社会的缩影，因而，尽快实现自身的身份融入，主动地嵌入当地的社会网络中，是他们获取更多利润的基础。然而，经过一段时间的主动投入关系网络建设之后，发现这些进城经商新生代农民工不愿和当地的居民有过多的来往，在与当地政府的关系方面也尽量避免很多问题。在问卷调查中，有139人表示在外经商期间受到过当地居民的排斥。50多岁的彭为省在外做糕点小吃多年，老彭表示："人出门在外，能忍就忍，大事化小小事化了，多个朋友多条路嘛。"

2. 与城市管理者矛盾突出

农民外出经商相对务工来说，与城市生活接触度更高，与城市管理之间的矛盾也更为突出。相较于城镇人口，尤其是下岗失业人员，新生代农民工经常会遭受"创业歧视"，表现在如下四个方面：一是从事个体经营，办营业执照不容易；二是从事经营，常常被驱赶、罚款，有的受管理人员的欺骗、讹诈；三是没有城市户口和抵押品，不可能获得银行贷款；四是要办多种证卡，被额外收取种种费用。

（二）被动的制度嵌入与"打折"的社会管理

在农民工的社会保障方面，中央和地方各级政府也出台了专门的以及相关的政策，学术界做了广泛深入的研究。而这些政策都普遍指向务工农民，也就是"被雇用者"。在外出经商的农民方面，相关政策却很少涉及。

由于所从事的职业不同，新生代农民工城市创业者多身兼老板与雇工两种角色。在当前出台的农民工社会保障政策中主要涉及的三方主体为：当地政府、用人单位、农民工本人。由于缺少"用人单位"环节，缺少了用人单位这一统一的平台和第三方支持，政策中所涉及的用人单位的责任与投入对经商的农民工而言，毫无意义，而在失业、生育保险和最低工资保障方面，新生代农民工由于"身份"限制和体制缺位，也无法享受到当地城市居民所能享受的福利和待遇。

1. 医疗保险

在调查中得知，被调查的外出经商农民参加新型农村合作医疗的比例相对较高。这主要得益于国家早在 2003 年就开始在全国部分县（市）试点，到 2010 年逐步实现基本覆盖全国农村居民。但新型农村合作医疗本身存在社会满意度低，保障水平低，宣传不到位，程序过于烦琐等不足。除此之外，外出经商农民也因为常年在外做生意，很少有在家报销医药费的机会。目前，城市与农村的医疗保险还不能达成业务的互通，这对于流动性较强的新生代农民工城市创业者来说相当不便。

2. 养老保险

相对于较早实行的新医保，新农合对一些外出经商的农民来说还是比较陌生的。问卷显示，只有 253 人参加了新农合，45 人准备参加，还有 222 人还不清楚什么是"新农保"。在问到希望通过什么方式养老时，选择"参加养老保险"一项的人最多，达 193 人，146 人选择"银行存款"，107 人选择"养儿防老"，74 人选择"买商业保险"。调查结果表明了超过半数的外出经商农民是有参加保险的意愿的，却因为一些制度和宣传的原因导致了新生代农民工城市创业者参保率不高，这些因素都亟待改进。

3. 失业保险、工伤保险和生育保险

事实上，除了医疗保险和养老保险可以自行缴纳之外，新生代农民工城市创业者是享受不到失业保险、工伤保险和生育保险的。于 2010 年 10 月 28 日审议通过的《中华人民共和国社会保险法》中明确规定，参加这三项保险的主体都是有用人单位的"职工"。如该法的第五章关于失业保险的条文第三十九条:"职工应当参加失业保险,由用人单位和职工共同缴纳失业保险费。"另有第四十一条第一款:"失业前本人及其所在用人单位已经按照规定缴纳失业保险费满一年的。"这些规定都将独立自主经营的外出经商农民拒之门外。新生代农民工城市创业者职业的不稳定性高,很容易因各种原因导致经营失败,甚至失业。一旦遇上较大波折,其打击可能是毁灭性的。

4. 小额信贷不便

问卷分析显示,有76.9%的农民经营的启动资金都少于5万元,从事资金门槛低、经营规模小的小本经营。而在启动资金的来源方面,279人凭借"此前的积蓄",182人选择向亲戚朋友借,仅有59人选择向银行借贷。

通过在XJ村走访调查,我们了解到,在这个2000多人的自然村,有一半以上的村民外出经商,主要是做糕点生意。他们的集资方式一般都是自己攒钱、向亲朋好友借钱或合资经营,很少有人会向当地的农村信用社贷款。因为大多数人并不十分清楚如何贷款,村民普遍反映贷款手续繁杂,即便找到几个担保人也不一定能贷到。而一些村民提到的需要几个担保人的户口联保的说法,则是指过去老式的农户联保贷款。由5—10户联保,一般都是由兄弟、叔侄等担保。这种做法其实没有什么约束效力,一旦发生风险,担保人往往不认账,而且这种担保没有什么财产保证。所以经过农信社和村委会的审核评定后,这类贷款申请很多都被拒绝。

被誉为"富民工程"的小额农贷政策,始终未能破解广大农民"缺乏担保抵押就贷不到款"的传统观念。一些农信社在对小额农贷重大意义的认识上有偏差,加上各个方面综合管理的薄弱,导致小额农贷回收率偏低,难以持续;有的没有发掘有效的管理模式和工作思路,没有向村民推广行之有效的业务操作流程和管理办法。

(三) 完全被动的生活政治嵌入与权利的缺失

关于社会政治的类别划分,吉登斯的观点独树一帜,他将政治分为解放政治和生活政治。生活政治关注的是生活决定,以及如何重建社会团结,如何对生态问题做出反应等(吉登斯,1998)。但在当前社会背景下,新生代农民工对政治的关注显然只是对生活政治的关注,生活政治的嵌入直接影响了他们创业的便利以及所能获取的利润。但在生活政治嵌入的环境下，他们的状态是完全被动的。

1. 选举权利自动放弃或难以实现

选举权关系深远。调查发现，高达78%以上的新生代农民工创业者并未意识到选举权利的重要性，在他们眼光所及之处，是新当选的村委会是否能给村民实惠，是否能免去他们在外经商所必须回乡办理某些事宜的麻烦，更为重要的是，特意为一次选举而回乡必然误工，还要自行承担往返费用，对于他们而言，自动放弃或请他人代选是比较明智的方法。而在他们暂居的社区内，约47%的农民工希望获取选举权利，这将直接与他们的创业利益相关，而这一想法目前只能是存在于设想之中，难以实现。

2. 教育培训政策难覆盖

农民外出经商与外出务工在技术要求上存在差别。受雇于工厂企业只需要掌握一定的职业技能，而对自主经营的新生代农民工城市创业者来说，除了掌握相关产品制作技能或相关知识以外，更需要掌握经营和管理方面的知识。关于"当地外出经商农民经营的技术和经验的来源"的调查结果显示：136人在打工时学得经营的技术经验，246人为亲戚朋友的传授，上过培训班学习的仅有36人，还有102人表示没有经验技术。

新生代农民工城市创业者个人素质与技术技能的提升不仅仅对其自身的发展有帮助，对于社会经济的发展也有重要影响，"新生代农民工城市创业者"从事日常生活用品的经营工作，与居民的生活息息相关。他们的素质与技能的高低也会直接影响到当地居民的生活质量。就餐饮行业而言，除了传授"新生代农民工城市创业者"食品的制作技能之外，更应该重视他们食品安全卫生知识方面的教育。因此，对新生代农民工城市创业者进行全面的职业培训显得尤为重要。

3. 信息与资源支持的政策性缺失

外出经商农民有着相对较高的个人能力，而且他们也有着很强的创业积极性，但是被调查者仍反映外出经商会遇到重重困难，主要表现为：市场信息闭塞，不了解当地政府政策，办证难，收费繁杂等。通过调查得知，被调查的外出经商农民获取市场信息的途径非常原始、单一。267人都是自己盲目地实地尝试，222人是因为有亲戚朋友在某地做得很好才跟去，在被调查的人中仅有31人是从媒体或者政府那里获得市场信息的。XJ村村委会妇女主任祝亚英在谈及本村村民的外出经商现象时说：

"主要是一个传一个,亲戚带亲戚,朋友带朋友,都这样传过来的。"

在夏岭村采访王某时我们也了解到,他就是因为不清楚当地政府的规划,而在步行街开了家小吃店,正当生意红火时被城管查封了,损失惨重。他在我们采访结束时说,如果政府能够及时地为我们提供信息,做到很好的宣传沟通就不会有这样的事发生了。

一旦找到门面(经营地点)了,接下来又是一连串的办证问题:卫生许可证、工商营业执照、暂住证……在被问及遇到的困难时,33%的新生代农民工城市创业者反映办证难(包括卫生许可证、工商营业执照等),21%的反映收费繁杂(如地方城市的管理费用、国家税费等),19%反映与城管的矛盾突出。受访者彭志辉表示,由于是外地人,或多或少存在被区别对待的情况。

(四)能动的文化嵌入与不断的调适

文化能够培育稳定的、具有情感性的嵌入关系。Zelizer认为,市场深深地嵌入于各种文化和结构设置之中。市场和产品本身即是一种基于共识之上的意义的文化事务,是这些意义的符号或表达。(Zelizer,2008)新生代农民工在创业过程中,了解所在地的文化是创业成功的关键。然而,乡土文化和城市文化两种文化的冲突,体现在新生代农民工创业者身上,则表现为逐渐形成乡土文化"内卷化"与接纳城市文化"去内卷化"的对抗力。

1. 城市创业文化的向往和模仿

大量研究表明,80后的新生代农民工对城市文化充满向往,相较于他们的上一辈更善于模仿。尤其在经商过程中,能主动接纳城市文化的新生代农民工,更容易抓住商机,留住顾客,创造利润。在H城JG区BY街道社区内开蔬菜水果超市的小张,来自四川,与妻子一起在外创业,外请了四五位服务员和工人一起运营,在工作服的问题上,小张犹豫了很久,他认为工作人员穿着统一的服装能提升超市的整体形象,可是咨询过朋友,实地考察过几家大型的超市后发现,需要设计统一的标识、设置统一的颜色和样式,最好能有自己的品牌口号,最终他觉得太过复杂,便给每位员工买了一件白色衬衫,"虽然不是那么好,但感觉上干净利索一点。"与城市居民尤其是一线城市居民不同,新生代农民工并没有经历过创业文化的耳濡目染,他们的知识储备和禀赋差异导致他们愿意主动追求城市创业文化,但是缺少掌握实质内容的方法,只能随着经商行为的不断深入，进一步调整心态，适应创业文化的需求。

2. 乡土文化内卷化

根据调查，61%的新生代农民工创业者在日常饮食中惯用家乡饮食，如在温州经商的河南人，日常主食仍以馒头为主。尤其逢年过节，以家庭为单位的新生代农民工，必然会遵循家乡的习俗，进行祭祀或者庆祝。尤其在经商所在地，他们会结成以地缘关系为主的小圈子，在这个圈子里面，乡土文化内卷化的现象十分突出，在他们的语言中，"我们老家那儿"成为习惯用语。一方面，由于远离了家乡，乡土文化由于缺少环境的培育和发展，逐渐丢失，而另一方面，根植于新生代农民工创业者内心深处的乡土文化，是他们的家园和港湾，一旦在融入城市文化过程中遇到障碍或阻滞，他们会求助乡土文化的治愈功能。

三 被嵌入者赋予新生代农民工的规范与行动制约

（一）制度的不完善、不公平制约着新生代农民工进行城市创业

布迪厄认为，社会资本是现实或潜在的资源的集合体，这些资源或多或少与制度化的共同熟识和认可的关系网络有关，换言之，与一个群体中的成员身份有关。因而，个人所属群体或所在社区的封闭性，将会阻止该群体之外的其他人获得被该群体所控制的特定的社会资源。这也是社会资本的消极功能体现。

以户籍制度为核心的城乡二元体制，连带与之相关的社会保障、劳动就业、教育和社会福利制度将城市居民和农村居民分割成两个独立的相对封闭网络，虽然很多城市推进了户籍改革，尤其是针对农民工推出了一系列优惠政策，但仍具有很大的局限性。二元体制直接限制了新生代农民工在城市获取资源，积累社会资本进行创业。

除此之外，公共财政体制难以适应对新生代农民工基本公共服务均等化的要求。在现行体制下，地方政府倾向于将有限的公共资源向本地户籍人口有限分配，对农民工的服务意识不足。另外，社会管理体制落后，政府职能转型不到位，对流动人口尤其是农民工的管理存在问题，有的地方采取简单粗暴的方式来解决由于新生代农民工想要融入城市而产生的问题。

（二）城市社会对新生代农民工的排斥制约其城市创业的进程

首先，由于在城市创业的新生代农民工多数已脱离户籍所在地，但在城市仅取得暂住证等，没有获得城市户籍和市民身份，调查显示，

75.7%的新生代农民工基本不参加所在企业或社区的党团组织活动，56.2%的新生代农民工没有参与到家乡的村委会选举；69.1%的新生代农民工没有加入工会等相关组织或其他非官方组织。由此可以看出，新生代农民工在创业所在地缺乏表达自身利益诉求的渠道和机会。

其次，在社会关系网络的建立上，新生代农民工在创业初期并没有因地点变化和职业变化而弱化了以家庭为纽带的亲缘和地缘关系，但在创业起步后，亲缘关系慢慢失去其在社会资本中的显著地位。但新的关系网络因为体制、经济方面的原因并未建立起来，基于业缘和友缘的社会交往很少。

(三) 社会舆论、负面标签阻碍新生代农民工城市创业

当前，城市舆论对农民工群体存在负面的宣传炒作现象，给农民工贴上了"不文明""没文化""老土""不遵守社会规则""缺乏技能""爱占小便宜""不诚信"等负面的标签，使新生代农民工在创业过程中遭遇不公平的对待，甚至遭受人格上的侮辱，对其创业成功的信心并未给予帮扶，反而带来沉重的心理负担。

四 弱嵌入性：嵌入者与被嵌入者互动的结果

综上所述，新生代农民工作为嵌入者，而城市的社会结构、政治经济文化现状作为被嵌入者，自新生代农民工开始创业之时，便开始了嵌入的过程。嵌入互动的结果是立体多元并在，显性与隐性并存的。那么，对新生代农民工而言，在创业活动中，弱嵌入性表现在四个方面，主动的关系嵌入和能动的文化嵌入，被动的制度嵌入和生活政治嵌入，四种嵌入类型的主动与被动的程度并不相同，如下图所示：

针对这种弱嵌入性，要进一步推动新生代农民工创业的进程，使其成为推进流动人口城市融入的可操作化途径之一，有效的资源动员和丰富的社会资本的积累是成功的关键，需从嵌入者和被嵌入者两方面进行考量，全方位立体化地规避可能产生完全被动嵌入的模式，尽可能地创造新生代农民工创业者能够主动调适的嵌入环境。

(一) 从嵌入者的角度：进一步发挥能动性和策略性

从创业的阶段来看，创业初始，大多数农民工是借助亲缘关系起步，建立起简单的作坊或者店铺后，以亲缘关系为起点的关系网络无力再提供更多的经济支持，转向情感支撑。在创业初期到中期这一阶段，新生代农民工试图寻找并建立新的关系网络，挖掘新的社会资本，但他们被

拒绝在城市的社会资本网络之外，强嵌入性的关系与他们绝缘，而众所周知，社会资本是讲求付出与回报的，要充分嵌入城市，必须付出与期望获得的社会资本相当或更多的资金、情感，并且，高额的支付未必能得到收益。在这种情况下，新生代农民工创业者出现两种分化，一种是转向"弱嵌入性"，有余地地、有自主性地进行嵌入，这是嵌入者对被嵌入者能动的适应；另一种是封闭在原来的社会网络之内，或者游离在城市社会网络和农村社会网络之间，形成一个狭小的网络圈。后者我们不进行阐述，对于"弱嵌入性"的现实选择，依据帕特南所提出的社会资本的解析，新生代农民工所能挖掘的社会资本类型主要有如下三种：

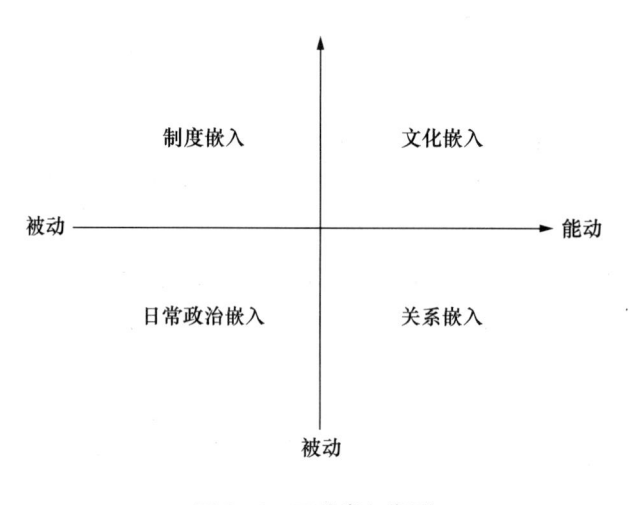

图 4-2 四种嵌入类型

1. 关系网络型社会资本

此类社会资本分为先赋性和后致性。新生代农民工的先赋资本主要通过亲缘和地缘产生，在创业过程中最先被消耗。在经营活动中需要工具性动员城市和农村的社会结构性资源，即人际关系网络，结成组织共同体，并遵循关系网络背后积淀的社会规范。然而，中国几千年来的国情即是一个关系型社会。即使需要支付高额的代价，新生代农民工在创业过程中必须开拓如"饭局网""拜年网"等关系资源，随着其资源动员能力的增强，操作高难度的关系型社会资本会变得越来越轻松和简单。

2. 信任型社会资本

我们将信任型社会资本分为政府和相关职能机构先天形成的权威信

任资本和组织与个体之间所形成的信任资本两种,在创业一定时期后,通过街道社区、工商、税务、行业协会等建立起来的组织型社会资本逐渐增多。虽然新生代农民工在城市创业,所受到的特殊福利待遇要低于城市居民,但目前大多数农民工流入地所在政府对农民工问题相对重视,新生代农民工要积极发掘组织型社会资本,一是保障自身权益不受侵害;二是积极呼吁为自身创业发展谋求更多优惠政策;三是吃透领会相关政策规定所带给自身的真切利益,而不要盲目无知。

3. 规范型社会资本

规范型社会资本分为两种:一种指由传统人情所带来的基本规范,对城市创业的新生代农民工而言,更要了解并遵循城市农村所带来的规范差别,树立起令城市消费者刮目相看的良好形象,令创业之路平坦顺利;另一种是指基于现代市场规范的资源,随着创业进程的深入,新生代农民工在创业过程中的法律意识、契约意识会逐渐增强,基于法律、契约、市场交换法则之上的资源,是新生代农民工推动其创业规模扩大的必备资源,也是新生代农民工能迅速揭去"农民工"的标签,融入城市社会的必经之路。

(二)被嵌入者:多元化、差异化地赋予优质创业资源

追溯流动群体产生的诸多社会问题的原因时,许多学者和研究都将根源指向户籍制度的限制,而关于户籍制度对流动人口收入影响的最新研究表明,户籍制度的改变只对高素质的流动人口有利,对低禀赋流动人口无效甚至将产生负向作用。当前的社会经济背景对新生代农民工创业而言,的确产生了诸多问题和阻碍,但优胜劣汰的生存法则无时不存在。韦伯认为,制度之所以存在,不仅是因为制度形成了结构惰性,还因为制度开始对人们具有意义。因而一味强行改变或颠覆原有制度、逻辑和体系,并不一定利于新生代农民工的创业,那么,基于此,本研究所指向的政府部门和相关组织机构需要从以下三个方面进行调适,以适应新生代农民工创业者的创业嵌入。

1. 建立生态的创业资源动员社会化机制

城市创业的扶助体系已初具雏形,并在不断完善过程中。如何针对新生代农民工创业者建立相应的资源动员机制,解决这一小部分弱势群体的创业难题,是被嵌入者应尽之职责。生态化的概念,是强调政府组织不应当强行介入或摊派任务,以免拔苗助长。首先,政府组织应当重

视这个群体，遵循创业过程的自然规律，助力具备良好基础的新生代农民工创业项目成长成熟，让不具备发展潜力的创业项目自然退出市场；其次，政府组织需要整合资源，包括横向和纵向两方面的资源，横向的资源是指社区和社区之间，社区与所在地的工商税务城管等职能部门之间，社区与所在地管辖的企业、商铺之间的资源，尽可能为新生代农民工创业项目的发展提供有利的条件。纵向资源是指社区与上级政府组织之间，社区与所辖居民之间的资源，通过开展新生代农民工创业项目评比、扶助等活动，让新的地缘关系孕育产生并进一步成熟。再次，流入地和流出地的政府组织应建立有效的联系。一是通过联系全面掌握新生代农民工创业者的情况，跟踪服务，尽量将家乡所在地的地缘、血缘关系与创业所在地的业缘关系都紧密结合起来，当遇到难题时为他们出谋划策；二是两地联手推进创业扶持政策，鼓励地区拓宽创业门路，将职业技能开发作为关键，不断提升新生代农民工的素质；三是两地联手推动城市创业和回乡创业的回转帮扶机制，鼓励新生代农民工将在农村有优质资源的创业项目在城市进行推广，而将适宜在农村运作的城市创业项目带回农村创业。

2. 形成弹性适宜的创业管理逻辑

一是积极推进信贷扶持政策，大力推进小额信贷工作，积极探讨新生代农民工创业者家庭信贷计划的可能性，尽量解决新生代农民工资金困难的创业难题；二是推进科技教育扶持政策，要把支持新生代农民工创业教育和职业教育培训作为重要环节来抓；三是积极开展参与式帮扶，采用点对点帮扶的政策，充分调动各职能部门的工作积极性，形成帮扶工作的合力，按照市场经济要求参与经济开发。

3. 富有包容性的创业话语体系

一是要有效地激发新生代农民工创业者的进取心，引导舆论媒介对新生代农民工创业者的案例进行宣传报道，引导新生代农民工对创业成功或失败的现象，建立起一种公平客观的态度，摒弃自卑的心态。其次，要在全社会建立起平等无歧视的舆论环境，通过开展社区活动，引导城市居民与新生代农民工创业者建立起新的地缘关系，帮助他们去除不符合现代文明社会规范的行为举止，建立起新城市人的身份标签。建立省级创业扶持专项资金，创新小额担保贷款政策，推行"整发直贷"模式，落实劳动密集型小企业贴心政策，加大扶持农民工创业的力度。

四 对策与建议

要进一步推动新生代农民工创业的进程，使其成为推进流动人口城市融入的可操作化途径，有效的外在嵌入环境、内在的能力提升和社会资本的积累是成功的关键。

其一，消除制度性障碍，建立包容性保障体系。政府应在户籍制度改革基础上，研究新生代创业农民工在城市的教育、医疗卫生、住房租购、社会保险等需求，为新生代创业农民工构建包容性社会保障体系，消除其创业顾虑。一方面，应该清理因户籍制度而使创业农民工权利受损的法律法规，从制度上确立新生代创业农民工作为城市一员而拥有的权利；另一方面，建立适合新生代农民工的较为灵活的社会保障体系。我们认为，这种保障体系既要考虑创业农民工收入不稳定的特点，缴费方式和缴费时间上需要设置较高的弹性，也要考虑到新生代农民工流动性大的特点，制定便于异地转移接续的社会保险品种，为新生代农民工提供基础性的社会保障。此外，城市接纳农民工子女在流入地上学时，也要考虑到非正规就业的创业农民工的需求。

其二，减免税费，降低新生代农民工创业门槛。通过给予城市创业农民工创业费用上优惠减免，提供贷款优惠政策、允许企业注册资本零首期和分期到位；根据经营范围确定减免税收的期限和额度，在一定时间内给予税收政策的支持，尤其是对特色明显、低污染、低能耗以及能多提供就业岗位等创业项目给予特别优惠；对于特色明显的创业项目，提供必要的无偿资助资金或风险投资资金；创建新生代农民工创业扶助基金，给予处于创业起步阶段或创业困难阶段的新生代农民工提供小额无息或低息贷款，帮助他们渡过创业难关；对于自雇创业的新生代农民工，城市在一些街区划定相对固定的经营摊位，允许其在不影响卫生安全等条件下开展经营；为实力较雄厚的新生代农民工建设创业孵化基地，在税收、租金上给予优惠。

其三，完善信息咨询和服务体系，为创业者提供信息支持。流入地政府建立创业农民工档案和联系卡，根据创业农民工的创业行业分布和需求，以手机短信等方式及时向创业农民工发布各类创业信息与创业政策，以便其掌握最新的市场动态和政策导向；流出地政府搜集整理外出创业的新生代农民工信息，在春节等重大节日，通过创业座谈会等，给创业农民工搭建沟通平台，同时，及时向创业农民工发布家乡的创业形式和政策，鼓励回乡带动更多村民创业。

其四，开展新生代创业农民工创业教育，促进其文化水平提高，增强竞争力。政府可以通过开展"创业成才工程"，对其进行创业培训，提高文化水平、提高创业所需的技能、普及相关的法律知识，同时注重培育新生代创业农民工的企业家精神，让有创业理想的农民工更快地成长；与企业、高校等单位合作，设立创业援助站，组织各类专家，对创业过程中常见问题进行分析讲解，并为创业过程中遇到技术难题的农民工提供实际的技术支持和指导。

其五，发挥社区的功能，为新生代创业农民工建立创业家园，为其提供精神、技术和社会资本等多方面的支持。通过开展社区活动，引导新生代创业农民工与城市居民建立起新的地缘关系，帮助他们去除不符合现代文明社会规范的行为举止，建立起新城市人的身份标签。社区加强同高校、职业学校、企业或已经成功创业者的交流合作，将创业指导和创业咨询工作纳入社区服务体系，在流动人口集中的社区建立"创业咨询室"，对有意向在城市创业的农民工给予政策咨询和创业指导；加强与农民工创业的合作，设置创业体验基地，组织创业农民工到各企业建立的创业体验基地进行创业观摩和学习；创建"创业者之家"等组织，通过"创业老乡联谊会"等多种多样的活动形式，将同样有创业梦想的新生代农民工组织起来，为他们寻找可以共同探讨创业中的问题和困难的伙伴，帮助他们扩大社会资本；通过组织专家、成功创业者给创业农民工进行系列讲座，为创业者提供创业榜样，促进其企业家精神的培养。

第四节 新生代农民工创业教育的公共政策支持研究

一 新生代农民工创业教育的框架体系：创业过程的视角

自 20 世纪 90 年代以来，我国继"民工潮"之后就掀起了"创业潮"，鼓励创业作为一项积极的就业政策，农民工创业问题已经进入学者的研究视野。然而面对日益壮大的新生代农民工群体，因不同时代的成长经历使其与老一代农民工有着不同的阅历和特点，导致他们在追求目标、工作期望、城市认同感、与农村家庭的经济联系等方面均存在差异，新生代农民工的创业理想之路究竟如何实现，他们自身并没有更为清晰的规划。因此有必要推进新生代农民工创业教育问题的研究,指导新生代农民工的创业实践,引领新生代农民工的成长。

关注新生代农民工的创业需求,帮助他们避免创业过程的盲目性,减少在创业中过度依赖自身的摸索与实践,提高创业成功率,是我们必须正视的问题。有数据显示,新生代农民工在未来一年打算中,有32%希望参加培训获取证书,高于老一代22.7%的比例;在培训内容选择上,有55.9%需要创业知识培训[①]。针对这样一个特殊群体的创业活动,创业教育必不可少,部分地区政府已经着手开展相关工作,如沈阳市将农民工纳入青年创业促进会服务范围,并对有创业意向的农民工进行普惠性创业培训,由相关部门联合举办了首期新生代农民工创业培训班,同时,青年创业促进会还计划提供新生代农民工为期3年的"一对一"创业导师陪伴服务;淮安市免费为新生代农民工开放"创业指导中心""创业指导专家咨询团"和"创业者协会"等三大创业服务平台。但总体来看,新生代农民工创业教育体系还处于待建状态。本书拟以创业过程理论模型为基础,结合新生代农民工创业特征,构建一个创业教育框架体系。

在众多的创业过程模型中,Holt(1992)[②] 试图以时间为标准,结合企业生命周期理论将创业过程分为创业前阶段(pre-start up stage)、创业阶段(start up stage)、早期成长阶段(early growth stage)及晚期成长阶段(later growth stage)四个阶段。该模型侧重创业过程相关活动的逻辑顺序,为创业实践提供了方向性指导,同时也为新生代农民工创业教育的框架体系设置提供了较好的理论依据。本书将从创业前阶段、创业阶段及创业企业成长阶段三个阶段分析新生代农民工创业教育的重点。

(一)创业前阶段

创业前阶段可以认为是个人创业的起点。新生代农民工在从打工到创业的角色转变中,通常非常缺乏系统的创业知识和技能,导致创业失败率较高。如果仅仅依靠对财富、幸福生活的向往创立个人企业,在面临挫折、失败的时候则可能很快失去创业热情,但掌握一定的创业知识和技能则可以帮助培养新生代农民工的创业信心以及承受能力,从而在

[①] 深圳市总工会新生代农民工生存状况调查专项课题组:《深圳新生代农民工生存状况调查报告》,2010年。

[②] Holt, D. H., Entrepreneurship: New Venture Creation, New Jersey: Prentice-Hall, 1992.

个人层面上激发更多的新生代农民工有准备地投入到创业实践中。此阶段创业教育的目标是通过为他们提供系统的创业知识和技能培训,帮助他们了解市场经济一般规律、熟悉市场环境,完善创业者必备的素质和能力,培育自主创业动机。创业教育培训内容可以包括:创业过程理论,创业特质行为如领导力、人事管理等,创业者需具备的基本商业知识如商业基础、沟通与人际能力、金融知识、财务知识、法律知识等。在此基础上,还可帮助新生代农民工创业者进行自我评价,树立自主创业的信心。这个阶段的创业教育应面向全体新生代农民工,系统的短期培训是主要教学形式。

(二) 创业阶段

创业阶段是关键。在创业企业设立阶段,创业者的任务重心在于迅速获取和整合开发创业机会所必需的资源,包括财务资源、信息资源和政策资源等,从而实现资源与商机相匹配。但是,与传统的农民工回乡创业不同,新生代农民工倾向异地城市创业,并且,没有务农经历的他们在创业项目选择上大多又偏离父辈的农业生产,脱离原有的农村资源,导致在陌生的城市可支配的创业资源相对匮乏;其次,由于社会身份、经济地位等因素的约束,使得他们的交往圈主要限于"老乡""熟人"等内群体,难以与城市居民进行全面的社会互动,不可能拥有丰富的社会阅历和社交网络;另外,打工的职业经历使得他们缺少从事贴近市场前沿的工作机会,缺乏识别和利用有价值的市场"一线"信息,因此,在资源的获取和整合能力上新生代农民工会遇到不少困难。此阶段创业教育的重点已经不在于帮助新生代农民工获取创业知识,而是在于培养提高创业能力,包括提高识别机会的能力,发现获取和整合资源的能力,扩展社会关系网络的途径等,以减少他们创办企业的盲目性。创业教育的形式可以更趋多元化,如通过项目分析、案例分析、政策解读、市场信息分析、创业交流与学习,帮助新生代农民工创业者多看、多听、多思考,尤其是应加大对优惠政策的宣传和解读力度,使新生代农民工能及时、准确掌握政策信息,同时有意识地引导他们合理利用这些优惠政策,帮助给出切合实际、符合个体情况的具体指导建议。这个阶段的创业教育对象应重点面向有创业意向或已经选定创业项目正计划创业的新生代农民工,短期集体培训或者一对一、一对多的指导是主要教学形式。

(三) 创业企业成长阶段

创办企业只是迈向成功创业的第一步,从初生的小企业成长为市场竞争中能独立经营、自谋发展的企业，还会遇到各种困难，尤其是对于新生代农民工而言，由于自身基础薄弱，创业企业做大做强的更不多见，因此，创业企业成长阶段的创业指导跟踪是新生代农民工创业教育体系中一个必不可少的重要部分，而这也恰恰是最容易被忽视的环节。本阶段创业教育的目的旨在帮助新生代农民工降低初创企业经营的风险，创业教育的内容主要是对初创企业业主的创业和经营能力进行强化培训，包括为初创企业搭脉，对初创企业在成长过程中遇到的诸如信贷、税收、管理、技术、法律等方面的具体问题和危机及其避免和摆脱困境的方法给予"过程中指导"。这一阶段创业教育的形式应当体现"问题中心"而非创业前阶段的"学科中心"，重点面向创立或参与创立创业企业的新生代农民工，一对一的辅导是主要教学方式。

二 推进新生代农民工创业教育的公共政策选择

新生代农民工是经济社会转型时期产生的一个特殊的社会学而非人口学的概念或群体，由于制度因素的阻碍、社会资本的缺失以及自身受教育程度不高等因素的影响，在激发他们的创业热情、推进创业教育有效开展的过程中，必然不能只局限于创业教育本身，还需要基于一个良好的制度与政策环境，即着力点需要落在公共政策的选择上。

（一）培育新生代农民工创业文化

一个理性的鼓励创业的环境氛围，可以激发人们的创业热情，进而驱动创业行为。政府是掌握和控制公共资源的主体，政府部门要准确定位、利用信息优势和行政职能，发挥其在推进新生代农民工创业过程中的引导作用。尽管部分地区已经开始加强对新生代农民工的创业教育培训，但缺少长远规划。新生代农民工有着较老一代农民工更强城市适应能力并渴望融入城市，我们认为，应当将培育新生代农民工创业文化纳入城市区域创业文化发展的总体规划当中，与留学生、大学生、下岗工人、市民等创业群体的创业文化建设融为一体，构建一个全民创业大环境。国外政府通过立法（美国通过立法动员全国力量加强创业教育）、政府计划（英国通过"企业创办计划"等措施）、优惠政策等手段推进本国创业[1]，这些政策工具的选择为我们培育新生代农民工创业文化提供了有

---

[1] 徐小洲、李志永：《我国高校创业教育的制度与政策选择》，《教育发展研究》2010年第11期。

益参照。在适当的时候相关部门还可邀请新生代农民工参与到地区创业政策的制定中。其次，政府及各类社会组织层面可以开展各种形式的新生代农民工创业活动，如新生代农民工创业大赛、新生代农民工创业论坛，新生代农民工创业咨询热线等，并通过媒体针对性地传播，提高面向新生代农民工的透明度。总之，社会环境支持体系，强调的是以政府为创业引导主体，发挥新生代农民工创业优势和特点，营造一个良好的创业社会环境。

（二）完善多方推进的创业教育组织机构

公共政策执行的组织学派认为，公共政策之所以能够被有效地执行，组织是其中关键的因素。没有一定的组织作为依托，没有一定程度上组织化的努力，任何公共政策目标都只能停留在政策构想阶段。纵观国外创业教育发展历程，专业组织机构及大量民间机构和非营利机构在推动本国创业教育发展方面发挥着重要作用，如美国的中小企业管理局（SBA）、法国的创业计划培训中心（CEPAC）、英国的大学生创业委员会（NCGE）、日本的创业教育推进网络等专业组织机构，美国的考夫曼基金会、日本的创业育成中心、创业家育成论坛等民间组织。因此，实施创业教育是一项复杂的系统工程，需要政府政策的引导、社会各界的密切配合以及具体培训机构的积极探索，在这些组织机构的通力配合下，优化创业环境，不断增强创业教育的有效性。可以说，共建一个推动新生代农民工创业的开放、多方互助的合力方阵是成功推进新生代农民工创业教育的核心环节。建立专业性的新生代农民工创业教育推动组织，可以促进新生代农民工创业教育的课程建设、教材建设和创业教育实践活动；依托各类民间教育组织如各种专业性学会、协会、创业教育中心、培训机构、企业、基金会等，可以针对新生代农民工创业教育需求开展调查研究或提供广泛的创业支援，推进新生代农民工创业教育的合作计划；成立新生代农民工创业交流中心或专业论坛，为新生代农民工民间交流活动提供场所等。总之，这些组织的设立和完善能充分体现新生代农民工创业教育发展的专业深度，提高创业教育实践的效果。

（三）建立多元化的创业教育资金体系

当前尤其是在欠发达地区，农民工返乡创业培训工作的开展不甚理想，其原因主要是政府无能力全职负担培训费用，资金筹措机制不健全，没有充分有效地调动非官方力量的加入，使得创业教育培训因经费短缺难以持续。因此，政府支撑创业教育资金使用的发展方向，提高私人捐助水平，积极扩大创业教育资金来源，是一个比较理性的推进新生代农民工创业教育全面铺开的经费策略。可以考虑创立创业培训基金，初始资金来自政府财政和民间企业、社会团体投资和捐赠，发展起来后，发动创业成功者踊跃捐赠，最后很有可能成为一个巨大的培训基金池，为创业培训奠定坚实的物质基础。其次，应调动广大社会力量参与组织举办新生代农民工创业教育培训，并完善利益分配机制，可以以政府引导、民间组织、财政出力、收益共享、费用共担的原则组织创业教育培训。

（四）实施有效的创业扶持政策

伦德斯特罗姆和史蒂文森是较早关注并研究创业政策的学者，他们认为，创业政策是针对创业过程的前期、中期、后期，着眼于创业者的创业动机、机会和技能，以鼓励更多的人创建自己企业为首要目标。[1] 新生代农民工在创业过程中容易遇到创业项目选择、信贷、税收、法律等各方面困难，实施有效的创业扶持政策，能促进新生代农民工不同阶段的创业教育培训获得事半功倍的效果。首先，创业扶持政策能有效扩大新生代农民工创业机会的容量。市场信息不对称产生创业机会，信息优势人群将获得或优先获得创业机会。新生代农民工在信息沟通方式上较老一代农民工有明显区别，可以有针对性地建立新生代农民工创业信息网络支持体系，一是以移动手机为信息载体，通过短信形式及时向创业农民工发布有关创业政策及创业培训方面的信息；二是政府出资建立农民工创业网站，通过互联网发布或者获取创业信息资源，促进创业信息资源的共享。其次，针对新生代农民工创业项目整体产业结构档次较低，产业拓展能力不强的现状，可以启动各类新生代农民工创业项目培育计划，如依托龙头企业的区位优势、技术优势和经济优势，创建新生代农民工创业实践基地，结合他们先前职业经历，鼓励发展配套产业，如：汽车修配、美容美发、餐饮、包装等服务业，形成新生代农民工创业聚集地和孵化地。再次，积极创新金融服务，解决创业的新生代农民工在务工当地金融机构贷款难的困境。可以由新生代农民工的原始地人民银行牵头，围绕外出创业地点、经营类型、经营效益、联系方式等，建立

---

[1] Lundstrom A., Stevenson L., Entrepreneurship Policy for the Future, Swedish Foundation for Small Business Research, Irmin, 2002.

健全个人信息档案，征信共享，为新生代农民工贷款需求服务；建立新生代农民工创业贷款的风险补偿机制，解决金融机构扶持新生代农民工创业的后顾之忧；各地区政府可以建立农民工创业融资担保基金，加强农民工异地创业贷款协作的长效机制，并采取政府贴息等方式为他们的创业贷款提供优惠。总之，各地政府可以整合相关部门资源，设立农民工管理服务机构，帮助协调各部门、各行业为解决农民工创业难题提供有效的社会服务。

新生代农民工的创业研究还是一个盲点。新生代农民工的创业意识和能力虽不及大学生，但他们在谋求自身发展过程中有着强烈的创业愿望。由于受自身受教育程度的限制，又希望能融入城市发展，他们更希望通过创业来改变自己的命运。政府和社会应加大对新生代农民工创业的扶持，加强对新生代农民工创业教育和培训，为其创造向上发展的渠道和机遇。

第五节　新生代农民工城市创业的职业教育探索

一　新形势下面向创业的职业教育新变革

职业教育作为新生代农民工获取知识、提高技能的重要载体，在新生代农民工的发展过程中起到不可或缺的作用。在顺应我国社会"创业潮"的前提下，如何建立健全面向创业的职业教育体系，以发挥它在新生代农民工城市创业过程中的积极指导作用，克服他们所面临的创业障碍，推动新生代农民工的科学转型，值得深入探究。

职业教育是指使受教育者获得某种职业或生产劳动所需要的职业知识、技能和职业道德的教育。它的产生是社会分工和结构转型的结果，直接反映了我国经济发展和社会进步的需要。我国接受职业教育的受众群体十分广泛，企业职工、下岗工人、进城农民工以及各级各类职业院校的学生都是参与职业教育的主体。我国职业教育自"十一五"规划纲要实施以来发展迅猛，已建立起世界最大规模的职业教育体系。2011年我国有中等职业学校13177所，在校生2197万人；高等职业学校1280所，在校生744万人。中、高等职业学校在校生总数近3000万。2011

年，我国仅依托学校和教育机构开展的各类职业培训就达 6000 多万人次。① 但针对新生代农民工群体的职业教育体系长期滞后甚至缺失，是我国职业教育目前发展的短板之一。

新生代农民工群体作为城市化的产物，占据了我国城市劳动力的大多数。但高数量并不意味着高质量，我国城市新生代农民工由于缺乏专门的职业教育和培训，其所掌握的职业理论和技能远远达不到结构转型和产业升级对现代产业工人的要求，这使得他们无法满足企业发展和劳动力市场的需求，大量从业于加工制造业、零售批发商业等劳动密集型行业。长此以往，势必会影响到我国劳动者队伍整体素质的提升和城市化、工业化和现代化进程。据两项统计数据显示，有 91% 的新生代农民工从没有接受过职业教育，68% 的人对自己的受教育程度不满意，64% 的人要求接受技能教育②；在未来一年，新生代有 32% 希望参加职业教育获取证书，高于老一代 22.7% 的比例。在内容选择上，新生代有 73.8% 需要职业技能培训，有 55.9% 需要创业知识培训，有 48.7% 需要学历提升培训③。可以看到的是，新生代农民工有着强烈的接受系统科学的职业教育的需求。同时，在当前创业热潮迅速蔓延的背景下，农民工群体中也呈现出了明显的自主创业的发展趋势。我国亟待通过改革，构建面向新生代农民工创业的职业教育体系。

二 新生代农民工城市创业的基本特征

（一）创业活动过程的渐进性

大部分新生代农民工的创业活动并不是先天展开的，它经历了一个由"就业"向"创业"发展的渐变过程。他们自小随父母进城，缺乏农民惯有的乡土意识，不熟悉农业生产，由于受到自身能力和家庭环境的制约，大多在接受完义务教育后，便进入工厂务工。广州地区的一项调查显示，老一代农民工初次进城务工的平均年龄为 26 岁，而在新生代农

---

① 仇逸：《中国建立世界最大规模职业教育体系》，http://news.xinhuanet.com/society/2012-05/14/c_111949778.htm，2012 年 5 月 14 日。
② 赵玉国：《职业教育促进新生代农民工就业问题研究》，《继续教育研究》2011 年第 5 期。
③ 深圳市总工会新生代农民工生存状况调查专项课题组：《深圳新生代农民工生存状况调查报告》，2010 年。

民工中，80后平均为18岁，90后平均只有16岁[①]。通过长时间在行业和企业间的持续工作，新生代农民工增加了工作经验、获得了相关行业的经营和管理知识、建立了各种资源和人脉网络，同时也通过积蓄拥有了自主创业的经济基础。所以说，新生代农民工的创业活动在很大程度上是后天务工实践的结果，具有鲜明的由"务工者"向"创业者"转变的趋向。

（二）创业活动路径选择的盲目性

新生代农民工的城市创业活动的盲目性主要体现在两个方面。首先，由于依托城市进行创业活动，受制于资金或者政策因素，一部分农民工容易急于求成，在没有完全对创业项目的环境、条件和风险等进行综合考虑后，就脱离自身实际盲目进行投资创业，在失败后又因为耐受性较差，无法及时调整预期，从而对创业活动丧失信心；其次，大多数农民工在创业时会依靠自身的地缘或业缘关系，从事与"老乡"合伙开办的或者原务工行业的个体和私营企业，如：制造业、零售业、小型加工业。这类劳动密集型企业由于数量较多、竞争激烈、创新性、灵活性和发展空间都较为欠缺，使得原本就在城市创业中身处劣势的农民工更加被动，直接导致创业活动较高的失败率。

（三）创业活动价值取向的多样性

农民工创业活动的开展，直接原因是经济因素，但随着时代的变迁和社会的进步，新生代农民工的创业也呈现出多元化的价值诉求。首先，在城市环境中成长起来的新生代农民工，处于我国社会发展的新阶段，物质生活的丰富使他们享有了更优越的生活条件。他们现阶段进行的主动"发展型"创业，与老一代农民工迫于巨大的生活压力进行的被动"生存型"创业有着本质上的区别。在新老两代农民工求职因素排序中，虽然两代人都注重工资和福利待遇，但在第二位的"是否有发展前景"选项中，选择此项的新生代农民工高出了老一代农民工14个百分点[②]。这说明，新生代农民工除了考虑经济因素外，能否获得充分的自我发展

---

① 全国总工会新生代农民工问题课题组：《关于新生代农民工问题的研究报告》，《新华文摘》2010年第17期。

② 深圳市总工会新生代农民工生存状况调查专项课题组：《深圳新生代农民工生存状况调查报告》，2010年。

及实现地位、人格、尊重和成就等的合理的社会性自我需要[1]，也是他们重要的创业动机之一；其次，在"农民工市民化"思潮的影响下，越来越多新生代农民工期待二元结构户籍制度的改变，通过融入城市生活，成为真正意义上的"市民"。据一项"您想在城市定居吗？"的调查显示，20-30岁的农民工中有45%想在城市定居，20岁以下的农民工中的比例则高达61%。通过自主创业，寻找到适合自我发展的平台，从而获取在城市立足的机会，改变自身的命运，成为新生代农民工创业活动的出发点和落脚点。

三 新生代农民工城市创业的发展性障碍

新生代农民工作为城市阶层中相对弱势的群体，他们的创业活动往往受到起点低、资金少、技术弱等先天因素的制约。除此之外，一些发展性的障碍也日益成为他们创业活动顺利开展的桎梏。

(一) 城市融合的不充分

社会融合是个体和个体之间、不同群体之间或文化之间互相配合、互相适应的过程，并以构筑良性和谐的社会为目标。城市融合作为社会融合的一部分，主要包括经济融合、社会融合、心理融合三个层次。新生代农民工的创业活动与城市融合是密不可分的。

首先，农民工在城市中只有通过务工才能获取稳定持续的收入，以获取生存和发展的经济基础。由于缺乏技术和特长，多数新生代农民工的就业渠道单一，劳动收入有限。据《深圳新生代农民工生存状况调查报告》显示，新生代农民工大部分从事劳动密集型产业工作，其中加工制造业的高达50.6%，他们的月平均工资为1838.6元。这直接制约着创业的规模和质量的提升。

其次，社会融合是经济融合的延伸。农民工通过对城市生活规则、生活方式、生活理念的接触和学习，增强自我的社会交往活动及社区、人际关系的建立，逐渐加深对城市的归属感和认同感。目前，创业已成为解决我国就业困局的重要对策，政府也针对大学毕业生、下岗职工等不同群体，采取多种切实手段和措施顺应创业大潮的发展。然而新生代农民工由于相对单一的社会生活模式和狭隘的社会交往渠道，在创业过

---

[1] 李远熙、黄兆信、钟卫东：《新生代农民工创业教育与公共政策选择》，《教育发展研究》2011年第21期。

程中，很少主动获取和了解政府的相关优惠政策，在银行贷款、税收政策、企业服务、工商注册等方面都处于被动地位，创业活动难以得到质的提升。

最后，心理融合是农民工城市融合的最高阶段。只有通过对城市新的思想、观念和价值观的不断整合认同，才能实现彻底社会化的市民融合。现阶段，大部分农民工无法充分融入城市的实质就是缺乏正确的身份认同。新生代农民工大都熟悉城市生活方式，缺乏强烈的乡土意识和对农村的归属感，怀有成为"新市民"的憧憬。但受到户籍制度的限制，他们只能以农民的身份游走于城市。这种徘徊于"市民"和"农民"的身份认知矛盾，既难以融入城市，又不愿回归农村的尴尬现状，直接导致新生代农民工无法建立与城市生活的良性互动联系，从而造成创业心理支撑的缺失。

（二）创业理论和技能的匮乏

相比老一代农民工，新生代农民工展现出一些适应社会发展的新优势，如：受教育程度普遍提高、职业期望较高、对城市包容性和适应性强等，这些条件在一定程度上能够增强他们的创业热情和信心。但由于创业知识和技能的匮乏，创业活动的开展还是困难重重。

创业是一个囊括创业激情、创业理论和创业技能的有机体系，强调的是三者相辅相成、紧密联系，通过相互作用形成合力，提升创业者的创业综合素质，而这些素质包括通过学习和训练掌握的商业、企业基础知识，具备企业家的战略眼光、创新观念、开拓意识，获得能从容应对企业风险和商业挑战的决策能力、管理能力、营销能力和协调沟通技巧。对于新生代农民工来说，他们大多在中学毕业后便走上工作岗位，缺乏相关人生阅历和市场头脑；他们也很少接受正规的职业教育和培训，缺乏一技之长，工作经验只是通过相关劳动密集型产业获得。这使得他们的创业活动相对简单盲目，缺乏市场应变性，在竞争中容易遭到淘汰。

四 构建面向新生代农民工创业的职业教育体系

（一）明确体系的总体目标和方向

构建面向新生代农民工创业的职业教育体系，是以考察新生代农民工创业特点和障碍为前提，以推动我国农民工群体科学转型为导向，以全面提升农民工创业综合素质为目标，将创业教育和职业教育相融合的新型职教体系。

通过这种职教体系，一是为新生代农民工传递科学的自主创业新理念。通过学习，摈弃原有单一的"打工赚钱"的老思路，树立积极务实的创业观。二是培训内容要突破老套的专业教育模式，避免将创业课程片面地同"商业课程"画等号。要从新生代农民工自身特点出发，提供多门类、多层次的培训内容。三是培训体系要为新生代农民工的创业活动提供富有个性化和针对性的创业指导。从创业过程入手，以"创业前阶段、创业阶段、创业企业成长阶段"为划分依据，在不同时期为不同创业企业及项目提供适时有效的创业指导。既满足农民工在短时期内创业的需要，又为企业的长期规划和农民工终身学习奠定基础。

（二）完善教育组织机构和师资队伍

教育机构和师资队伍是教育活动能够有效开展的重要载体和保障。我国新生代农民工结构复杂，既有各级职业院校的在校学生，又有务工、失业的农民工，结构复杂的潜在创业人群，对职教体系中教育组织机构和师资队伍的建设提出了更高的要求。

对于在校农民工，首先，要继续依托各级各类公办、民办的职业学校，继续通过学校教育对其开展创业教育。同时依据我国《就业促进法》的规定，紧密加强和社会相关企业、技能培训机构的合作，推进"产学结合、以产带学、以学促产"的办学模式，为职业教育提供实践平台，通过在企业的生产和经营实践，提高他们的创业素质。其次，学校要充分结合自身实际，加强校内外创业基地建设。通过建立各具特色的"创业园"，将"两个课堂"有机结合。指导学生设立创业团队、运营创业项目、开展创业竞赛，使其融入创业活动，体验创业过程。最后，强化学校师资队伍建设。一方面，学校可以选择具有经济学、管理学、市场营销学等相关学科背景的教师，通过学术交流和专业培训提高他们的创业理论知识水平；同时支持他们从事相关创业兼职活动，在创业项目的市场运作中给予学生实践指导。另一方面，可以通过联系企业，聘请一些成功的创业企业家，以担任在校兼职教师或客座教授的形式，通过自身创业经验现身说法，交流创业教育经验，丰富师资队伍的多元化选择。

对于社会化农民工，要以企业或社区为基础，以基层政府为纽带，发挥政府的公共服务职能，将农民工和职业学校、职业技能培训机构和教育实践中心等机构联系起来。政府通过筛选有资质、有实力的职教机构，支付一定的培训费用，通过其承担农民工的教育培训。以河南省为例，作为我国第一农民工输出大省，在针对农民工培训方面，他们创造了政府购买、全面培训的"平桥—长葛"模式，即以职业学校作为农民工培训的主阵地，结合农民工自身特点，提供订单定向式的免费教育，通过岗前培训、夜校、短期培训等多种形式的培训项目，极大程度地提升了农民工的创业素质，调动和推进了当地农民工的创业热情和创业活动。

（三）优化教学内容和课程体系

创业教育作为一门系统学科，涵盖了创业精神、创业理论和创业实践三要素，包括心理学、社会学、经济学、管理学、营销学等诸多学科的有机交叉和融合。在面向农民工的创业活动进行职业教育的过程中，应该更加注重教学内容和课程体系的针对性优化。

一方面，根据新生代农民工的受教育程度、社会阅历、职业期望等编写专门的创业理论教材。通过教材的学习，普及创业的基础理论，以培养他们的创业意识和创业心理品质；同时，院校以汽车服装业、零售业、餐饮业等不同行业为划分标准，将创业与农民工从事的相关行业进行链接，与企业、专家等合作编写特色创业技能课程教材，结合农民工在工作中的实践，更有效地积累创业经验，熟悉企业的市场运作，提升自我创业技能。另一方面，由于新生代农民工是融入城市的弱势群体，他们的创业活动容易受制于城市融入过程中的社会和心理因素。因此在课程设置上，不能一味地强调经济和商业知识的传授，要更注重农民工在城市融合和创业活动过程中的心理支撑和政策讲解。从实践上来看，通过人际关系学、社交心理学、公共政策学、创业法律等相关课程的讲解，促进新生代农民工接触社会规则、加强人际交流、建立社交网络；掌握国家创业法律法规、享受创业优惠政策；熟悉创业过程中的项目选择、企业工商注册、银行信贷、税收等流程是十分必要的。

（四）创新职业教育评价体系

传统的职业教育评价体系，遵循的是"唯就业率"论。职业院校毕业生的就业率的高低，是判断教育效果的唯一衡量尺度。面向新生代农民工创业的职业教育体系，是传统职业教育的创新和发展，它的评价体系应该避免陷入功利化色彩的"创业率"争论。现阶段，农民工的创业活动持续走热，各种类型的创业企业和项目不断涌现。但纵观这些企业，绝大部分还只是我国饱和行业中缺乏竞争力的小企业，兼具粗放性和单一性。所以，数量只是衡量一个地区职业教育效果的一个指标，企业发展的规模结构、成长潜力和空间、生产和经营过程中的科技程度、资源消耗率、就业接纳率等社会效益的高低才是更加值得注意的方面。在关键的发展转型期，推进职业教育评价体系的创新，不仅有助于推进职业教育的系统化、大众化，还在一定程度上激励着我国新生代农民工的理性创业、科学转型。

第五章　新生代"创二代"创业的传承与创新

改革开放以来，中国的民营经济得到了突飞猛进的发展，民营企业已经成为中国市场经济的重要组成部分。以民营企业家为主体的浙商因"善于经商，敢于创业"已经成为浙江企业家的代名词。进入21世纪后，众多民营企业已进入"掌舵人"代际传承、新老更替的重要阶段。加快培养一支具有现代管理理念和现代管理能力的（"创二代"）创业已经成为浙江民营经济在转型期实现跨越式持续发展所必须解决的问题。本章从浙江省民营企业新生代"创二代"入手，通过实地调查及访谈，全面了解新生代"创二代"的能力素质现状，归纳总结出这一群体普遍存在着诸如经营管理、战略规划、创新能力、学习能力、变革冒险精神、风险应变能力、身体素质、心理素质等方面的不足。就此现状将企业的传承过程与新生代"创二代"素质能力提升过程进行分析，从企业接班计划、企业接班人自身和环境因素等多角度进行原因分析，并以此提出相应的对策。鉴于浙江省民营企业发展的特殊性和典型性，本书不仅能够帮助浙江民营企业新生代"创二代"在当前复杂恶劣的经济环境中快速成长，推动浙江民营经济实现可持续发展，而且在理论和实践上也推进着全国民营企业更好地面对即将到来的企业传承的挑战，并在日益激烈的市场竞争中实现跨时代的腾飞。

第一节　新生代"创二代"创业的背景与现状

一　新生代"创二代"创业的发展背景

从古至今，在我国悠久的商业文化发展历程中，晋商、徽商、粤商都曾书写辉煌。当历史翻到了当代时，浙江商人凭借"敢为人先，勇争天下强"的创业精神，活跃于海内外的商界，他们成为中国民营经济发展的领军人物，并已然成为推动中国经济社会发展的一股活跃力量。

然而社会总在复杂的矛盾中运动发展。任何企业在持续成长过程中都必然会面临领导人更替的问题。美国、日本等西方发达国家内的一大批优秀家族企业已经将接力棒移交给了第二代、第三代甚至第四代、第五代。在中国，改革开放已经四十年了，当初意气风发的民营企业的第一代创始人已经步入花甲之年，确定企业接班人，实现企业的顺利交班成为民营企业当前要解决的首要问题之一。

浙江经济三十多年的发展得益于民营经济的兴起和迅速发展及体制机制的领先。进入21世纪后，浙江的民营企业面临全球经济衰退、市场竞争加剧、企业负担过重、融资难度加大、资源匮乏、自主创新能力弱等诸多挑战。在过去的10年中，浙江的民营企业已经步入了第一次代际传承期，不少企业完成了企业交接棒的交接。未来的3—5年内，浙江乃至全国民营企业将迎来传承的高峰。纵观国内外企业传承的众多案例不难发现，绝大多数企业都选择了子（女）承父业的传承模式，认定其子女为企业的接班人。这与当今浙商代际传承的主流模式仍是"子承父业"不谋而合。然而企业的传承并非一帆风顺，"一代创业、二代守业、三代衰亡"的"三代消亡律"魔咒一直困扰着全球家族企业。浙江民营企业要想破解这一魔咒的关键就是解决好家族企业的代际传承问题。鉴于目前浙江省内已经有一大批新生代"创二代"接过了上一辈的企业，但尚无大量学者针对新生代"创二代"如何有计划、有步骤地实现平稳过渡，并在过渡后尽快缩短与企业、市场、政府、公众之间的磨合期，成功驾驭企业并帮助企业更好地应对当前不利的竞争局面等方面展开研究。因此，本书将从浙江省民营企业新生代"创二代"入手，探讨其传承及创新素质能力缺乏的问题，并提出对策，帮助企业和政府培养一支具有现代管理理念和现代管理能力的"新生代""创二代"创业者，努力推动他们由"富二代"向"创二代"的成功转变。这对于帮助浙江的民营企业更有效地实现代际传承和可持续发展具有显著的现实意义和社会意义。与此同时，鉴于浙江省民营企业发展的特殊性和典型性，基于浙江的调查分析，不仅能够帮助浙江民营企业新生代"创二代"迅速而高效地接过父辈的班，为浙江民营经济的可持续发展贡献自己的力量，而且在理论和实践上也推进着全国民营企业更好地面对即将到来的企业传承的挑战，并在日益激烈的市场竞争中实现跨时代的腾飞。

二 新生代"创二代"创业的现状

无论是发达国家还是在发展中国家,企业的传承问题一直是家族企业最难应对的挑战之一,因为传承是实现家族企业持续成长过程中的必经环节,而顺利传承后新生代"创二代"如何将企业做强做大,实现再创业也成为困扰民营企业可持续发展的难题。

早在20世纪,西方学术界,就从社会学、管理学、文化学、心理学等多学科视角开展了大量的理论或实证研究。到现在,对该领域的研究已经形成了系列研究成果,例如哈佛大学的Drozdow(1998),对家族企业的传承要素体系进行案例分析并归纳出家族企业成功实现代际延续必须确保的要素有:战略、所有权、治理结构、家族对企业的领导权、家族凝聚力、企业文化以及使命。兰兹伯格(2005)、Tan和Fock(2001)则提出了企业(家)愿景、企业家领导能力及企业家价值观也是实现传承的要素。除此之外,西方还有一部分学者主要是从代际传承模型建构方面去描述和研究代际传承的过程。经归纳可大致分为两类:第一类从微观维度研究家族企业代际传承,只考虑两代之间的传承,但研究比较集中,微观细致地考察了传承中传接双方的生命周期、认知情况等对代际传承的影响。由于中西方企业的发展路径及背景有着显著的差别,因此西方很多学者偏重于从实践中归纳企业代际传承的理论,试图更好地描述和研究代际传承的过程,并且大多站在企业多代传承的高度去研究,因此,他们的研究成果更多地只能作为理论指导,而不能照搬于实践。

尽管我国学者对代际传承的研究要晚几十年,但是基于西方的研究成果,学者们也提出了独立的研究观点,主要有:杨光飞(2010)从所有权(财富)传承和经营管理权(职位)的传递两个角度对比西方家族企业,明确了华人家族企业传承模式中的企业财富传承的内倾性与职位传递的偏私化的特征,并提出文化嵌入和结构嵌入是导致该结果的根本原因。何军香(2009)则支持建立继任规划,形成科学的接班人培养及选择制度,通过制度管理企业。李艳双等(2009)从传承对象的角度进行了企业代际传承方式与企业绩效、选拔、企业发展阶段三个方面的关联分析。程兆谦(2008)着重研究企业继任者的培养,通过访谈和问卷调查的形式调查了企业规模、接班人意愿、经理人风险、在任企业家的个性、文化程度、继任者的领导能力与家庭子女数量等对企业家培养继任者的影响。黄锐(2009)详细分析了影响家族企业代际传承的因素,涉及企业接班人的接班意志、代际传承的时机、传位人和接班人之间的关系、传承计划与传承准备等方面。综合以上的研究分析，不难发现，国内目前对家族企业代际传承的研究是结合国内一些知名的大型家族企业来论证，涉及传承模式、传承时机、传承人选的物色及培养方式、传承过程中的影响因素等方面。忽略了为数众多的中小型企业在代际传承中存在的实际问题及需求。此外，研究主要是考虑代际传承发生前如何去选择、培养传承者，研究没有进一步地深入分析企业传承人已经确定并开始履行其职责时，如何尽快融入角色，在实践中去完善自身，做好传承后的工作开展，树立新生代"创二代"自身的管理风格，传承并创新企业文化及管理模式，实现企业再次发展等。因此，要实现企业有效的传承，带动一批新生代"创二代"的快速成长，就需要对企业传承中传承人素质能力的提升路径及方法做出全面的探讨。

第二节 新生代"创二代"创业概念界定

一 民营企业家

民营企业在我国简称民企，是指所有的非公有制企业，它是在中国经济体制改革过程中产生的，从某种程度上可以视为社会主义市场经济的特有产物。当前很多学者对于民营企业有着自己的认识并给出了相应的定义，尽管根据各自研究的重心不同，定义也有一定的区别，但大家都达成一个共识，就是"民营"是与"国有"和"国营"相对而言的一个概念。民营企业的概念反映了两个实质问题：一是所有制结构和所有权归属，二是经营主体。从广义上理解来看，民营企业应该涵盖了任何非国有独资企业。但是在本书的研究范围内，民营企业的界定将更为狭义。研究将民营企业划定为那些民间私人经营、民间私人享受投资收益、民间私人承担经营风险的法人经济实体。

根据第九次中国私营企业抽样调查撰写的《中国家族企业发展报告》揭示：绝大多数中国私营企业由企业主及其家族控制。正因如此，我国的民营企业主要还是采取家族企业制度形式，管理体制表现为"家族"和"亲缘化"特征，实行集权化领导、专治式决策，经营者既是资产所有者，也是资产经营者。研究根据对于民营企业的界定以及中国民营企业的特征最终认定为中国的民营企业家是民营企业的高层经营管理者，与民营企业一般管理者相比较，他们具备更为全面和广泛的管理知识和难以被效仿的学习创新能力。他们基本上都是白手起家，亲历创业的艰辛。他们具有非常强的事业心和奉献精神，对企业有强烈的归属感。同时，这个群体拥有一个重要的特征就是"能够把自己的优点结合起来，对自己的缺点能够正视并加以克服"。

二 民营企业新生代"创二代"

本书中的新生代"创二代"主要是指民营企业的第二代乃至第三代，即继承型的"民企二代"。当历史进入21世纪后，一部分优秀的民营企业新生代"创二代"已发展成一股新势力，他们从原生代企业家手中接过接力棒，虽然他们年轻但是已经是企业的绝对管理者，他们中的一些佼佼者甚至通过资本与产业的结合，控制多个企业，如方太厨具茅忠群、万向集团鲁伟鼎等。尽管确实有一批新生代"创二代"已经初露锋芒，然而现阶段，大多数中国民营企业仍由第一代创业者控制和管理，未来5—10年内必定会迎来两代民营企业家交接班的高峰。如何将自己的子女或者认定的"民企二代"培养成为能引领企业实现长远发展的新生代"创二代"也就成为民营企业当前发展最需要解决的问题之一。

三 民营企业家素质

企业家的素质和能力密不可分、相辅相成。企业家素质是企业家能力的基本保障，企业家能力则是由其素质决定所能达到的水平。中国有数百万的民营企业，然而不是所有的民营企业主都能称为企业家，根本原因在于他们存在素质能力方面的差异。只有那些在事业上表现出卓越的管理才能，取得较大成就，具备多项优秀素质的企业主才是民营企业家。

作为一名企业家，应该具备什么样的素质能力呢？不同学者有着不同的认识，无论是英国著名的经济学家马歇尔还是美国的经济学家熊彼特，西方很多著名的学者都对企业家必须具备的素质和能力做了各自的界定。在中国，大多数民营企业家既是企业的所有者，又是企业的管理者，担负着企业生存发展的重任。独特的成长背景使得中国的民营企业家有着独特的素质要求。课题组在对相关研究成果进行梳理后将我国学者从不同角度出发所提到民营企业家应具备的素质概括为八大类型：思想素质、身体素质、心理素质、道德素质、观念素质、精神素质、管理素质、知识素质。而对民营企业家能力的频数统计发现最多的是创新能力、决策管理能力、组织沟通能力、学习能力、应变能力、预测洞察能力等,其中创新能力出现的频次最高。

第三节 创业者受教育程度与在校表现对创业绩效的影响

无论在创业实践中还是创业理论研究中,创业者的人力资本都得到了极高的重视。在实践中,风险投资大都将创业者能力和经验置于评估标准的首位[1],在创业研究中,围绕创业者人力资本的研究文献更是数量繁多。作为创业者人力资本形成的主要来源,其先前接受的学校教育不仅对创业者人力资本有直接的影响,也对创业结果产生影响。然而,尽管已有研究已注意到创业者的受教育程度对于创业结果的重要性,但在教育的具体作用上,结论却并不一致。例如,Stuart 和 Abetti 实证研究发现,本科以上的受教育程度和绩效负相关,即创业者在本科以上的受教育程度越高,绩效反而越差。[2] 但是 Siegel 等人的研究却发现,创业者受教育程度与绩效之间存在显著正相关关系。[3] 这表明创业者受教育程度与创业绩效之间的关系仍值得进行深入探讨。

此外,现有相关文献在以下几个方面讨论不够充分,需要进一步研究:(1)对创业者的教育情况考虑得过于简单,往往只考虑其受教育年限,而忽略了在受教育过程中的表现,对创业者在校表现对创业绩效影响方面的研究几乎还是空白;(2)多数文献主要关注创业者受教育程度与创业绩效之间静态的数量关系,较少考虑受教育程度对创业过程的影响;(3)往往用反映成熟企业绩效的相关指标来衡量创业绩效,这对于处于创业初期收入不稳定的创业者而言,很难真实反映其创业的结果。

---

[1] Bachher J. S. & Guild P. D., *Financing Early Stage Technology Based Companies*: *Investment Criteria Used by Investors*, MA: Babson College, 1996.

[2] Stuart R. W. and Abetti P. A., Impact of Entrepreneurial and Management Experience on Early Performance, *Journal of Business Venturing*, 1990, 5, (2).

[3] Siegel R., et al., Characteristics Distinguishing High-growth Ventures, *Journal of Business Venturing*, 1993, (2).

因此，本书将综合考察创业者受教育年限与在校表现对创业绩效的影响，在创业绩效的衡量上，选择了既能兼顾主观与客观，又能体现过程与结果的创业者的收入、创业自我评价、创业机会识别三个指标，试图更全面地揭示创业者的学业成就在创业过程和结果中扮演的角色。

对上述问题的研究，不仅能够帮助人们更加深入地认识创业者接受的教育对于创业绩效的影响，更为重要的是，在当前大学生就业困难的大环境下，针对创业者先前接受教育状况的研究，可以从另一个角度提供衡量教育价值的方式。

一 理论分析与研究假设

（一）创业者受教育程度与在校表现

学业成就是从整体上对学生在校期间的各种表现进行的一种综合性评价，包括学习成绩、综合能力和整体素质等诸多方面[1]。学业成就体现学生在校学习活动的结果与综合素质。对于大多数创业者来说，先前接受教育的结果，一是体现为获得的文凭，它衡量的是接受教育的年限和质量；二是体现为综合素质和能力的提高，在学校教育中表现为学业成绩和非学业的表现。因此，本书将创业者在校接受教育的结果理解为受教育程度和在校表现。前者即接受学校教育的年限，后者是指创业者在创业之前最后接受的学校教育时的表现。Oswald 等人将大学生在校表现划分为学习行为、交往行为和个人内在行为三个方面共 12 个维度。[2] 学习行为可以通过学业成绩来反映，交往行为可以通过在校期间的同学关系和师生关系来衡量，个人内在行为主要考量学生的内在情感等心理活动的表现。由于创业者很多已经从学校毕业多年，时过境迁，关于当时个人内在行为及其表现的记忆难免会模糊，因此，本书对创业者在校表现主要考虑创业者在校期间的学业成绩和人际表现。

（二）创业者受教育程度、在校表现与创业者的收入

很早以前，人们便察觉到了受教育程度与收入之间的正相关关系。然而，在解释其原因时则存在较大的争议。人力资本理论认为，由于教育提高了个体的劳动生产率[3]，雇主自然就愿意付出较高的报酬。筛选理

---

[1] 姚本先、陶龙泽：《大学生学业成就的性别差异研究》，《教学研究》2004 年第 11 期。
[2] Oswald F. L., et al., Developing a Biodata Measure and Situational Judgment Inventory as Predictors of College Student Performance, *Journal of Applied Psychology*, 2004, (2).
[3] 舒尔茨：《教育的经济价值》，吉林人民出版社 1982 年版。

论认为，尽管教育也可能提高个体的劳动生产率，但教育的经济价值更多体现为"信号"与"筛选"的作用。[1] 因为一个人的能力与其获得信号所需花费的成本成反比，在其他因素相同的条件下，能力较高的人支付较低的成本就可以获得较高的教育水平，因而教育水平反映了工作能力，雇主便愿意为教育水平较高者支付较高的工资。无论是基于能力提高的作用还是基于"信号"的效应，受教育程度的增加都有助于个体收入的增加。这已经被很多国内的实证研究证实。[2][3][4]

上述关于受教育程度与收入之间关系的研究都是以受雇者为对象，大多采用明瑟收入方程[5]进行数据处理。对于创业者的受教育程度与收入之间的关系，研究者关注的时间还很短[6]，目前国内很少有人涉足。事实上，如果能证明创业者的受教育程度对其收入有积极的影响，就能够为人力资本理论增加有力的证据。Fossena 与 Büttner 比较了机会型创业者（Opportunity Entrepreneurs）、生存型创业者（Necessity Entrepreneurs）和受雇者之间的教育收益率差异，发现机会型创业者与受雇者的教育回报率相近，而生存型创业者则显著更低。[7] 需要注意的是，现有为数不多的关于创业者受教育程度与收入关系的文献仍然沿袭上述以受雇者为对象的研究思路，主要采用明瑟收入方程或者其扩展的模型为主要分析方法。但是，明瑟收入方程也存在不足。比如，它过分简化了收入的决定因素，只考虑了受教育年限和工作经验，没有考虑其他因素，在一定程度上削弱了研究结论的参考价值。

与受教育程度类似，在校学业成绩也意味着知识的形成和积累，也

---

[1] Spence A. M., Job Market Signalling. *Quarterly Journal of Economics* 1973, (3); Arrow K J. Higher Education as a Filter, *Journal of Public Economics*, 1973, (2).

[2] 李雪松、詹姆斯 – 赫克曼：《选择偏差、比较优势与教育的异质性回报：基于中国微观数据的实证研究》，《经济研究》2004 年第 4 期。

[3] 李锋亮等：《绝对教育年限与相对教育位置的收入效应——对教育生产功能和信号功能的检验》，《中国人口科学》2008 年第 1 期。

[4] 范静波：《2003—2008 年间中国教育收益变动趋势研究》，《统计与信息论坛》2011 年第 8 期。

[5] Mincer J. Schooling, *Experience and Earnings*. NewYork: Columbia University Press for the National Bureau of Economic Research, 1974.

[6] Van der Sluis J., et al., Education and Entrepreneurship Selection and Performance: A Review of the Empirical Literature, *Journal of Economic Surveys*, 2008, (5).

[7] Fossena F. M., Büttner T. J. M., The Returns to Education for Opportunity Entrepreneurs, Necessity Entrepreneurs, and Paid Employees, *Economics of Education Review*, 2013, Vol. 37.

可能对创业者的收入起积极的作用。在校期间的人际表现反映了个体的人际交往技能,是形成个体社会交往能力和社会资本的基础,而社会资本的收入回报已得到解释和证明。①

综上所述,本书提出以下研究假设。

H1a:创业者的受教育程度与其收入正相关;

H1b:创业者的在校学业成绩与其收入正相关;

H1c:创业者的在校人际表现与其收入正相关。

(三) 创业者受教育程度、在校表现与创业自我评价

对于创业绩效的衡量一直都有两种意见。一是认为需要用客观指标来评价,如 Lange 等人认为,为了客观评价创业行为的有效性,以便投资者进行准确的投资决策,创业企业的销售额增长、投资回报率及资产回报率是反映创业绩效的主要指标。② 二是认为应该考虑创业过程的不确定性,也为了克服与财务指标有关的数据的可获得性和准确性问题,人们采用了广泛的主观指标来评价创业绩效,用创业者对当前创业成果与自己的期望进行对比的主观满足感来评价。具体内容包括:对资金来源和财务状况的满足感,对技术开发的满足感,对市场开拓的满足感,对组织运营的满足感,对管理能力成长的满足感等。如 Frese 等人认为,当前的创业活动已经不仅仅是创业者单方面的行为活动,政府部门、市场其他行为主体等都可以是企业创业活动的参与者,因此,创业绩效还应该包括技术更新程度、社会福利增加以及创业者的主观感受。③ 尽管主观测量方法的准确性有所降低,但主观测量是锚定在客观绩效基础上的,也具有较好的内容效度和信度。④ 在当前评价创业绩效时,更多的学者倾向于划分为以财务绩效为主的客观评价与以社会价值创造和创业者自我满足感为主的主观评价两方面。⑤

---

① 边燕杰等:《跨体制社会资本及其收入回报》,《中国社会科学》2012 年第 2 期。

② Lange J. E., et al., Pre‑start‑up Formal Business Plans and Post‑start‑up Performance: A Study of 116 New Ventures, *Venture Capital*, 2007, (4).

③ Frese M., et al., Business Owners' Action Planning and Its Relationship to Business Success in Three African Countries, *Journal of Applied Psychology*, 2007, (6).

④ Wall T. D., et al., On the Validity of Subjective Measures of Company Performance, *Personnel Psychology*, 2004, (1).

⑤ 谢洪明、程聪:《企业创业导向促进创业绩效提升了吗?——一项 Meta 分析的检验》,《科学性研究》2012 年第 7 期。

在主观评价方面，有的创业者可能更重视财务目标，有的创业者可能对非财务目标如关键技术问题的解决更为重视。这是因为不同创业者的知识背景和个性不同，他们看问题的视角也有所差异。教育不仅可以帮助创业者获取创业所需的知识和必要的技能，其主要作用还在于构建创业者的社会地位，培养其积极性的形成和创业的持久力[①]，因此，创业者的受教育程度和在校表现对创业结果有正向作用。考虑到创业者对创业结果的主观评价是基于客观现实的，因此，本书提出以下假设。

H2a：创业者的受教育程度与其自我评价正相关；

H2b：创业者的在校学业成绩与其自我评价正相关；

H2c：创业者的在校人际表现与其自我评价正相关。

（四）创业者受教育程度、在校表现与创业机会识别

创业机会识别是指创业者感知到某个有利可图的新项目。它是创业过程中的起点，是创业活动的关键环节，亦是创业绩效评价中不可忽视的因素。在创业伊始，创业者本身的知识和经验成为识别机会的关键资源。人们更倾向于关注与他们已经掌握的信息和知识相关的机会，创业者个体独特的先验知识是机会识别的重要因素。Shane 等通过对创业者的特质研究，认为个人的先验知识和对信息的处理能力对其识别机会能力显著相关，并提出市场知识、服务市场方式知识和顾客问题知识是对创业机会的发现极为重要的先验知识。[②]

受教育程度高尤其是学业成绩好的人被认为有更高的信息加工能力，具有更高的从杂乱的市场信息中分析寻找新机会的能力，能够更好地解读和分析创业机会，也因此具有更高的机会识别能力。Van der Sluis 等人对以往的教育与创业的文献进行了元分析，发现创业者的受教育程度对于创业机会识别与创新具有直接的正向影响。[③] 相对于低学历创业者主要依靠经验和直觉，高学历创业者的受教育程度越高，越有利于积累全面的知识结构，越有利于其在复杂多变的环境和有限的资源中识别机会。

创业者社会网络规模越大，网络中节点数量越多，其与外界的联系

---

① Kim J., Miner A., Vicarious Learning from the Failure and Near – failure of Others: Evidence from the U. S. Commercial Banking Industry, *Academy of Management Journal*, 2007, (3).

② Shane S., et al., Entrepreneurial Motivation, *Resource Management Review*, 2003, (2).

③ Van der Sluis J., et al., *Entrepreneurship Selection and Performance: A Metaanalysis of the Impact of Education in Industrialized Countries*, Amsterdam, 2003.

就越广泛。创业者通过其中某条联系获得具有潜在价值的商业信息的可能性也就随之增大，从而为创业者带来新的观点，也提供了创业机会识别的前提。由于求学时期建立的友谊与默契比较稳定而持久，因此，在校人际表现是个人社会资本的重要来源。在校人际表现好的创业者将构建更大规模的社会网络，从而有助于创业机会的识别。于是，本书提出以下假设。

H3a：创业者的受教育程度与创业机会质量正相关；

H3b：创业者的在校学业成绩与创业机会质量正相关；

H3c：创业者的在校人际表现与创业机会质量正相关。

二 数据与变量

（一）数据采集

由于小微企业在我国经济中占有十分重要的地位，其经济总量已占国民经济总量的1/3以上，数量占工业企业数量的98%以上，就业人数占工业就业人数的2/3以上，技术成果也占工业科技创新的1/5。[①] 因此，考察小微企业创业者的受教育程度、在校表现与创业成就之间的关系将更有现实意义。本书将选择雇用人数在20人以下的小微企业的创业者进行研究。

本书的原始数据通过问卷调查方式获取。在样本的选择上，本书将占有相当生产资本并雇用他人的老板视为创业者。在收集数据时，课题组将城市中规模较小的工业集中区、小商品市场、各种专业市场以及餐饮集中区域作为问卷发放的重点。为了保证采集数据的针对性，课题组要求调查人员对调查对象是否为创业者进行确认，并请创业者当面填写。针对具有雇用行为且雇用人数在20人以内的小微企业创业者，项目调查组于2011年7月至11月共集中发放问卷450份，剔除无效问卷，共回收有效问卷389份。这个样本涵盖了上海、江苏、浙江、山东、福建、湖北、江西和安徽等省市；样本行业分布于制造、五金、建材、信息技术、批发和零售贸易等十余种行业；男性创业者259人，女性创业者130人；年龄跨度较大，涵盖了从20世纪50年代到90年代出生的创业者；受教育程度涵盖了从小学到大学以上的学历层次。总体来说，样本具有较好

---

① 陈永杰：《小微企业发展研究——小微企业在我国经济中的地位与作用》，《经济研究参考》2013年第32期。

的代表性。

(二) 变量测量

1. 因变量

考虑到从存量和增量两个角度来考察收入更为全面，创业者收入采用扣除负债之后银行存款和月平均收入两个指标来衡量。为了尊重创业者收入的私密性，对创业者的收入状况也采用李克特5维量表来测量。1代表银行存款在20万以内，5代表80万以上；在测量月收入时，1代表2000元以内，5代表8000元以上。

创业自我评价通过"您对当前企业发展的状况满意""您乐观看待企业未来的发展前景"和"您对您当前的生活质量感到满意"三个题项来测量，采用李克特5维量表，1代表完全不同意，5代表完全同意。为了减少分析时的难度，我们采用因子分析法对创业自我评价三个题项进行降维处理，根据因子分析结果提取出一个创业自我评价公因子（三个题项在公因子的载荷均大于0.5，信度系数大于0.6）。

创业机会质量通过"企业现在的产品/服务有鲜明特色，进入门槛很高""与市场平均水平相比，企业产品/服务的利润率较高""企业开办以来成长速度快"三个题项来测量，采用李克特5维量表，1代表完全不同意，5代表完全同意。同样采用因子分析进行降维，提取出一个创业机会质量公因子。

2. 自变量

受教育程度采用李克特5维量表测量，从1到5分别代表小学及以下至本科及以上；在校学业成绩通过"请对您在求学期间的学习成绩作评价"的题项来测量，采用李克特5维量表，1代表非常差，5代表非常好；在校人际表现通过"总体上看，您求学过程中与老师和同学的关系"的题项来测量，采用李克特5维量表，1代表非常差，5代表非常好。

3. 控制变量

根据创业研究的相关文献，影响创业过程和创业结果的因素有很多，大致可以分为创业者内部和外部两个方面。内部方面除了受教育程度、学校表现这些初始因素之外，经验也是创业者人力资本的重要来源。创业者的经验可以用创业次数、管理经验等来衡量。此外，社会资本是影响创业者收入、创业机会识别的重要因素，本书用创业者的社交广度来衡量；同时，在这些条件相同的情况下，创业者的努力程度也可能给因变量带来较大的影响，我们用创业者每天的工作时间来测量；外部因素主要考虑创业所在地的创业环境，包括经济环境、治安环境和政策支持。

在设计问卷时，将上述变量设计成等级变量或虚拟变量，等级变量用李克特5维量表法来表示，虚拟变量用0—1表示。此外，还对经济环境、治安环境和政策支持三个题项的值进行因子分析并抽取一个公因子作为"创业环境"变量。具体变量定义见表5-1。

此外，考虑到不同出生年代的创业者受教育程度存在差异，其工作经验和收入等方面也存在差异。为了更清楚地展现创业者受教育程度、在校表现与创业成就之间的关系，在数据分析时，我们将样本按照出生年代分组进行对比。根据表5-2所示的创业者出生年代分布，我们以1980年为分界点，将样本分为以70后为主的中生代创业者组和80后的新生代创业者组。

表5-1　　　　　　　　　　控制变量定义

名称	变量定义
社交广度	社交圈非常广为5；比较广为4；一般为3；比较窄为2；非常窄为1
当前工作经验	从事目前工作时间：1年内为1；1—3年为2；3—5年为3；5—7年为4；7年以上为5
创业次数	1次为1；2次为2；3次为3；4次为4；5次以上为5
管理经验	有过企业管理工作经验为1；否则为0
每天工作时间	3小时以下为1；3—6小时为2；6—9小时为3；9—12小时为4；12小时以上为5
经济环境	对企业所在地的经济发展水平和创业机会：很满意为5；较满意为4；一般为3；较不满意为2；很不满意为1
治安环境	对周边治安环境：很满意为5；较满意为4；一般为3；较不满意为2；很不满意为1
政策支持	所在城市出台支持创业的政策：很满意为5；较满意为4；一般为3；较不满意为2；很不满意为1

表 5-2　　　　　　　　　　创业者的出生年代分布

	出生年代	样本数（份）	百分比（%）
中生代	1960 年以前	5	1.3
	1961—1970 年	23	5.9
	1971—1980 年	104	26.7
新生代	1981—1990 年	236	60.7
	1991 年及以后	21	5.4
合计		389	100.0

三　结果与分析

（一）创业者受教育程度、在校人际表现等对收入的回归分析

按照上文所述的研究设计，我们对创业者受教育程度、在校人际表现等与创业者的银行存款/月收入的关系进行了回归分析，以银行存款为因变量的回归结果如表 5-3 所示。

表 5-3　创业者受教育程度、在校人际表现等对银行存款的回归分析

	中生代样本	新生代样本	总样本
受教育程度	-0.097（0.269）	0.199**（0.004）	0.071（0.202）
在校学业成绩	0.028（0.762）	0.044（0.513）	0.011（0.841）
在校人际表现	0.074（0.400）	0.018（0.772）	0.065（0.200）
社交广度	0.276**（0.002）	0.122#（0.052）	0.183***（0.000）
当前工作经验	0.132（0.108）	0.307***（0.000）	0.302***（0.000）
创业次数	0.047（0.573）	0.013（0.830）	0.033（0.500）
管理经验	0.115（0.171）	-0.045（0.482）	0.005（0.925）
每天工作时间	-0.158#（0.056）	0.032（0.608）	-0.042（0.396）
创业环境	0.241**（0.005）	0.122#（0.052）	0.164***（0.001）
F-value	4.733***	3.948***	8.023***
R^2	0.260	0.126	0.160
Adjusted R^2	0.205	0.094	0.140
样本量 N（份）	132	257	389

注：回归系数均为标准化值，括号内为显著性 P 值。#表示 $P<0.1$；*表示 $P<0.05$；**表示 $P<0.01$；***表示 $P<0.001$。

从总体上看，尽管小微企业创业者的受教育程度、在校学业成绩和在校人际表现三个方面都表现出与银行存款正相关，但均不显著。20世纪70年代出生为主的中生代创业者的受教育程度、在校人际表现与其银行存款的关系和总样本相似，只有新生代创业者的受教育程度与其银行存款存在显著的正相关关系（P<0.05）。因此，若用银行存款来衡量创业者的收入，只有假设H1a能够得到部分的证实。

回归的结果还显示，无论是按照创业者的出生年代划分的分组样本，还是总样本，创业者的银行存款均与他们的社交广度、每天工作时间和创业环境有密切关系。中生代和新生代两组样本的对比结果显示，年龄较大创业者的财富存量和社交广度、每天工作时间、创业环境的正相关关系更加显著。

表5-4显示的是创业者受教育程度、在校人际表现等对月收入的回归结果。从全部小微企业创业者样本看，三个自变量与创业者月收入均呈现显著的正相关关系。其中受教育程度回归系数为0.101（P<0.1），在校

表5-4　创业者受教育程度、在校人际表现等对月收入的回归分析

	中生代样本	新生代样本	总样本
受教育程度	0.036（0.710）	0.145*（0.034）	0.101#（0.072）
在校学业成绩	0.110（0.280）	0.138*（0.041）	0.120*（0.026）
在校人际表现	0.080（0.406）	0.082（0.197）	0.084#（0.100）
社交广度	0.082（0.384）	0.074（0.233）	0.076（0.132）
当前工作经验	0.220*（0.016）	0.279***（0.000）	0.313***（0.000）
创业次数	0.058（0.526）	-0.047（0.440）	-0.002（0.970）
管理经验	0.142（0.125）	0.086（0.181）	0.099#（0.054）
每天工作时间	0.032（0.719）	0.138*（0.026）	0.097（0.051）
创业环境	0.073（0.428）	0.039（0.529）	0.050（0.314）
F-value	1.687#	4.314***	6.721***
R^2	0.111	0.136	0.138
Adjusted R^2	0.045	0.104	0.117
样本量N（份）	132	257	389

注：回归系数均为标准化值，括号内为显著性P值。#表示P<0.1；*表示P<0.05；**表示P<0.01；***表示P<0.001。

学业成绩回归系数为 0.120（P<0.05），在校人际表现回归系数为 0.084（P<0.1），说明若以月收入来衡量创业者收入，那么假设 H1a、H1b 和 H1c 均获得支持。从分组样本看，中生代创业者样本组的三个自变量与月收入的正相关关系均不显著，新生代创业者样本组的受教育程度（0.145，P<0.05）和在校学业成绩（0.138，P<0.05）与月收入呈正相关关系并且统计显著。

表 5-3 和表 5-4 的回归结果还意味着，先前接受学校教育时的表现尽管与创业者的收入存在显著的正相关关系，但随着时间的推移，这种影响关系可能逐渐衰减。与年龄较大的中生代创业者相比，新生代创业者的在校学业成绩对收入的影响较大并且更显著。

值得注意的是，创业者每天平均工作时间在两组样本中有不同表现。中生代创业者每天工作时间与其银行存款呈显著负相关，而新生代创业者每天工作时间则与其月收入之间呈显著正相关。这意味着，创业经验较少的新生代创业者需要增加工作时间来获得收入的增加，而中生代创业者则更需要关注更多关乎大局的事务，而不再通过把时间都花在细节问题上来提高收入。

（二）创业者受教育程度、在校人际表现等对创业自我评价的回归分析

表 5-5 显示了创业者受教育程度、在校人际表现等对创业自我评价的回归结果。无论是总样本还是以创业者出生年代划分的分组样本，三个自变量与创业自我评价的关系都不明显。不仅三者的回归系数在统计上不显著，而且回归系数的符号也与预期的方向不一致。这说明第二组假设 H2a、H2b 和 H2c 均未得到数据支持。

回归结果意味着创业者的在校学业成绩可能并不是其创业自我评价的良好预测变量。因为在校期间取得较好学业成绩的人，可能拥有更为宽泛的职业选择，往往更容易就业，在选择创业后的期望值也比较高。由于创业自我评价是在创业者对创业成果和创业期望对比基础上产生的主观方面的评价，因而教育经历可能对创业者的自我评价带来正反两面的影响。

需要说明的是，上述回归结果仍具有实际意义。因为表 5-5 还显示，创业者的社交广度、当前工作经验、创业环境与创业自我评价呈显著正相关。一般来说，创业自我评价将影响创业者后续的一系列决策，如企业迁址、终止创业等。

表 5-5　创业者受教育程度、在校人际表现等对创业自我评价的回归结果

	中生代样本	新生代样本	总样本
受教育程度	0.037（0.680）	-0.016（0.822）	0.012（0.837）
在校学业成绩	-0.024（0.797）	0.002（0.978）	0.006（0.908）
在校人际表现	-0.037（0.680）	-0.057（0.382）	-0.061（0.241）
社交广度	0.145（0.103）	0.225***（0.000）	0.212***（0.000）
当前工作经验	0.163#（0.054）	0.061（0.346）	0.102#（0.056）
创业次数	0.175*（0.042）	-0.032（0.614）	0.051（0.319）
管理经验	-0.145#（0.093）	0.030（0.648）	-0.042（0.416）
每天工作时间	-0.114（0.176）	0.077（0.226）	0.011（0.832）
创业环境	0.258**（0.003）	0.135*（0.034）	0.183***（0.000）
F-value	3.834***	2.772**	4.996***
R^2	0.220	0.092	0.106
Adjusted R^2	0.163	0.059	0.085
样本量 N（份）	132	257	389

注：回归系数均为标准化值，括号内为显著性 P 值。#表示 P<0.1；*表示 P<0.05；**表示 P<0.01；***表示 P<0.001。

（三）创业者受教育程度、在校人际表现对创业机会质量的回归分析

表 5-6 显示了创业者受教育程度、在校人际表现等对创业机会质量的回归结果。从全部创业者样本看，三个自变量与创业机会质量均存在正相关关系，但在校人际表现与创业机会质量的关系统计上不显著（P=0.110）。其中受教育程度回归系数为 0.150（P<0.01），在校学业成绩回归系数为 0.097（P<0.1）。结果说明假设 H3a 和 H3b 获得数据支持，而 H3c 未得到支持。这意味着创业者受教育的年限越多以及在校学业成绩越好，其识别的创业机会质量也越高。从分组样本看，中生代创业者样本组的三个自变量与创业机会质量存在正相关关系，但统计上均不显著；新生代创业者样本组除了受教育程度（0.161，P<0.05）与创业机会质量的正相关关系显著之外，其余两个变量与创业机会质量的正相关关系均不显著。

从控制变量看，创业者的社交广度、当前工作经验、管理经验与创业机会质量有显著的正相关关系，尤其是当前工作经验，在总样本和两个分组样本中的回归系数都非常显著。

表5-6 创业者受教育程度、在校人际表现等对创业机会质量的回归结果

	中生代样本	新生代样本	总样本
受教育程度	0.133 (0.151)	0.161* (0.020)	0.150** (0.007)
在校学业成绩	0.113 (0.245)	0.097 (0.149)	0.097# (0.069)
在校人际表现	0.053 (0.561)	0.097 (0.128)	0.081 (0.110)
社交广度	0.078 (0.389)	0.135* (0.032)	0.115* (0.021)
当前工作经验	0.369*** (0.000)	0.277*** (0.000)	0.360*** (0.000)
创业次数	0.034 (0.692)	-0.015 (0.805)	0.015 (0.760)
管理经验	0.125 (0.155)	0.106 (0.102)	0.107* (0.034)
每天工作时间	-0.098 (0.255)	0.069 (0.270)	0.012 (0.808)
创业环境	0.001 (0.994)	0.015 (0.812)	0.010 (0.844)
F-value	3.172**	3.894***	7.765***
R^2	0.190	0.124	0.156
Adjusterd R^2	0.130	0.092	0.136
样本量N（份）	132	257	389

注：回归系数均为标准化值，括号内为显著性P值。#表示$P<0.1$；*表示$P<0.05$；**表示$P<0.01$；***表示$P<0.001$。

四 结论

首先，创业者的受教育程度、在校学业成绩和在校人际表现都对创业者的月收入有显著的积极影响，创业者的受教育程度和在校学业成绩对创业机会质量也有显著的正向关系。结合有关教育经历与受雇者工资收入正相关的研究结论，这个结果表明，系统地接受学校教育并认真掌握相关的知识和技能，拓展人际关系，无论是求职还是创业，对于个体而言都是非常重要的。

其次，受教育程度在校学业成绩和在校人际表现对创业过程和结果的影响在不同出生年代的创业者之间存在显著差异，该影响在年轻组别比较显著。在统计分析时，本书按出生年代把样本分为以"70后"为主的中生代创业者组和以80后为主的新生代创业者组，发现受教育程度等的作用在两个组别存在显著差异，新生代创业者样本组的受教育程度等回归系数普遍大于中生代创业者组，并且在统计上显著。这个结果显示创业者在校的受教育程度等对创业的影响作用可能存在逐渐减弱的趋势，

也表明创业者若要持续取得良好的绩效，需要在离开学校之后不断加强学习，不可故步自封。

此外，与很多相关文献一致，本书也支持创业者的社会网络和工作经验是影响创业过程和创业结果的主要因素。数据分析结果表明，除了月收入因变量之外，创业者的社交广度与其余的因变量都存在显著的正相关关系；创业者当前工作经验对创业绩效的影响也非常重要。从事一种工作的时间越长，建立的社会网络越宽，创业者便越可能了解该行业的关键信息，越能够获得该行业所需的资源和能力，有利于其识别创业机会，提高企业和自身的收入。从事过管理方面的工作经验也有利于提高创业者的月收入和创业机会质量。这表明先受雇以积累工作经验和管理经验，之后再投身创业，亦不失为一条明智的创业道路。

第四节　浙江省民营企业新生代"创二代"素质能力调查分析

改革开放以来，随着中国市场经济的不断发展和完善，中国的民营经济开始全面发展，由此催生了中国民营企业的兴起与成长。在传统"家"文化的影响下，中国的民营企业九成以上采用家族治理模式，企业的创始人非常重视家业的传承与永续。特别是进入 21 世纪以后，企业的创始人大多已经迈入了花甲之年，对于家族事业接班人的甄选和培养也成为当前中国民营企业要实现长远发展所必须解决的首要问题。

一　民营企业新生代"创二代""传承—创新"素质能力的影响变量构建

当前，我国许多民营企业已进入"掌舵人"代际传承、新老更替的重要阶段，在确定了企业接班人之后，接下来的难题就是确定应该向接班人传什么，怎么传，怎么接的问题。储小平教授曾对家族企业传承要素进行深入分析，认为在企业传承中，只有股份和权杖的传承是实在的，是可以通过法律或者企业内部的行政命令来实现。企业家精神和能力、企业家权威、企业家人脉资本、经营管理经验、知识和技巧等要素的传承则会因为继任者受到各种因素的影响而降低传承的质量。中国老一代民营企业家普遍有敢冒险、吃苦耐劳和对市场时机把握准等特点，为民营经济原始资本的积累创造了良好的条件和动力。然而企业的创新发展关键在于企业家素质的提升，老一代民营企业家具备的企业家精神和各项能力正是传承难度最大的。要想使企业的接班人成长为新一代民营企业家，就必须对接班人现在的基本素质和能力进行全面的了解，从而有针对性地设计传承计划，采取各种措施，开展多种形式的培训，促进新生代民营企业经营者加强学习、开阔视野、提高能力，并在实践中磨炼和积累才干。

（一）新生代"创二代""传承—创新"素质能力的界定

新生代"创二代""传承—创新"素质能力即指民营企业指定的继任者（多为企业主的子女或直系亲属）在企业传承过程中需要具备的基本素质和能力，以及在正式接手企业后，作为企业高层管理者所必须具备的企业家素质。这就必须对企业两代领导者更替的过程进行全面考虑，考虑传承的阶段性。企业继任者的素质能力提升，涵盖了传承发生前，企业家对继任者培养的计划和实施；传承中，新老企业家的行为方式、管理理念、价值观等方面的磨合与对立；传承后，继任者真正接手企业后在整合企业资源，找准市场方向，实现企业可持续创新发展的过程中，对自我能力的正确认识、培养与锻炼。由此本书初步提出民营企业新生代"创二代"人才能力素质模型研究的理论框架假设，将新生代"创二代"成长路径分为四个阶段：继任者的培养阶段、企业交接阶段、继任者初步掌权阶段以及继任者再创业阶段。

（二）新生代"创二代""传承—创新"素质能力测定设计

对于新生代"创二代""传承—创新"素质能力的现状进行调查的主要目的是帮助企业顺利实现传承。因此，根据对已有学者的大量相关研究成果的梳理，本书从两大方面对新生代"创二代"的素质能力进行测定。一方面是从主观认知角度了解新生代"创二代"在接手企业时的意愿以及在接手企业后的成效认知。另一方面则通过对民营企业家的工作现状进行调研，从而判断民营企业家的基本素质能力。所以问卷的问题分为两大类，一部分问题用来考查企业传承效度，包括对企业传承者在管理技能、企业内部关系、企业外部关系资源能力、行业专业知识等方面的传承。一部分问题用以考查企业继承者的管理创新效度，包括了新生代"创二代"的职业理想与进取心、知识与技能水平、工作努力程度与坚持精神、学习能力、经营管理能力、工作态度和工作作风、胆识、身体和心理基本素质等。为了方便调查对象的填写，问卷被分为四部分，具体划分如下：

第一部分，全面了解调查对象及其企业的基本情况。具体包括：继任者的年龄、性别、文化程度、学科背景、职称；所在企业的规模、所属行业、公司发展阶段等。主要考虑企业家的个体特征和差异对继任结果的影响。

第二部分，明确新生代"创二代"接手企业的意愿和动机、接手前的学习工作经历、传承过程中的学习培训经历等。这部分问题重点考察新生代"创二代"在接手企业时是否接受过较为系统的培训，企业是否有较为完整的传承计划，为后续研究企业传承计划对于新生代"创二代"的成长和素质能力提升有没有必然的联系提供参考依据。

第三部分，设定李克特5维量表，从不同角度考查新生代"创二代"在接手企业后对自己在传承中的角色、工作与自身发展规划的吻合度、相关群体对自己工作的认同度、当前工作开展的成效等方面的主观认知水平，从而判定新生代"创二代"对企业传承工作的满意度，重点考察企业传承效度。根据对企业传承影响因素的众多研究成果的分析，此部分共设计题目17项，每一项陈述按照1=完全不同意、2=比较不同意、3=很难说、4=比较同意、5=完全同意来赋值，主要对以下三方面内容进行考核：

- 新生代"创二代"对企业传承计划的认同度；
- 从企业员工、企业内家族成员、企业外部关系成员、上一代企业家四个角度测定企业内外相关群体对传承人工作的认同度；
- 新生代"创二代"对企业现有业务的熟悉及掌控能力的程度。

第四部分，对于新生代"创二代"当前的工作现状进行调查。本书参考了Chrisman等人（1998）对485位家族企业经理人提及的优秀继承人的特征中的30项关键特征的研究结论，在这部分问卷的题目的设计中将凸显出对新生代"创二代"在学习能力、经营管理能力、思想素质、身体素质、心理素质、道德素质、创新等方面的现状的调查。

二 浙江省民营企业新生代"创二代"素质能力现状

（一）浙江民营企业发展现状

改革开放以来，浙江省经济发展迅速，主要经济指标在全国保持领先地位，并成为全国经济增长速度最快和最具活力的省份之一。截至2011年6月底，浙江省民营企业总数已达到60.47万户，同比增长

11.76%，首次突破60万大关；注册资本总数达148.35亿元，同比增长25.73%。浙江民营企业已经成为浙江市场化改革的重要推动者，更是浙江经济的重要组成部分。浙江省各地区经济发展水平差距较大。据统计，在浙江省内11个城市当中，经济实力最强的城市为杭州和宁波，它们经济总量位居全省的第1位和第2位。温州、台州、绍兴、金华、嘉兴5市同属第二梯队，即浙江省经济实力较强型城市。浙江省经济实力一般型城市包括衢州、丽水、湖州和舟山。

（二）样本选择及调查过程

1. 研究样本选择

由于本书研究的浙江民营企业新生代"创二代"主要指的是浙江籍民营企业新一代接班人。因此在样本选择时，遵循以下两条标准：

（1）样本对象必须满足之前对民营企业新生代"创二代"的界定标准。将数据调查的范围就划定在浙江省内区域，调查对象主要是民营企业的第二代乃至第三代继承者。问卷中设计了三个问题对上述界定标准进行确定。

（2）样本成员应该是处于传承过程中或即将步入传承阶段的企业传承者。问卷中以传承者的年龄以及在企业中参与过的工作作为判断依据。

2. 调查过程的设计实施

对于企业传承者素质能力的测定，采用了以问卷调查为主，一对一深入访谈为辅的数据收集方式。

（1）问卷调查。主要通过向企业家子女以及新生代"创二代"发放调查问卷，以及和他们进行面对面的沟通交谈来收集数据。由于被调查者的身份特殊，课题组广泛借助了行业商会、工商联等多方力量进行样本的搜寻，以保证问卷回收的质量。综合浙江经济发展现状，本书主要选取了较能代表浙江民营经济发展的温州和台州地区为调查的主要区域，同时也考虑到样本的多样性，选取了少量的杭州、宁波以及丽水地区的新生代"创二代"作为调查对象。

具体来看，此次调查问卷主要通过三种途径进行发放和回收：一是和温州市新生代企业家协会进行合作，在其年会现场进行发放。二是在"第三期世界温州人新生代国情研修班"的学习现场进行发放。每份问卷的填写都是在课题组的详细解释和说明下进行。三是通过借助相应地区的工商联（慈溪工商联等），由他们牵线搭桥进行调查问卷的发放和回收。调查工作集中在2012年2月至2012年9月完成。课题组在浙江省内发放了200份问卷,回收问卷96份,其中有效问卷83份。问卷回收有效率达到41.5%。

(2) 面对面访谈。课题组早在2011年6月就开始与温州工商业联合会以及温州市新生代企业家协会积极沟通,成功与协会中的数名新生代"创二代"进行了面对面的访谈。

(三) 样本统计特征描述

本书利用SPSS18.0统计软件对有效调查问卷进行了数据分析,所用到的统计方法主要有单变量描述性统计、双变量交互分类统计和因子分析。

1. 被调查者人口特征统计

在被调查的83位新生代"创二代"中,男性为59位,女性为24位,分别占总量的71.1%和28.9%。考虑到"重男轻女"和"传男不传女"等中国传统观念依然对中国民营企业选择接班人有一定的影响,总体看来调查对象的性别比例还是较为合理的。同时经过调查发现,浙江民营企业中的企业家子女中独生子女的比例相对较小,占样本的21.7%。有71.5%的被调查对象有2—3名兄弟姐妹。在此基础上对于新生代"创二代"的家庭排行发现,除去独生子女,有36位新生代"创二代"排行老大,这也体现了中国传统的宗法制对于家族企业的传承人选择仍有较大的影响。

本次调查中,被调查的新生代"创二代"的年龄被划分为五段,分别为: 20岁以下、20—25岁、26—30岁、31—35岁、36岁及以上。从被调查的83位企业家子女的整体情况看,绝大多数新生代"创二代"的年龄在20—30岁之间。其中,处于20岁以下的有3人,占总量的3.6%;20—25岁的为32人,占总量的38.6%;26—30岁的为41人,占总量的49.4%;31—35岁年龄段的有4人,占总量的4.8%;还有3人年龄超过36岁。

学历方面,被调查的83位新生代"创二代"最低学历为高中,绝大多数拥有大学文凭。而且经过了解,不少人都有过海外留学的经历。其中大学本科学历的有56人,占总量的67.5%;硕士研究生学历的有9人,占总量的10.8%。新生代"创二代"普遍都接受过高等教育,他们的知识水平和受教育程度相较于其父辈已经有了很大的提升。

表5-7　　　　　　　　被调查者的人口特征分布情况

新生代"创二代"性别	人数（人）	百分比（%）	新生代"创二代"是否为独生子女	人数（人）	百分比（%）
男	59	71.1	是	18	21.7
女	24	28.9	不是	65	78.3
新生代"创二代"年龄分布	人数（人）	百分比（%）	新生代"创二代"家庭出生排行	人数（人）	百分比%
20岁以下	3	3.6	老大（包含独生子女）	54	65.1
20—25岁	32	38.6	老二	13	15.7
26—30岁	41	49.4	老三	8	9.6
31—35岁	4	4.8	老四	5	6.0
36岁及以上	3	3.6	老五及以后	3	3.6
新生代"创二代"学历水平	人数（人）	百分比（%）	新生代"创二代"所学专业	人数（人）	百分比（%）
初中以下	0	0	管理学	34	41.0
高中及大专	18	21.7	经济学	20	24.2
大学本科	56	67.5	工学	14	16.8
硕士研究生	9	10.8	医学	1	1.2
博士研究生	0	0	其他	14	16.8

注：因四舍五入，合计数可能不等于100%。

2. 被调查者所在企业基本特征描述

本次调查的新生代"创二代"的企业分布在浙江省的温州、宁波慈溪、杭州、台州、丽水等五地。样本企业的具体特征如表5-8所示。

由于课题组成员与温州市新生代企业家协会有着长期的工作联系，因此样本企业主要分布在温州，占总量的59.1%。从行业分布来看，此次调查的企业所涉及的行业有11个之多，主要集中在第二和第三产业，其中以制造业、加工业、零售贸易业等为企业主要业务的，分别占到样本总量的54.2%、22.9%、15.7%。像IT、金融等一些新兴的服务产业，很多企业还未进入。此外，还有一小部分企业走的是多元化发展路线，业务内容涉及了几个不同的领域。

从企业的创办时间来看，除了有一家企业是在1976年创办之外，其余82家企业都创建于改革开放后。有25家企业创立于1981—1990年，34家企业创立于1991—2000年，分别占样本总量的30.1%和41%。调查企业中最迟创立的时间为 2011 年，还有 21 家企业创立于 2001—2010 年。这部分新创立的企业很大一部分为第一代企业家为磨炼传承人所创立的子公司，同时也有个别企业为新生代企业自主创业而成立的公司。

表 5-8　　　　　　　　　被调查者所在企业的基本特征

企业所在地	数量（家）	百分比（%）	企业创办时间	数量（家）	百分比（%）
杭州	2	2.4	1980 年及以前	2	2.4
宁波	10	12	1981—1990 年	25	30.1
温州	49	59.1	1991—2000 年	34	41
台州	17	20.5	2001—2010 年	21	25.3
丽水	2	2.4	2011 年及以后	1	1.2
浙江省外	3	3.6			
企业所属行业	数量（家）	百分比（%）	企业职工人数（人）	数量（家）	百分比（%）
IT	2	2.4	50 人及以下	20	24.1
制造业	45	54.2	51—100 人	13	15.7
房地产	4	4.8	101—500 人	27	32.5
金融	3	3.6	501—1000 人	12	14.5
广告传媒	2	2.4	1001—5000 人	11	13.3
零售贸易	13	15.7	5001 人及以上	0	0
能源	3	3.6			
酒店旅游	3	3.6			
加工业	19	22.9			
咨询中介	1	1.2			
医药保健	2	2.4			

注：因四舍五入，合计数可能不等于 100%。

从调查结果来看，50 人及以下的企业占到样本总量的 24.1%；有 13 家企业员工数在 51—100 人；企业员工数在 101—500 人的企业有 27 家，占总量的 32.5%；还有 12 家企业员工数达到了 501—1000 人；而员工达到 1001—5000 人的企业有 11 家，占总量的 13.3%。

（四）样本新生代"创二代"传承交班经历特征

为了更好地了解企业的传承计划对企业传承人综合能力的培养是否有一定的帮助，调查主要关注两个方面的问题：继任者的传承意愿及接手原因、继任者的实践经历。

（1）继任者的传承意愿及接手原因

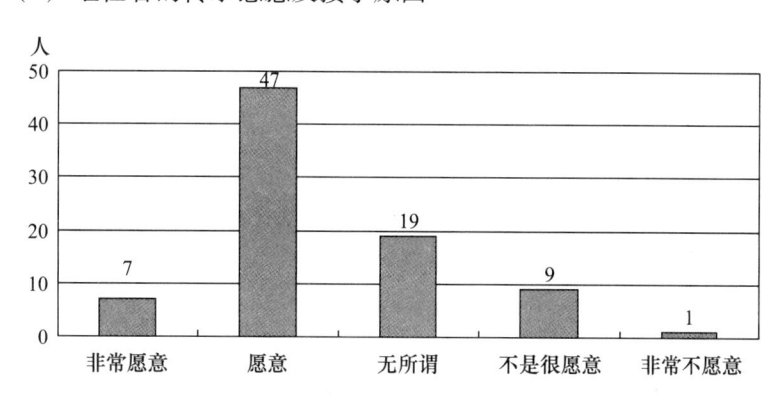

图 5-1 企业继任者传承意愿

本次调查结果显示，54 名被调查者明确表示了自己愿意（包括非常愿意和愿意）接手父辈的事业，并且其中有 7 位表示非常愿意，占样本总量的 8.4%。表示不是很愿意接手企业的有 9 人，占总体的 10.8%。此外，只有一个人表示非常不愿意接手企业（见图 5-1）。

表 5-9　　　　　新生代"创二代"接手企业的原因

新生代"创二代"接手企业的原因	票数	百分比（%）
实现父辈及家族的期望	54	65.1
保护并增值企业的资产	34	41.0
与我的人生发展规划吻合	30	36.1
认可企业的发展前景及行业发展	24	28.9
追求财富	18	21.7
进入家族企业工作有挑战性	12	14.5
父辈领导人因各种原因无法继续管理企业	8	9.6
其他社会工作太辛苦	6	7.2

注：此选项为多项选择。

在对继任者愿意接手企业的原因统计后发现（见表 5-9），得票最多的选项是因为他们要实现父辈及家族的期望，有 54 票。得票依次减少的是"保护并增值企业的资产"34 票、"与我的人生发展规划吻合"30 票、"认可企业的发展前景及行业发展"24 票、"追求财富"18 票、"进入家族企业工作有挑战性"12票、"父辈领导人因各种原因无法继续管理企业"8票、"其他社会工作太辛苦"6票。由此可见,新生代"创二代"中相当一部分人进入企业的主要原因是家族的责任感使然。

(2) 继任者的实践经历

继任者的实践经历与企业是否设定了合理的继任者培训计划有着密切联系,同时也将直接影响继任者的综合能力和素质水平。有49位被调查者表示在其正式接班前受过系统的接班人训练,占样本总量的59%;31位被调查者表示没有接受过系统的接班人训练。而在他们接受过的培训中,出现最多的是"在企业轮岗学习",有21人次参加过这样的学习;其次是"去专业的培训机构接受经营管理类课程培训"和"企业领导者的一对一指导",分别有15人次和14人次;而参加过"作为企业领导者的助理随时学习企业管理知识和积累经验"以及"企业所在行业的相关技术训练"则只有10人次。在正式进入家族企业之前,有31人次表示去过其他企业历练,有24人次选择了去海外留学,有20人次选择了从小一直在公司帮忙,16人次表示自己曾在结束学校学习后专修企业经营管理课程,只有14人次选择了自主创业。尽管是多选题,但是各选项的备选总量还不到83人次。由此可见,新生代"创二代"在企业传承前后所参与的各种形式的培训数量相对较少。

(五) 样本新生代"创二代"接手企业后的成效认知水平

企业继任者对接手企业有着非常高的认同感,"我认为有责任实现家族企业的持续发展"和"我认为在家族企业中的工作能实现个人的发展目标"这两道题的得分均值都是4.34。与此同时企业继任者对企业传承计划也持较为肯定的态度,尽管他们对父辈给予他们的培养并不是非常认同,但仍然认定企业构建接班人培养计划是非常有必要的,这道题的得分均值为4.18。而对于企业内外部相关群体对自己工作的认同度的得分则存在着细微的不同,其中被调查者认为企业的员工对其工作的认同最高,得分为3.69分;得分其次的为企业内的家族成员和企业外部关系成员,得分分别为3.65分和3.63分;而在这部分中得分相对最低的是企业的前任领导人对继任者的认同度,得分为3.49分。在第三部分,新生代"创二代"对企业现有任务的熟悉及掌控程度中的八道题目中,没有一道题目得分超过4分。其中,最高分为3.77分,是"我现在对驾驭企业很有信心"这项的得分,而得分最低的一项是"我已经成功地构建核心管理团队",得分仅为 3.25 分。(见表 5-10)由此可见,新生代"创二代"在企业经营管理过程中仍有很多问题需要面对。

表 5-10　　新生代"创二代"接手企业后的成效自我认知

量表问题类别	量表具体测定指标	均值	标准差
继任者对企业传承计划的认同度	我认为有责任实现家族企业的持续发展	4.34	0.977
	我认为在家族企业中的工作能实现个人的发展目标	4.34	0.845
	我认为构建企业接班人培养计划是非常有必要的	4.18	0.977
	上一辈在交班给我之前对我的培养是有计划的	3.88	0.861
	上一辈在交班给我之前对我的培养是非常有效的	3.75	0.881
企业内外相关群体对个人工作的认同度	企业的前任领导人	3.49	0.902
	企业内的家族成员	3.65	0.847
	企业的员工	3.69	0.764
	企业外部关系成员	3.63	0.851
对企业现有业务的熟悉及掌控程度	我已经非常了解企业现有的业务	3.71	0.789
	我已经非常清楚企业今后的发展战略	3.57	0.752
	我已经在接手后对企业的业务发展制定了明确的计划	3.53	0.721
	我已经成功地构建核心管理团队	3.25	0.752
	公司的股权结构已经进行合理的安排	3.51	0.861
	我已经很好地认可企业文化并进行了适当的调整	3.59	0.797
	我已经开始带领企业向新的业务领域迈进	3.29	1.054
	我现在对驾驭企业很有信心	3.77	0.687

(六) 样本新生代"创二代"工作现状

(1) 工作强度分析

课题组通过两个方面对传承人目前工作强度进行衡量。一是考查其工作时间,二是考查其加班频率。

39 名被调查对象选择每天工作时间 8—10 小时,占样本总量的 47.0%;28 名被调查对象每天工作在 4—8 小时之间;每天工作时间在 10—12 小时之间的有 7 人,在 12 小时以上的有 2 人。有 7 名调查者选择自己每天的工作时间为 4 个小时以内,占样本总数的 8.4%。这些被调查的新生代"创二代"的加班频率的调查结果显示,有 15.7% 的调查对象几乎

表 5-11　　　　　　新生代"创二代"工作强度　　　　　单位：人,%

每天工作时间	频率	百分比	加班频率	频率	百分比
4 小时不到	7	8.4	几乎天天加班	13	15.7
4—8 小时	28	33.7	每周 2—3 次	29	34.9
8—10 小时	39	47.0	每月 2—3 次	17	20.5
10—12 小时	7	8.4	很少加班	20	24.1
12 小时以上	2	2.4	从不加班	4	4.8

注：因四舍五入，合计数可能不等于100%。

天天加班；34.9%的被调查者认为自己每周会加班2—3次；而选择很少加班和从未加班的新生代"创二代"有24人，占到样本总量的28.9%。（见表5-11）这正好与他们的每天工作时间长度基本上能够对应起来。

（2）工作重难点分析

通过对新生代"创二代"的调查发现，在当前经济环境较为恶劣的情况下，有18名被调查者认为企业面临着包括人才、资金、土地等在内的多项挑战，57名被调查者认为企业面临以上挑战中的某一项，仅有8名被调查者不认为企业面临这样的挑战。而在面对挑战时，有21.7%的调查对象认为自己不能很好地找到解决办法，63%的调查对象认为自己能找到解决办法，但只有2.4%的调查对象认为自己能很好地找到解决问题的方法。问卷中通过"工作中常遇问题"以及"投入精力最多的工作项目"两个指标来考查新生代"创二代"在当前工作中的主要工作重心以及挑战在哪些方面。

表 5-12　　对新生代"创二代"开展管理经营工作的挑战（多选）

单位：人,%

企业经营管理中经常会遇到的困扰你的问题	第一选项频率	百分比	第二选项频率	百分比	第三选项频率	百分比
企业战略方向的把握	27	32.5	13	15.7	11	13.3
产品技术革新	16	19.3	14	16.9	9	10.8
市场发展趋势的预测	16	19.3	18	21.7	19	22.9
营销手段的运用	10	12.0	9	10.8	15	18.1
人力资源管理	10	12.0	14	16.9	15	18.1
财务管理	6	7.2	1	1.2	13	15.7
人际关系的维系	5	6.0	11	13.3	7	8.4

调查结果发现,新生代"创二代"认为工作中最大的挑战在于"企业战略方向的把握",其次是"市场发展趋势的预测"和"产品技术革新",这也就体现了企业家在管理创新能力方面的不足。相反对于一些企业常规性管理,例如"财务管理"、"人际关系的维系"等方面,通常不会对新生代"创二代"的管理工作造成太大的影响(见表 5-12)。

表 5-13　　　　新生代"创二代"工作重心(多选)　　　单位:人,%

企业经营管理中投入精力最多的工作项目	第一选项频率	百分比	第二选项频率	百分比	第三选项频率	百分比
寻找新的发展机会,制定企业战略	33	39.8	10	12.0	19	22.9
企业内部管理工作	19	22.9	18	21.7	14	16.9
市场开拓与销售	12	14.5	24	28.9	15	18.1
企业文化构建	7	8.4	5	6.0	4	4.8
基建项目或者技改项目	7	8.4	5	6.0	4	4.8
协调与政府部门的关系	5	6.0	3	3.6	9	10.8
人才的网络与培养	5	6.0	6	7.2	7	8.4
协调与其他公众的关系	1	1.2	4	4.8	5	6.0
与合作伙伴的沟通	2	2.4	7	8.4	6	7.2

在对新生代"创二代"工作重心的调查中发现,他们在日常工作中的工作精力和重心也集中在"寻找新的发展机会,制定企业战略""企业内部管理工作""市场开拓与销售"这三个方面(见表 5-13)。这也就与他们日常工作中经常困扰他们的问题对应起来。

(3)学习态度及途径

企业家的素质能力是可以通过后天学习来改善的。能力的提升就是通过学习不断加强的过程。调查显示有 37.3% 的调查对象已经制订了专门的学习计划,48.2% 的调查对象会依据情况,偶尔制订学习计划。此外,还有 14.5% 的调查对象表示在日常工作中从未制订过专门的学习计划。在对新生代"创二代"知识获取渠道的调查中发现,"向父辈请教"这一方式得到了 64 票,然后依次是"看书学习""参与专业培训课程"和"与朋友沟通求助"得票依次为 54 票、50 票和 45 票,而"邀请专

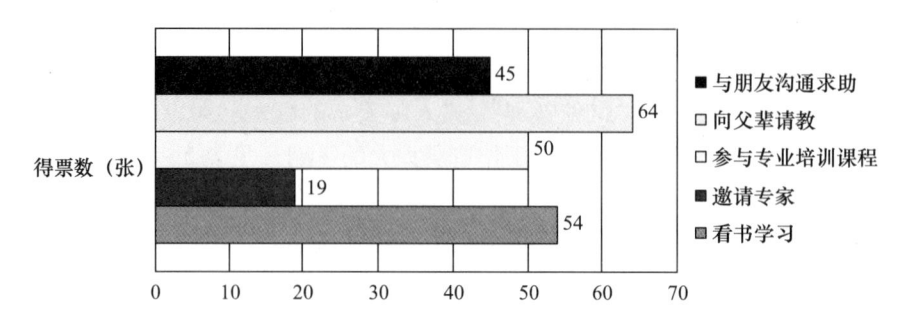

家"这一项得票最低，只有 19 票。（见图 5-2）

图 5-2 企业继任者获取知识的途径（多选）

在对新生代"创二代"的阅读习惯进行调查时发现，有 54 名被调查对象表示自己有阅读习惯，占总量的 65.1%。深入了解他们平时的阅读材料时发现，大部分人喜欢阅读的读物依次为报纸期刊、管理类书籍、专业技术类书籍，而对小说、散文这类文学作品兴趣度不高。

（4）道德意识及社会责任感

强烈的社会责任感、事业心和高度的敬业精神是一个企业家最基本的素质。调查中新生代"创二代"表示，在企业的经营中感觉困难和压力很大时的工作动力是"实现自我价值"，有 62 人选择。而"为社会做贡献"和"为员工利益"作为自己工作动力的，仅有 12 人和 26 人。

此外，在对传承者进行"企业家应具备的道德素质调查"中发现，大多数调查对象对于"诚实守信"这一点非常认同，有 50 人把这一项作为首要素质，8 人将此选项作为第二选择，5 人作为第三选择，在众多选项中这一项共计被选择 63 次。其次他们认同的两个素质为"遵纪守法"和"勇于创新"，而他们最不看重的道德素质则是"勤俭节约"和"乐于奉献"。（见表 5-14）

表 5-14 新生代"创二代"对企业家应具备的道德素质的认知（多选）

单位：人，%

您认为企业家应具备的道德素质	第一选项频率	百分比	第二选项频率	百分比	第三选项频率	百分比
诚实守信	50	60.2	8	9.6	5	6.0
爱岗敬业	4	4.8	5	6.0	7	8.4

续表

您认为企业家应具备的道德素质	第一选项频率	百分比	第二选项频率	百分比	第三选项频率	百分比
遵纪守法	12	14.5	24	28.9	8	9.6
实现自我价值	5	6.0	7	8.4	5	6.0
勇于创新	4	4.8	12	14.5	10	12.0
爱护职工	1	1.2	5	6.0	7	8.4
乐于奉献	2	2.4	1	1.2	2	2.4
追求最大利润	4	4.8	2	2.4	4	4.8
吃苦耐劳	1	1.2	7	8.4	24	30.1
勤俭节约	—	—	1	1.2	2	2.4
全力维护企业利益	3	3.6	5	6.0	4	4.8
善行天下回报社会	4	4.8	3	3.6	4	4.8

在进一步调查中发现，有13位被调查者从未参加过慈善活动，偶尔参加的有60位，而定期参加的只有10人。深入调查其参加慈善活动的主要原因后得出，38.6%的人选择了"履行社会责任"，32.9%的人选择了"树立本企业及个人良好社会形象"，只有28.5%的人参加慈善活动的主要原因是发扬爱心。

（5）创新意识及风险偏好

创新能力是企业家必须具备的素质之一。课题组对新生代"创二代"进行调查发现，他们对在企业经营管理中进行创新尝试的程度和表现有很大的不同。调查显示，企业打算进入或已经进入的高新技术领域主要集中在"新能源""新生产工艺""信息产业""环保新技术"和"新材料"。而被调查者所在的企业中建立了技术研究开发中心的有39家企业，建立了培训中心的有29家企业，建立了信息中心（部门）的有22家企业，其中有些企业建立了以上三个职能部门中的两个及两个以上。但是仍然有18家企业以上三个部门都没有建立。

企业家的创新能力除了体现在对新环境、新事物、新挑战敏锐感知并勇于尝试变革，同时还体现在承担变革带来的风险上。在对被调查者的风险偏好进行调查后发现，绝大多数人的风险偏好是比较类似的，集中在收益风险都不是特别高的项目，具体分布如表5-15所示。

表 5-15　　　　新生代"创二代"投资项目选择偏好　　　　单位：人，%

投资项目	成功率	成功后年收益率	失败后损失率	频率	百分比
（1）	100	4	0	1	1.2
（2）	90	7	-5	4	4.8
（3）	80	15	-10	41	49.4
（4）	60	50	-30	31	37.3
（5）	40	100	-50	5	6.0
（6）	10	300	-100	1	1.2

注：因四舍五入，合计数可能不等于100%。

而对企业创新的四个方面满意度调查时（很满意——5分，比较满意——4分，一般——3分，较不满意——2分，很不满意——1分），发现得分由高到低分别为"观念创新"平均得分3.59，"技术创新"得分3.54，"管理创新"得分3.47以及得分为3.44的"制度创新"。进一步就"技术创新"和"制度创新"的制约因素调查发现，制约企业实施"制度创新"的主要因素是：缺乏创新人才、缺乏鼓励创新的社会环境以及创新资金引进渠道的不畅。而对企业实施"制度创新"的三个主要制约因素则分别为：企业缺乏创新动力、法律法规没有配套和社会保障制度不健全。

（6）身体及心理现状

健康良好的身体和旺盛的精力是企业家完成纷繁复杂的任务的基础。接受调查的新生代"创二代"对于考查其身体和心理压力状况的十道题目的得分均不高（完全同意——1分，比较同意——2分，很难说——3分，比较不同意——4分，完全不同意——5分）。工作压力大、劳动强度高、熬夜、抽烟、慢性病等都严重影响了新生代"创二代"的身心健康（见表5-16）。

（七）样本新生代"创二代"自我素质能力水平判断

问卷最后还提出了两道问题，即让新生代"创二代"在众多企业家应该具备的能力和素质中选择出三项自认为最强的能力素质以及三项自认为最弱的能力素质。问卷基于之前众多国内外学者对民营企业家素质能力的研究成果最终确定了十二项素质能力，包括乐观积极的生活态度、学习能力、组织协调与沟通能力、经营决策能力、表达能力、市场营销能力、战略管理能力、健康的体魄、创新能力、应变与危机处理能力、公关协调能力、人力资源管理能力等。具体调查结果分布如图5-3所示：

表 5–16　　新生代"创二代"身体及心理现状

序号	项目	均值	均值标准差
1	觉得手头上工作太多，时间不够用	3.28	0.124
2	觉得没有时间娱乐，终日记挂着工作	2.98	0.119
3	遇到挫折时很难控制自己的脾气	3.01	0.123
4	很在意别人对自己的看法，担心别人对自己的工作表现的评价	3.02	0.119
5	对企业的经营状况十分担心	3.01	0.106
6	当空闲时轻松一下也会觉得内疚	2.65	0.122
7	上床时觉得思潮起伏，很多事情未做，难以入睡	2.90	0.137
8	每日很难按时起居，睡眠通常不足 6 小时	2.81	0.134
9	需要借助香烟、酒或者药物等方式安抚不安情绪	2.29	0.141
10	有长期头痛，背痛或者胃痛的毛病，并开始接受治疗	2.40	0.135

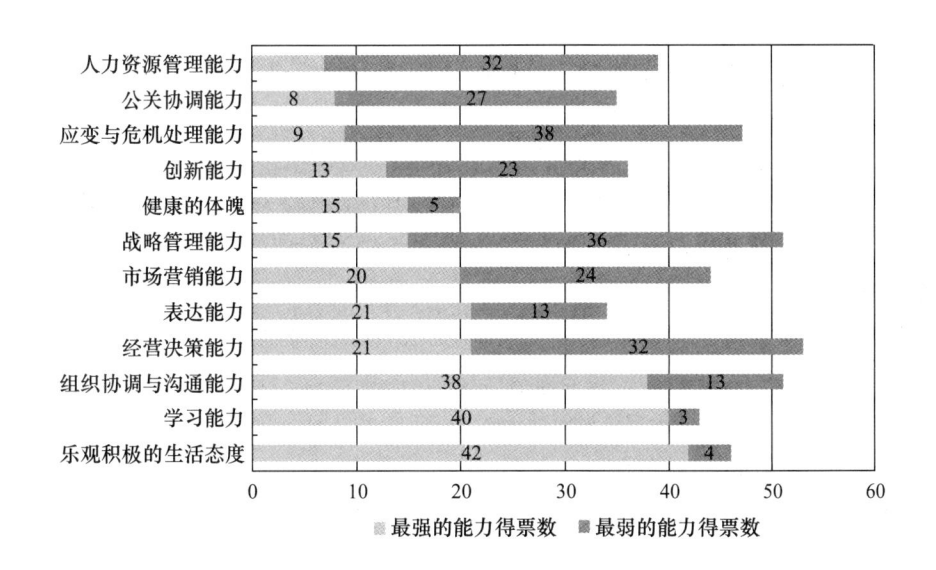

图 5–3　企业家对自身素质能力的自我判定

统计结果表明，"乐观积极的生活态度""学习能力"和"组织协调与沟通能力"三项得票最高，分别为 42、40 和 38 票。这三项中的两项，也就是"学习能力"和"乐观积极的生活态度"也正是在被调查者自认为最弱能力项目中得票最少的。"应变与危机处理能力""战略管理能力""经营决策能力"和"人力资源管理能力"这几项得票在自认为最弱的能力中排行最高,分别是 38 票、36 票、32 票、32 票。而这几项在企业家自认为最强的能力排行中得票也相对较低,尤其是其中的"应变与危机处理能力"只得到了 9 票。由此可见基本上新生代"创二代"对自身的能力和素质水平有着一个较为清楚的认识。

尽管问卷的设计还存在着诸多的不足和缺陷,但是基本上已经能够对企业的继任者接受企业的意愿及交班前后的经历有所明确。同时问卷的第四部分统计分析也使得课题组对所调查的新生代"创二代"群体在当前工作中的素质能力水平有了较为全面的把握。

第五节 浙江民营企业新生代"创二代""传承—创新"素质拷问

一 浙江民营企业新生代"创二代""传承—创新"能力存在问题

(一)学历较高,但经营管理实践能力较差

从调查结果来看,与上一代企业家相比,当前很多新生代"创二代"的学历水平较高,绝大多数接受过高等教育,甚至有相当一部分人出国接受过西方教育。此外在专业选择方面,管理学和经济学成为半数以上的新生代"创二代"大学所学专业,他们对行业技术、发展状况和管理模式有着比较深入的了解。尽管有着较高的知识水平以及专业理论基础,但在面对压力和继承、经营企业的问题上,新生代"创二代"整体上还是缺乏足够的经营管理能力和经验。温州日丰打火机有限公司常务副总经理黄佳丽在留学归国后进入了父亲一手创立的企业,对她的挑战不在于专业知识而在于如何更好地融入企业,被企业的员工、管理层认可。为了能够提升实践管理能力,她成为"不管部部长"也就是哪里需要去哪里,结果证明几年的锻炼正是她最为宝贵的管理经验累积的重要时期。当前浙江很多新生代"创二代"在进入企业的初期就是徒有一身知识但无用武之地,总而言之也就是实践能力差。根据调查显示,困扰新生代"创二代"的主要工作内容有:企业战略方向的把握、产品技术的革新以及对市场的预测。而要想做好这些,就需要对企业的经营管理有全面的了解,对企业的业务领域有充分的认识以及对行业的整体市场状况有科学的把握。没有深入市场、深入企业的实践,就谈不上任何的知识运用。

（二）拥有战略眼光，但缺少战略规划能力

在调查和访谈中，很多新生代"创二代"都谈到了对企业未来发展的忧虑。与第一代企业家"走一步，看一步""摸着石头过河"的经营思想不同的是，绝大多数新生代"创二代"已经在着手考虑企业长远发展的战略和计划。在调查中发现，83名被调查者中有33名将"寻找新的发展机会，制定企业战略"作为自己投入精力最多的工作项目的第一位，而选择了这个项目作为自己日常工作重心的总共有62位。同时，有51名被调查者认为对企业战略方向的把握是他们开展工作中的挑战之一。尽管他们意识到了对企业实施正确的战略规划非常重要，但真正要对企业发展做出决断时，他们又开始害怕由于自己的决策失误而给公司的发展带来巨大的损失或者影响。缺乏战略规划能力这点在他们对自己最强和最弱能力的选择中再次得到了验证。

（三）创新意识难以正确引导企业实际生产

通过与浙江新生代"创二代"的深入交流发现，新生代民营企业家的创新意识非常强。他们希望通过自己的努力去带领企业不断强大进步，他们中的很多人已经在企业构建了相应技术研发部门和培训中心，希望通过转型升级实现企业的可持续发展。然而虽然有好的创新意识和态度，但是企业的实际创新成效却是差强人意。这种创新能力的缺乏体现在两个方面，一是对创新的理解不到位，他们中有些人认为创新就是走多元化发展，因此，很多人忽视企业原本的业务发展，而盲目地去进行资本运作，试图短时间实现资本升值；还有一些人认为创新就是设备换代升级或者实现信息化管理即可。正是由于存在对创新的认识出现偏差，导致有些新生代"创二代"甚至以为企业开通了电子商务平台就是实现了创新。二是脱离实际，盲目创新，也有不少新生代"创二代"确实想通过努力实现产业升级，进行创新，但是由于对行业及市场把握出现偏差等多方面的原因，很难真正带领企业实现技术革新和新市场开发。这也就是为什么企业家对自己企业创新四个方面的表现总体评价都比较高，而实际上浙江民营企业创新成效并不明显的原因所在。此外，在调查中，很多新生代"创二代"也明确表示，当前由于受到政策、资金、人才等方面因素的制约，企业创新难以顺利开展。

（四）学习意识强，但学习规划性差

根据调查了解到，当前新生代"创二代"中有超过三分之一的人已

经制订了专门的学习计划,然而还有半数以上的调查对象会依据情况,偶尔制订学习计划,甚至有一小部分人从未制订过任何学习计划。尽管有65.1%的新生代"创二代"有着阅读习惯,但平常阅读的内容以报纸期刊为主,其次才是管理类书籍、专业技术类书籍。而他们获取知识的渠道则多为向父辈请教。而其他的学习途径也无非是看看书本、参加培训、与人交流等。尽管在某些程度上确实能通过这些方式对工作有所帮助,但是由于缺乏科学系统的学习计划,使得学习更多时候只是解决现实问题的工具,而不是自我完善、自我成长的路径和手段。因此,尽管短期内一些常规的企业管理问题能通过学习来解决,但是当面临企业战略规划、产业转型升级等重大问题时,综合素质的缺乏却难以凭借短期的学习、培训和交流来弥补。

(五)缺乏理性的冒险精神和变革意识

与浙江省第一代民营企业家"敢为天下先"的拼劲不同的是,当前的新生代"创二代"出生后一直在较为优越的环境中成长,他们中的绝大多数人并没有经历创业初期的艰辛与困难,也就难以产生较强的危机感和紧张感。接手父辈的企业的主要原因是要实现父辈和家族的期望,其次就是保护并实现企业资产的增值。担负这样压力,很多新生代"创二代"在工作中拘泥于形式而不注重实质。在工作中为了得到家族成员、上一代企业家和企业员工及相关人员的认可,他们中相当一部分人在接手企业后处处小心谨慎,怕稍有不慎做出错误的选择,使得父辈积累的产业受损于自己的手中。这点从他们对风险的选择偏好就可以看得出来,调查中,49.5%的新生代"创二代"选择了成功率80%,但年收益率仅有15%的投资项目,而对于成功率低于40%,年收益率高于100%的投资项目,仅有7.2%的人表示出感兴趣。此外,还有一部分新生代"创二代"确实具备冒险精神,但是却是盲目的冒险:在没有对企业现有业务全面了解、对市场前景进行科学预测的基础上,好大喜功,盲目投资。由此可见,基础条件较为优越的新生代"创二代"的冒险精神较为缺乏,缺乏理性的冒险精神和变革意识。

(六)社会责任感不强,思想道德水平参差不齐

企业要生存,必须履行社会责任。当前中国市场经济发展还不完全成熟的一个重要的原因就是商业道德缺乏,企业家缺乏足够的社会责任感。也正是因为如此,社会整体经济发展的商业环境变得越来越严峻。

很多新生代"创二代"的父母积极参与政治和社会事务,然而,他们对于子女的教育却偏重于企业管理方面的培养。因此,很多新生代"创二代"在工作之余很少参与到政治与社会事务中,更别说在这当中担任相应的职位发挥作用了。此外,课题组通过调查发现,很多企业家从未或者很少参加慈善活动或者公益活动,他们将自己的工作重心全部投入到企业的生产经营管理中,认为只要公司的规模和盈利率提升,自己的工作也就完成了。在对他们进行一个企业家应具备的道德素质调查中,尽管有新生代"创二代"选择的最多的两项是"诚实守信"和"遵纪守法",但是"爱护职工""善行天下回报社会""乐于奉献"这些选项的得票都偏少,而且对于"勤俭节约""吃苦耐劳"这些他们父辈在创业中展示出的特有道德品质的认同度非常低。

(七)工作压力大,身心健康状况堪忧

民营企业家在常人眼中代表着能享受锦衣玉食的生活,但是他们却普遍面对比一般人更严重的健康危机。新生代"创二代"虽然正处于人生的黄金阶段,但是身体状况却着实令人担心。调查中,受访者表示每天工作超过八个小时的企业家有 48 人,占总量的 57.8%。其中有 9 人每天工作 10 个小时以上。几乎天天加班的新生代"创二代"占整体的 15.7%。由此可见在接手企业后,新生代"创二代"在企业生存压力、企业发展中的融资压力、企业扩张转型中选择战略方向的压力、企业谈判的压力等多方面的重压下,已经处于"过劳"状态。并由此引发了相当大的一部分企业家为了缓解工作压力,形成了吸烟、饮酒等不良习惯,甚至有时需要借助药物来安抚情绪。此外,太多的工作又挤压了正常的休息和放松时间,久而久之生活节奏变得非常紊乱,身体健康也在不知不觉中被推向了危险的边缘。压力、竞争、劳累、焦虑常使当前相当一部分新生代"创二代"身心疲惫,难以承受。

在调研中我们也发现,尽管新生代"创二代"在素质能力方面存在着以上种种问题,但是他们也有着自身鲜明的特点:他们的知识结构较为专业,文化程度普遍较高;尽管他们政治参与度不高,但是政治意识还是比较明确,很多新生代"创二代"期望能担任人大代表、政协委员,或者参加一些社会组织。并且他们在接手企业后都十分重视企业管理团队的建设,注重引进高层次的管理人才;他们学习能力较强,比较关注人脉关系的积累与处理。

二 浙江民营企业新生代"创二代"能力问题归因

（一）缺少科学系统的企业接班计划

在家族企业中，企业的接班计划有着特殊的意义。通常一个完整的企业接班计划包括：继任计划提出的背景；接班人的选拔和培养；企业管理权的交接；企业所有权与家庭财产权的继承；接班后企业重大问题的决策方式；与各利益相关者的沟通协调机制；管理团队建设计划；接班后公司的战略规划等。在这其中的每一个环节都涉及对接班人各方面素质能力的培养与塑造，也正是通过成功培养方案的实施，才能使企业家将自己在工作中积累的知识经验、管理技能及价值观传递给下一代。因此探究新生代"创二代"素质能力现存的问题就需要对企业的接班计划进行全面的审视。通过对新生代"创二代"接手企业的情况调查分析发现，当前很多企业虽然已经开始重视企业的接班人培养，但是在培养中缺少一个科学的系统规划，而这也是导致新生代"创二代"在自我成长和完善过程中出现一系列不足的根本原因。

（二）企业接班人选拔理念陈旧

企业接班人的选定是构建接班人培养计划的基础。当前浙江省的民营企业大多为老一代企业家一手创建起来的家族企业。因此受传统"家"文化的影响，很多民营企业家希望子女作为自己的接班人，接手他所创立的企业。然而不是所有的企业家子女都具备了成为企业家的特质和潜力，再加上他们中的一部分人对父辈的企业并不感兴趣，更倾向于从事自己感兴趣的职业，如公务员、医生、教师等。因此，从个人意识形态来看，两代人的分歧就已经存在，如果作为家长的老一代企业家此时运用家长的权威来强迫子女接手企业的话，继任者就无法满足企业持续成长的需要，更别说成为一名优秀的企业家。

（三）企业接班时机难以选择

企业选择交班的时机通常有两种，一种是危机中交接班，一种是顺境中交接班。经过对很多民营企业家的访谈了解到，他们中的绝大多数人都倾向于在企业发展较为稳健的时候将接力棒转交给接班人，希望实现领导权的平稳过渡，并且给予继任者以良好和稳定的实践环境。同时，在企业发展较为稳定时进行权利的转移也有助于两代企业家共同对企业的战略发展规划进行详尽的思考。然而事与愿违的是，经历了2008年国际金融危机后，浙江的民营企业一直面临着产业升级或转型的巨大压力和挑战。在此阶段进行权利的交接，必然会使得企业接班人扮演了"救火者"的角色，为了保证公司的正常生存而忽略了企业长远的发展。此外，接班人临危受命，面对内忧外患的困难局面，很难冷静思考和处理问题。一旦再出现决策上的失误，很有可能会严重打击接班人的自信心，严重的也许就此一蹶不振。但是危急中接班也会使得企业的继任者在挫折中迅速成长，快速累积领导和管理经验从而迅速建立起自己的威信。并且逆境和困难有利于培养人坚忍的意志，而这又是一名企业家最重要的素质之一。因此，企业的传承时机的选择也会给新生代"创二代"的成长带来巨大的影响。

（四）企业管理权和决策权交接的不完整性

众多浙江民营企业的企业家既是企业的管理者又是企业的所有者。职位的继承可以在瞬间完成，但是它只是表面权利的交接。很多新生代"创二代"在企业中已经担任了总经理的角色，但是拥有企业的职位并不代表他们拥有了企业的管理权和决策权。企业真正的管理决策权可能仍集中在老一代企业家的手中。而造成这种局面的原因主要有三个方面，一是企业领导者的权威树立需要一个较长的过程。而新生代"创二代"的领袖品质需要经过时间的验证才能被员工、客户等相关利益群体所认可。二是老一代企业家凭借自己的创业经历、在同龄人中突出的领导能力和家长般的权利在企业中形成了无人可与之匹敌的个人魅力，而这正是推动企业的有序发展的引导力，新生代"创二代"很难在短期内取而代之。三是存在部分老一代企业家尽管表面上从管理岗位退了下来，但是实际上迟迟不肯将企业的实际管理权和决策权落实给继任者，这也就造成了继任者只是徒有其名而未见其实。当继任者在企业中未能真正掌握实际权力，他也就难以树立起自己的管理威信进而有效地管理企业，同时也难以在实践中不断提升和完善相关素质能力，成为一名合格的企业家。

（五）缺乏长期系统的传承人培养计划

管理者不是天生的，需要不断的训练。美国通用电气公司之所以能传承百年，在于他们有一套完善的接班人培养计划。在对新生代"创二代"的调查中发现，有高达 37.3% 的被调查者表示在接班前没有接受过系统的接班人训练。中国有句古话：子不教，父之过。企业传承中的"教"有两层含义：一是对子女性格、品质方面的磨炼，二是对新生代

"创二代"能力方面的培养。而这两点正是新生代"创二代"素质能力中非常重要的组成部分。

一方面，有很多企业家在子女出生后，努力给他们营造一个优越的成长环境，然而当父母为子女营造所谓爱的港湾时，他们也在某种程度上削弱了他们独立判断决策能力。在看似一帆风顺的成长道路中，他们更不能理解父辈艰苦创业的精神，同时缺乏面对挫折时战胜困难的勇气，缺乏必要的担当。这也是为什么勤俭节约和吃苦耐劳这两项浙江老一代企业家们引以为傲的品质，新生代"创二代"不再认同。

另一方面，作为父母的企业家们对企业传承与发展缺乏一个长远的认识，因此在培养子女作为接班人时也就相应地缺少了系统的培养计划。国外很多优秀的家族企业，甚至在子女很小的时候就让其旁听企业的一些重大的决策会议，让其对今后可能从事的职业进行全方位的了解，培养其承担领导者的角色。一是从小培养企业家的基本能力和素质；二是通过长期潜移默化的影响，培养子女对企业的认同度；三是从小观察其子女是否具备了承接企业的潜质，如若没有则尽快选拔培养其他合适的继承人或另辟蹊径。然而，浙江的很多新生代"创二代"在其成长过程中，父母只是关注于提供一个良好的成长环境和条件，却很少帮助其进行人生成长规划，因此很多子女在大学毕业后屈从于责任，放弃了自己的个人追求，接手企业，结果通常是继任者无法满足企业持续成长的需要。

此外，还有很多老一代企业家对子女要求非常高，总觉得子女的能力有欠缺，因此在子女接手企业后还是不能够完全相信接班人，不敢放手让接班人做管理、下决策。此外老一代企业家在创业过程中历经很多痛苦和失败，自己曾做过很多错误的决定，却难以宽容地对待接班人的失误。结果企业继任者一旦在管理中犯错，就会受到指责。长此以往，继任者开始缩手缩脚，并且失去很多宝贵的实践锻炼机会，对企业家能力素质的培养和提升也造成了巨大的负面作用。此外，老一代企业家这样的行为也会直接导致企业的相关利益群体质疑继任者，很难与继任者建立起真正的信任和紧密合作关系，继任者在企业中的威信也会大受影响。

（六）企业接班人自身方面存在诸多不足

1. 传承意愿虽高，企业经营认同度不高

在对浙江新生代"创二代"进行传承意愿调查时，发现与以往的学者调查结果不同的是有 65.1% 的被调查者表示愿意接手企业，但是其中表现出非常愿意的只有 8.4%。然而深入分析这一结论时会发现，表面上他们表示出愿意接手企业，而真正认可企业和其所在行业发展前景的人却不多，只占总人数的 28.9%。在这种情况下，尽管企业的继任者接手了企业，但是对企业原有的经营业务、管理方式、企业精神等方面仍表现出了较低的认同度。

2. 产业继承倾向出现偏差

浙江省内很多民营企业都是以制造业起家，本次调查的结果也证实了这点。然而在对新生代"创二代"进行访谈时，他们中的很多人没有对企业创始人所创的产业有一个正确的认识。尤其是当前一段时间内，由于生产成本的上升以及国内外需求的放缓，制造业整体的发展开始呈现下滑态势，新生代"创二代"对现有产业的经营兴趣降到了最低。他们忽视企业核心业务的发展，盲目地将投资重点集中到了房地产、IT、金融、物流等所谓的高利润产业。尽管有些新生代"创二代"在高等教育阶段所学的专业确实与其相关，然而跨行业发展是需要一定的行业积累的。在缺少创业经历和管理经验的情况下，新生代"创二代"很可能被眼前的利益所吸引，而忽视了对企业健康发展的全盘考虑，同时正确规划企业成长战略也就成为一句空谈。不仅企业家能力没有得到锻炼，而且还将企业的发展带入了危险的境地。

3. 没有深入解读企业精神

企业传承最难的就是精神传承，但是精神却是支撑企业持续壮大发展的重要推动力量。当前很多新生代"创二代"对其父辈创业时历经的千辛万苦缺少共鸣。他们对企业传统、企业精神的解读仅仅停留在认识阶段上，认为在公司喊喊口号、写写标语就是对企业精神的理解和传承，而没有深入地去解读、认可、总结、学习，并没有将企业创始人性格中推进企业发展的因素融入自己的思想和行动。甚至部分新生代"创二代"由于长期在国外生活学习，形成了自己鲜明的价值观，这就造成了两代人对企业文化和制度产生分歧。继任者在接手企业后对原有的企业精神进行全盘否定。很多新生代"创二代"管理过程中听不进父辈的意见，处处希望以自我为中心，在管理方式、管理理念的实施中忽视了企业的实际情况和成长背景，最终在企业的经营管理中的各方面出现难以解决的问题，与企业利益相关群体的矛盾激化。

4. 眼高手低，学习计划性不强

当前新生代"创二代"基本上都接受过良好的教育，他们的整体学历水平较之其父辈要高出很多，他们中不乏国外的博士和 MBA 精英，他们对行业技术、发展状况、管理模式都有比较深入的了解。因此，有不少新生代"创二代"自视过高，总觉得自己是科班出身，完全具备一位领导者的综合素质与能力。然而学历不等同于实力，浙江民营企业的创始人在文化程度普遍不高的情况下，凭借着敏锐的市场洞察力以及冒险、拼搏的精神获得了成功。企业家的基本素质需要在实践中完善和提升。这就说明企业家学习是一个渐进的过程，面对企业的发展与挑战，企业家能力和素质的提高需要通过一系列学习计划的实施得以完成。而企业家的学习目的则是指"获得用来解决经营中问题的一定知识和技能所做出的努力"。当前新生代"创二代"一个普遍的不足就是作为企业领导者的工作时间不长，实践经验累积少。此外，中国的国情与国外有所不同，中国市场化改革尚未完成，国内外严峻的经济发展局势，都给浙江民营企业的发展带来了众多挑战。当前新生代"创二代"想要在激烈的竞争环境中取得优势资源、提高企业市场地位的难度一点也不亚于其父辈创业时的难度，这也对他们的素质能力提出了更高的要求。但是由于刚接手企业，他们必须抽出大量的时间投入到企业的日常经营管理中，很多琐事让其应接不暇。因此，很多新生代"创二代"没有为自己的未来发展制订出一个详尽的学习计划，而是在遇到问题时，临时多方寻求解决方案。此外，有些新生代"创二代"为了学习而学习，学习目的不明确，盲目地参加一下所谓的管理者培训或者去高校读一下 MBA、EMBA，可能学习的主要目的是给自己一个更为完美的学历或者是拓宽人脉，实际上对于解决具体问题，提升领导者素质没有太大的帮助。

5. 缺少健康的生活方式

当今社会上的很多人对新生代"创二代"的看法存在着一定的偏差，认为他们是"富二代"。之所以能造成这样的认识误区，很重要的原因是这个群体中确实存在的一部分人迷失在父母提供的优越生活中不可自拔，"炫富""拼爹"这些网络热词在某种程度上对其生活形态做了一个鲜明的概述，泡夜店、购物、飙车甚至吸毒已经扰乱了他们应该有的正常生活，影响了他们的价值取向和身心健康。不可否认的是大部分新生代"创二代"都还是积极的"创二代"，他们是意识到自身的优势和弱点，又被责任心和紧迫感所驱使的企业家二代。在调查中，绝大多数的新生代"创二代"都明确表示出自己所背负着的不仅仅是企业，更是多方的期望和责任。企业家二代的淘汰率如此之高，压力和紧迫感也就如影随形。因此，他们中的很多人每天工作长达十多个小时，很少有时间去进行身体锻炼，加之工作中的应酬不断使得他们饮食不规律，日常作息时间混乱，久而久之身体健康问题也就随之而来。同时，由于接手企业后各方面的压力使得他们不得不寻找释放压力的途径，结果养成了抽烟等不良嗜好，这也对他们的身体健康造成了巨大的伤害。很多新生代"创二代"在用健康博取事业的同时，也付出了沉重的代价。此外社会上的传统偏见及自身为成功所累也导致新生代"创二代"的心理矛盾加重。

三 新生代"创二代"的外部条件制约因素

任何一名企业家的成长都离不开环境中的各种要素对其的影响，深入分析新生代"创二代"在"传承—创新"过程中存在的素质能力的不足，都能发现外部环境的影响痕迹。

（一）政府缺少正确的引导和必要的扶持

近几年，浙江各地的政府已经开始关注企业接班人的问题，对于企业接班人的培养也开始日益重视。但是关注是一回事，如何发挥政府的作用对新生代"创二代"的成长创造良好的环境，形成针对性的培养机制又是另一回事。虽然近几年，国内许多地方、政府部门针对民营企业家二代的培训计划、培训机构不断出现。

（二）市场竞争环境严峻

当前浙江省民营企业面临着传统产业需要改造提升的紧迫压力。新生代"创二代"正是在这样的经济形势下接手企业，并不停地规划企业的战略发展方向。浙江的民营企业多为中小型企业，在当前能源和原材料大幅涨价、劳动力成本较快上涨、用电紧张问题明显加剧、获得贷款难度上升以及民间借贷利率上升推高中小企业融资成本等多重挑战下，企业盈利率越来越低，生产经营面临着巨大的融资压力。在这种严峻的情况下再去谈技术创新、产业升级、发展高新技术产业，难度就非常大。同时，很多新生代"创二代"在寻求企业多元化发展时，会受到一系列政策和行业准入机制的制约。尽管2010年5月发布的《国务院关于鼓励和引导民间投资健康发展的若干意见》进一步鼓励和引导民间投资，但是，政策的实际效果并不是很理想。由此可见浙江的新生代"创二代"

想要带领企业走多元化发展，无论在资金以及行业准入机制上都受到了巨大的压力，这在另一方面也使得很多新生代"创二代"将企业资产的升值希望集中到了楼市、股市、期市等资本市场，迷失了对企业战略发展方向的正确把握。此外，缺乏鼓励创新的社会环境，法律法规以及社会保障制度的不健全都是制约新生代"创二代"实现创新的主要因素，而这些也严重打击了他们的创新积极性。

（三）社会没有营造良好的舆论环境

在我国传统文化浸染下，"无商不奸""无奸不富"成为民众评价中国民营企业家的代名词。"自古英雄多磨难，从来纨绔少伟男"。极少数"富二代"飙车、炫富、征婚等负面信息在各种新闻媒体上的曝光，使得新生代"创二代"这一企业接班群体的整体形象或多或少被"扭曲"了。这种扭曲使得他们在顶着较大工作压力之余又不得不遭受民众舆论非理性的谩骂与攻击，在为社会创造财富的同时遭受着不公平的待遇。在这样的外部环境挤压下，他们的压力将更加沉重，他们的行为将受到更多的束缚，这也就直接束缚了他们的工作开展，也使得他们难以在社会上树立积极向上的领导者形象，自然对其健康成长带来诸多的负面作用。

（四）社会相关培训机构缺少有效监管

随着这几年民营企业传承交接进入了高峰期，很多高校、培训机构也开始将视线集中到企业家培训上来。第一类培训是很多老一代民营企业家非常热衷的，希望借助社会力量来帮助继任者成长成才，实现企业顺利传承。另外，一大批受过高等教育的新生代"创二代"早就意识到在当今的知识经济时代想要实现成功，就必须不断提升自身的知识水平及修养。正是在这样的大环境中，国内很多培训机构和高等院校开始陆续开设了针对企业接班人培养以及企业家成长完善的培训课程。最为常见的形式就是讲座和论坛式的短期研修班，但寄希望于在这种短期研修班上培养出接班人是一种不切实际的想法，这类研修班的目的只是实现理念上的交流。第二类培训是知名高校开办的，或是国内名校与美国哈佛商学院、英国剑桥大学、欧洲商学院等世界知名学府合作开办培训课程，学习周期长达二至三年，学费高昂。第三类培训是针对新生代"创二代"的性格特点、成长经历开设的特殊培训班。特训班不仅教授管理技巧，更注重培养学员吃苦、坚强、团结、信任等精神品质。然而，由于缺乏相应的制度进行规范，各种课程水平良莠不齐，企业家很难甄别其中的好坏。结果是很多企业家感觉他们耗费了大量的时间、金钱和精力最终却未能有效地提升他们的综合素质能力。

第六节 浙江省民营企业新生代"创二代""传承—创新"策略与建议

对于民营经济发展十分发达的浙江来说,民营企业的可持续发展将直接影响到全省经济社会的和谐发展。加强对新生代"创二代"的教育培养,不仅仅是民营企业战略发展的重要环节,更是社会的责任。因此全面提升浙江省民营企业新生代"创二代""传承—创新"素质能力,培养出一大批屹立于时代潮流的新生代"创二代"需要多方的共同努力。

一 民营企业需构建系统化的传承计划

德鲁克指出:"企业应该是在第二代和第三代继续保持家族所有和家族控制,第三代之后成为公众公司的发展规律是值得借鉴的。"由此可见,浙江省民营企业的企业主希望子女接手企业无可厚非。但是要实现企业的顺利交班,推进企业接班人成为新一代企业家需要花费大量精力来规划科学的接班程序。基于之前对新生代"创二代"在接手企业管理后表现出的种种不足以及产生这些不足的原因分析不难发现,一个好的传承计划是提升新生代"创二代"传承创新能力的前提和基础。

(一)传承前——提早制定传承规划

1. 正确定位企业接班人的培养目标

任何一个计划的设定必须有一个正确的目标为引导。企业接班人培养计划涉及多方面的内容,其中最主要的一点就是要培养一名什么样的接班人,即接班人具备什么样的能力素质才算是一名真正的新生代"创二代"。老一代企业家凭借着"四千精神"[①],抓住改革开放的历史机遇,克服种种困难成就了一番事业。作为接班人的新生代"创二代"虽有着比老一代企业家更为完善的自身特点,如文化层次高、善于学习、视野开阔、有较强的创新精神等,但是在当前世界严峻的经济形势中他们担负着中国民营企业转型升级、做强做大的重任,这对于新生代"创二代"

---

① 四千精神:想尽千方百计、说尽千言万语、走遍千山万水、历尽千辛万苦。

的素质能力有了更高的要求。因此企业要培养出优秀的新生代"创二代",首先应具备良好的政治素养,能继承和发扬老一代企业家的优良传统,坚定不移地走中国特色社会主义道路。其次,拥有完备的经营管理经验和知识。再次,能将履行家族责任、企业责任和社会责任视为工作的重要组成部分,感恩员工、社会和国家。最后,能继续传承并弘扬浙商的敢为人先、坚忍不拔、诚信为本、吃苦耐劳、义行天下的精神品质。

2. 形成科学的接班人选择制度

企业传承需要形成好的传承制度。

首先,尽早确定企业接班人培养计划,对继承者早培养、早锻炼,避免仓促实现代际传承。企业家如果希望以后子女能承接衣钵,就需要在他们幼年时期,在他们的思维方式和价值观正形成的时期,积极引导他们理解和认识企业、产业、家族创业精神,形成自己对家族企业和对自己责任全面、深刻的认识,增强他们对产业的信任感,体谅和理解创始人所经历的创业艰辛,同时培养其管理能力和对企业所在产业的兴趣。

其次,企业家在设定企业传承计划时,能真正转变"用人唯亲"的传统观念,树立起"任人唯贤"的观念。在企业传承人的物色和选择中有效地将"亲"和"贤"两要素有机结合,充分考虑到子女的传承意愿和整体能力素质水平。同时,以企业的长远发展为主要目标,物色合适的传承人并对其进行培养。当家族成员没有理想的接班人时,可以在企业内部选择并培养有能力的职业经理人,或者在企业外部物色优秀的职业经理人,打造经理人管理团队。

最后,成立由家族成员、外部专家、企业管理者组成的继任者选拔培养委员会,避免企业领导者在此问题上的一言堂,让更多的人参与考核评价,在市场和经营管理中检验和评判继任者,真正选拔培养出优秀的接班人,实现领导者更替的平稳过渡,确保企业基业长青。

3. 建立针对性强的接班人培养模式

根据之前对浙江省新生代"创二代"在正式接手企业之前的工作经历调查结果分析可以得出结论:当前我国民营企业接班人的培养模式归纳起来有以下几种。第一种是内部基层锻炼模式。此模式要求继任者从公司的基层做起,对企业的生产管理现状形或最直接的认识,从而完善接班人对企业及所在行业的熟悉程度,以便在真正成为企业的领导者后能有效地展开各项决策。第二种是内部管理岗位锻炼模式。很多新生代

"创二代"是作为管理者的角色直接进入企业的，负责企业的经营管理，父辈开始不参与企业的具体管理事务，而主要是以导师的身份将自己的管理经验和方法进行传授。这种模式给予继任者亲自动手解决问题的机会，能有效地提升新生代"创二代"的自信心，并帮助其尽快树立在企业中的权威。第三种模式是企业外部基层锻炼模式。有一些企业家的子女大学毕业后没有立刻进入家族企业，而是到同行企业或者是不同行的企业进行工作锻炼。离开了父母营造的环境，能非常有效地锻炼自己的抗压能力，迅速提升自己的适应能力和沟通能力。第四种模式是自主创业模式。这种模式通常是企业家通过提供一定的资金或者其他生产要素，让其子女独立创业或者半独立创业。此模式既给继任者提供了自主经营管理决策的锻炼机会，又避免了因继任者经验能力的缺乏导致决策失误而对企业的正常发展产生影响。然而，世界上没有任何两家企业是完全一样的，因此对于企业的接班人培养模式也没有可以复制照搬的，每一个企业必须要根据继任者的个性、文化程度、领导能力与家庭子女数量，选择多样化的培养方式。

第一，根据候选人的数量确定多种培养形式。企业家对继任者人选的选择很大程度上受到其子女数量的限制。据调查发现，浙江省内很多民营企业家都有两个或两个以上的子女，独生子女较少。对于拥有独生子女或者子女较少的企业家，一般会将子女留在身边进行一对一培养，因此企业内的培养模式比较适合。除了考虑将子女培养成接班人之外，还需要积极在企业内部物色合适的人选，培养成为企业的高层管理接班人，一旦子女无法担当企业领导者的时候，可以有替补方案。当企业家拥有较多子女时，就可以针对不同子女的个性特征选择不同的培养模式，按计划对继任者进行培训，从他们的能力、表现、价值观、兴趣、领导力、人际关系等多方面进行全面评估挑选。在此期间，一旦发现继任人选不再符合标准，或者在规定的时间内没有很好地成长，就应该及时调整方案。

第二，强调继任者学习能力的培养，而不是单纯地追求学位。当前，很多企业家对子女的学历要求最低是本科，他们会想方设法将子女送进大学学习，甚至送出国，去海外学习。然而，之前的众多案例及研究成果都证明了，学位水平的高低与企业家能力水平的高低之间没有直接的决定性作用。所以作为父母，企业家无须苛责子女的学习成绩，或者是对其所学专业进行过分的干涉。老一代企业家要做的是尽早对子女进行思想上的正确引导,使其产生对企业和行业的认同感,自觉产生学习相关领域知识的需要。并且重视给子女进行挫折教育,挫折让子女体验艰难困苦,产生危机感,从而提升子女的抗压能力、风险承受力以及应变能力,强化其心理素质。同时,给子女提供大量的实践机会,使他们能将所学理论知识切实运用到实践工作中去,并在工作中不断总结完善,有效地提升领导力和决断力。长江实业的李嘉诚就对他的儿子在求学期间实施了"苦难式教育"。

第三,继任者的培养方式一定要考虑到继任者的个性特征和行事方式。不同的人,有不同的性格特征,这也就决定了个体行为方式、价值观的差异性。个性稳健的人倾向于企业内部培养,而个性好强的人倾向于到外部企业锻炼。此外,当企业家觉得继任者已经拥有较好的领导力和决断力,并且在实践过程中有着极强的组织能力和社交能力,能建立起自己的人际关系网络,可以让其直接参与到公司的管理中去,或者为其自主创业提供一定的帮助,充分锻炼其领导者的各方面素质能力。反之,如果企业的继任者素质能力水平较低,则最好让其在企业内部进行基层锻炼,一方面能够给出更长的时间来培养和锻炼其各方面能力;另一方面,企业家也能以身作则近距离一对一地提供帮扶,观察了解继任者工作各方面存在的不足,由此展开针对性的指导。

第四,企业交接班的具体时机也需要考虑继任者的素质能力水平。之前的研究表明,传承交接可能会在两个环境背景中进行,一个是顺境,一个是逆境。这就需要对继任者有全面的评估。一旦继任者本身属于心理素质较硬,喜欢冒险,有胆识,敢于承担责任并具备完善的管理决策能力的,建议企业家选择在逆境中交班,这样能使得继任者获得激励,信心会大大提升,同时管理经验也会在工作实践中越来越丰富,最终在企业中快速树立自己的威信。如果继任者有胆识,敢冒险,但是管理决策能力还不足以应付企业发展的需求,则企业家可以考虑让其从子公司、事业部开始接班,先融入环境,在有限的权力范围内尽可能地实施自己的管理方式。与此同时创造各种工作上的挑战对他们进行考核和观察,直至他们具备了承接整个企业的素质能力再进行全面交班。反之可以考虑顺境中交班,一方面能实现领导权和管理权的平稳过渡,让接班人在领导者的带领下慢慢学习,不断积累经验、口碑和威信。另一方面也可以让继任者与企业的领导者一起就企业长远发展规划进行周密、从容的思考，以避免仓促交班可能导致的企业发展失衡。

第五，重视对企业文化、创业精神、人脉关系的传承。在企业传承中，资产、厂房这些有形要素的传承都比较容易，而难在对于企业发展有重要作用的无形要素的传承，如企业文化、创业精神、社会关系等。这就需要老一代企业家不仅从小培养锻炼继任者管理能力，更需要对继任者进行文化和精神的教育熏陶。老一代企业家要搭建一个桥梁，让企业接班人去了解企业创立的历程、总结创业精神，并将其运用到企业实践中去，让继任者能在发扬创业精神的基础上，建设和丰富企业文化。同时把握一切机会让接班人参与到与企业相关利益群体的交流中去，助推继任者积极地与商业合作伙伴、与政府部门、与社会各组织之间的接触，实现关系维护。

4. 建立健全现代企业制度和法人治理结构

新生代"创二代"的培养，核心是建立健全现代企业制度和法人治理结构。当前浙江民营企业中的绝大多数都是以家族企业的形式存在，大多数企业中家族保持着控股地位，家族控制弱化了董事会治理，而且容易形成企业主的集权管理。在民营企业创建初期，构建以企业家为核心的家族治理结构是有助于企业快速成长的，但是随着企业的不断壮大和市场压力的增加，企业就需要进行组织变革，逐步实现控制权和经营权的适度分离。所以企业建立健全现代企业制度和法人治理结构能为企业提供一个稳定的管理班子、一套规范的管理制度，能够最大限度地减少领导者变动对企业产生的负面影响。这样就能有助于企业管理权在两代企业家手中实现平稳过渡。同时，高度的家族治理结构会使得重大决策权和日常管理权过于集中在老一代企业家中，不利于新生代"创二代"在参与企业管理中得到足够的锻炼机会，也会影响到他们威信的建立。因此，新老企业家一定要意识到企业的接班并不是一个人的接班，而是一个团队的接班。要认真考虑家族企业社会化的问题，引入更多的优秀人才来参与企业经营，共同辅助培育新生代"创二代"成长。此外，企业治理结构的变革将会为企业的制度创新和产业创新提供良好的制度保证。这也就为新生代"创二代"接手企业后，实现产业升级创新奠定了坚实的基础。

(二) 传承中——分阶段推进企业接班人培养计划

研究表明,对于新生代"创二代"在接手企业领导权的过程中可以分为四个阶段,每一阶段所要求具备的素质能力都不一样。因此在企业接班人培养计划中,也应该针对不同的阶段,采取具体的培养措施,以尽快完善新生代"创二代"的传承创新能力。

1. 继任者培养阶段

继任者的培养阶段又可划分为两个阶段,一个是继任者接受学校教育阶段,另一个阶段是继任者管理实习阶段。接受高等学府提供的理论培养的主要目的在于使企业未来的接班人对经济、管理、法律等一切与日后工作相关的知识做全面、系统的学习,并培养继任者良好的学习习惯和自主学习能力。在继任者离开学校,正式进入家族企业工作之前,可以让其利用时间到家族企业或其他企业实习,了解企业或学习别人的长处和管理方式。并通过正确的职业规划,引导继任者有针对性地提升自己的专业技术和锻炼独立思考分析能力。并适时进行挫折教育、吃苦教育,培养其吃苦耐劳的意识以及良好的心理素质。灌输企业家应该承担的企业、社会、家庭的责任,增强其社会意识,构建良好的道德品质。

2. 企业交接阶段

这一阶段是继任者开始正式进入企业扮演管理者角色的重要阶段。因此,该阶段需要两代企业家相互合作,共同推进传承交接。老一代企业家要给予继任者"试错"的机会,让他真正参与到企业的日常管理过程中去。企业内部轮岗就是继任者熟悉企业的一个最好方法。继任者从企业的基层或中层做起,在各部门的实践过程中用自己的业绩树立威望,当他的知识和经验都足够丰富,能力有了显著提升后,可将其安排到更重要的位置,并适当地安排优秀的人员予以协助。在实践中让继任者接受严格的岗位培训,既帮助他们尽早全面了解企业发展状况、行业发展形势,又帮助接班人摸清企业内部人事状况,提升基本的管理技能,积累管理经验,同时又能树立他们在企业的威信,提升继任者自信心。当继任者开始在企业独当一面时,就应该适度放权,有针对性地提升其独立思考的分析能力,同时尽可能以帮带的形式提供机会让继任者与企业员工、企业的管理人员、商业合作伙伴、竞争者、社会组织和政府相关部门进行接触,增强彼此之间的熟悉度,以便于提升企业继任者的人际沟通能力和组织协调能力。同时在此阶段由于参与到实际管理工作中去,工作压力的陡然增加会对继任者的身体和心理造成巨大的考验，因此也要注意对继任者进行必要的心理压力的疏导以及身体素质的强化。

3. 继任者掌权阶段

这一阶段是继任者真正在企业中掌握企业管理权利的阶段，这就需要企业原来的领导者充分放权，切实给新生代"创二代"营造一展身手的空间。但是放权不等同于不闻不问，而应该发挥余热，做到平稳的权利过渡。上一代企业家在退位之前，应事先与继任者共同协商，确立权利过渡阶段的决策机制和程序。即便自己在企业的威信很大、有话语权，也需要时刻注意自己的行为，换决策者为咨询者，在"后台"支持新生代"创二代"的决策，以帮助新生代"创二代"尽快树立权威，对自身的管理能力和决策能力进行全面的提升。对于新生代"创二代"在决策中出现的问题，老一代企业家一方面要鼓励，另一方面可在公司高层会议上进行分析，引导决策层正确看待决策失误，并帮助新生代"创二代"思考分析问题并最终提升决策能力和学习能力。同时当企业面临风险时，新生代"创二代"可以及时向老一代企业家求助，与企业的班子成员形成良好的配合，集思广益，最大限度地发挥团队的力量，实现个人和企业的共同成长。

4. 新生代"创二代"再创业阶段

当新生代"创二代"对企业全面接手后，接下来要考虑的是企业长远发展。尽管此时新生代"创二代"已经独立掌权，并开始有条不紊地运营企业，但是企业长远发展规划并非易事，很多新生代"创二代"为了守好基业，可能会害怕做出任何改变，使得企业的发展停滞不前。还有些新生代"创二代"害怕自己做出的决策规划得不到老一代企业家的认可。这里就需要老一代企业家在将企业真正交给继任者之前，就能与接班人对企业今后的发展规划进行充分的探讨，最终在关键因素上达成共识。当企业的管理层、高级经理人等高层管理团队都对公司未来发展的前景和战略规划达成一致后，除非特殊情况，新生代"创二代"可以在不改变企业核心业务和既定方向下带领企业进行转型升级，实现再次创新发展。与此同时，新生代"创二代"的创新学习能力及风险认知能力就应该在实践中有所提升，以便在具体问题决策中少走弯路。此外，在这一阶段，新生代"创二代"需要与不同的利益群体做好关系维护，必要的交际应酬可能会给他们带来除工作以外的很多压力，长此以往各种慢性病开始影响着新生代"创二代"的身体和心理状况。因而，在此阶段对于新生代"创二代"的身体及心理状况应做好维护和保养。

(三) 传承后——老一代企业家助推新企业家成长

在新生代"创二代"成长的路径中，老一代企业家扮演着十分重要的角色。平稳的企业继承要求在任者与继任者之间的合作，好的个人关系对继承人的学习和发展意义重大。当新生代"创二代"全面接手企业后，老一代企业家的工作还没有全部结束，他们可以凭借自己在企业的德高望重，帮助继任者树立威信，继续辅佐继承人。但是如何扮演好辅佐的角色，需要创始人从以下几方面做起。首先，用发展的眼光看待企业的成长，如果意识到当前的市场经济环境与之前自己创业时完全不同，绝对不能用过去的思维来看待继任者上任后面临的新情况、新挑战。其次，需要客观地认识企业未来发展的方向。在当前的市场竞争中，浙江民营企业必须要走技术革新、产业升级的发展道路，传统的劳动密集型加工制造业的发展空间已经越来越小。老一代企业家应以开放的眼光看待企业的改革和创新，理解和尊重继任者的创新意识，加强与新生代"创二代"的交流，以自己的创业经验扶持新生代"创二代"实现企业的再次创业。再次，认识到构建现代企业管理制度的重要性。老一代企业家应该正确认识转化民营企业的家族治理结构的必要性，清晰看待家族成员，协助新生代"创二代"制定能进能出的流动机制，适时引入企业经理人。最后，老一代企业家一定要能做到"功成身退"，给继任者让路，让继任者早日得到锻炼，全面实现对企业的管理。

二 新生代"创二代"的自我培育

企业的传承计划的正确制订和贯彻实施为新生代"创二代"的成长提供了保障，指明了方向。但是作为一名企业家，必须具备很强的学习能力和创新精神才能在工作中不断实现自我突破。

(一) 培养创新精神

与老一代企业家相比，新生代"创二代"创新意识很强，且视野开阔。又因为其接受过高等教育，因此在创新知识储备中优于老一代企业家。新生代"创二代"当前身处知识经济时代，又面临着比以往更为复杂、竞争更为激烈的市场现状。企业最宝贵的资源不再是传统经济时代的资本、土地、劳动力、原材料，而是企业所拥有的知识资源和创新能力。创新对一个企业的重要性不言而喻，没有创新就不会有进步。这就需要新生代"创二代"从创新意识、创新知识、创新能力和创新方法等多方面去培养其创新精神。首先强化自身的创新人格化素质。一个企业能否成为一个创新型企业，需要企业的领导者具备创新观念，有着良好的创新品德和坚定的创新信念，并且具备丰富的想象力、冒险精神和敢于尝试新事物的个性特质，只有这样才能通过多种形式与措施在企业中营造创新氛围，转变全体员工的观念。其次，提升创新能力。企业家能积极与高等院校科研院所合作，开展产学研合作，在企业设立相应的研发部门，完善企业信息管理系统。再次，要坚定不移地促进企业制度创新，优化企业自主创新的内部环境，形成有效的创新文化机制、创新用人机制、创新信息沟通机制、创新激励机制以及创新保障机制等，以制度为保障，确保企业全员的创新积极性。最后，要明确企业创新的最终目的是实现社会、企业及公众的共同的利益，既要追求经济效益，同时也要强调创新所能带来的社会效益，实现可以持续发展的积极创新。

（二）构建领导权威

所有成功的企业都离不开对优秀企业家个人素质和创业能力的强烈依赖，老一代创业者凭借自己创建事业的资历、在同时代的人中突出的领导能力和家长般的权威形成了无人可与之匹敌的个人威信，这正是企业凝聚力之源，可以推动企业的有序发展。但是对于接班人来说，接手企业时最重要的一点是要做好权利传承并树立权威。接班人要在短时间内树立起威信，必须要具备准确的判断力、科学的决策能力以及果断的应变能力。新生代"创二代"可以尝试从以下几个方面入手来提升自己的领导者权威：一是深入企业基层开展工作，逐步培养自己的工作能力以及处理各种问题的能力，丰富自己的管理经验。二是加强与企业内部员工、企业高层、管理者、企业外部客户、社会相关组织以及政府部门的沟通交流，在传承老一代企业家人脉关系网的基础上，拓展自己的人脉资源及社会关系，尽快取得相关利益群体的认可和支持。三是正确处理与老管理队伍之间的矛盾，并打造自己的核心领导团队，尽快提高驾驭领导团队的能力。四是尽快构建现代企业管理制度，以科学的决策机制取代企业家一言堂的决策形式，成立企业决策委员会，吸收外部优秀人才参与到企业重大问题的商讨和解决的过程中去。

（三）提升学习能力

当前绝大部分企业家认为获取经营管理知识最有效的途径来源于亲

身实践以及总结与反思。企业的延续需要新生代"创二代"在有限的时间中实现有效的学习,就必须对学习能力进行全面提升。首先,确立终身学习的理念,以适应技术进步和市场形式的发展变化。通过树立终身学习的理念,养成自学的习惯。其次,确立学习的目标。带着目的性的学习能使得企业家针对要获取的不同知识和经验制订专门的学习计划,有效提升学习效率,但学习目标的设定一定要合理有据。再次,拓宽自己的学习途径和手段,全面提升学习能力。企业家可以充分利用高等院校科研院所等学术资源,参与包括 MBA、EMBA 在内的专业学位教育学习。同时可以根据地方经济和行业发展要求,结合自身特点和发展需要,参与各种形式的企业管理专业领域知识培训,切实提高自身的法制意识、政策水平、市场洞察力和经营管理能力。此外,新生代"创二代"还可以尝试定期到国外的大公司、大企业以及商务基地去实地了解学习国外大企业的先进管理理念和经营管理方式,或者与同行业的优秀企业家进行面对面的交流沟通,学习别人的管理经验和技巧。最后,新生代"创二代"除了走出去学习,还可以积极引进专家成为企业管理决策的智囊团,在企业的管理实践中学习,结合实际在专家的指导下不断探索、不断研究、不断总结、不断提高自己的战略决策、经营管理、员工管理等实际能力。

(四)增强社会责任意识

从对浙江民营企业新生代"创二代"的调查结果来看,当前浙江新生代"创二代"的社会责任意识不是很强,他们更为关心的是企业的发展问题。然而任何企业的成长发展都离不开社会。从微观的角度来看新生代"创二代"承载着将企业办好办久的责任。但是从宏观角度来看,民营企业的发展对于拉动地方经济,改善经济结构,增加就业岗位,推动市场化进程,促进技术创新等方面发挥了重要的作用。所以,作为民营企业的新一代领导者,新生代"创二代"应努力加强自身的修炼,树立正确的价值取向,以老浙商强烈的社会责任感和崇德重义、拼搏奉献、大胆创新的精神为参照系,富而思源、富而思进、富而思报,认同企业的经济责任、法律责任、伦理责任和公益责任,把履行社会责任放在重要的位置,在实践中提升自己的社会责任意识和道德素养。一是善待员工,尊重员工,不断改善员工的生产生活条件。二是加强道德修养,重视产品质量的完善,公平参与市场竞争,提升商业信誉,节能减排,做好环境保护工作等，实现诚信经营。三是积极参与社会公益活动，回馈大众，树立良好的社会公众形象，为构建和谐社会做出贡献。四是积极参与政治生活，保持正确的政治方向。不断增进对党的信任、对人民的感情和对中国特色社会主义的认同，坚定不移地走中国特色社会主义道路。

（五）树立正确的生活态度

万得联国际控股有限公司董事长、上海交通大学海外教育学院苏建诚教授不止一次对新生代"创二代"强调，作为一个企业家、领导人，精气神非常重要。只有积极、健康的企业家才能在竞争中立于不败之地。当前很多新生代"创二代"由于长期面临着巨大的工作压力，常常会在幸福、健康和生活方面做出巨大的牺牲。同时，他们缺乏基本的健康知识和心理知识。以上因素都使得很多新生代"创二代"工作起来废寝忘食、过度酗酒和抽烟，对时间管理不善。因此，新生代"创二代"应该学习科学的时间管理方法，提高工作效率，并且组建科学的管理团队，降低工作强度，减少工作时间。同时加强日常锻炼，消除不良生活习惯，提高身体素质。并通过合适的体育锻炼以及健康的休闲娱乐方式来缓解心理压力，保持一个乐观向上的心态，迎接每一项挑战。

三 打造有利于新生代"创二代"成长的社会环境

（一）政府发挥积极的引导作用

浙江省代省长李强说：新生代"创二代"培养关系到全省经济转型升级的成功与否。可以说，新生代"创二代"的培养不仅是民营企业的"家事""私事"，更是关系到浙江省经济社会发展的"大事""要事"，迫切需要从政府公共管理的高度来加以认真研究。因此，政府必须积极发挥相应职能，在新生代"创二代""传承—创新"素质能力提升中起到正确的引导作用。

1. 多部门联动制订新生代"创二代"培养计划

政府应努力调动一切积极因素，各部门需联合行动起来制订新生代"创二代"培养规划，并将此纳入全省经济社会的发展战略中去。由浙江省委组织部、工商联、团委、发改委牵头，明确对省内新生代"创二代"培养的政策方针，形成各职能部门参与的联席会议制度，定期研究、部署、推进、考查、评价新生代"创二代"培养工作。省政府可将具体的培养计划下放到各个地区，由各地市政府动员相关部门成立起新生代

"创二代"培养工程领导小组，编制新生代"创二代"培养计划。同时根据不同地区，不同产业发展情况，筛选一批能代表行业发展的优秀企业的继任者作为培养的对象，由市里面负责培养，同时还可以从一些规模以上的企业中筛选一定数量的培养对象由县市区政府进行培养，形成全省多部门联动的培养机制和定期培训制度。政府还需进一步规范培训机构，积极与高等院校、科研院所以及高资质的培训机构进行沟通合作，创建新生代"创二代"培训基地，并对培训工作的开展进行管理、监督和考核，保证培训的质量。

2. 努力为新生代"创二代"营造成长的良好环境

当前由于我国法律制度、市场竞争机制、金融服务体制以及社会化服务体制都不够完善，对于民营经济的发展造成了诸多障碍，而这种障碍也将进一步阻碍新生代"创二代"各方面素质能力的提升。这就需要政府部门从以下几个方面采取切实措施加以解决：第一，加快配套立法进程，改善行政执法，做好司法监督，为民营企业创新发展营造稳定、公正、公平的法律环境。第二，积极响应国家推进非公有制经济发展的36条重要措施，完善行业准入配套政策，切实贯彻"平等准入、公平待遇"原则，为民营企业创造真正公平的市场竞争环境，为民营企业多元化发展提供条件。第三，改革财税金融管理制度，建立合适和满足各类企业需要的信贷政策体系，建立和完善多层次的资本市场，特别是完善中小金融机构的产权结构和制度；加强对中小金融机构的监管，引导和规范民间金融的发展，完善中小企业信用担保体系；对创业型、科技型、服务性中小民营企业实行税费扶持；规范各类行政事业收费，消除乱摊派、乱收费的行为，为新生代"创二代"引导企业发展创造良好的金融环境。第四，适当地为创新型企业放宽土地、人力等政策，建立健全知识产权保护制度，既能提升青年企业家的创业积极性，也为其创业提供尽可能好的条件。第五，切实转变政府职能，改革对行业商会协会的管理体制和运行方式，赋予它们适当的权力，使其能为民营企业公平参与市场竞争，实现产业转型升级提供帮助。

3. 加强与新生代"创二代"的交流沟通

政府需要积极行动，从扶持育才、激励成才入手，深入到新生代"创二代"群体中去，引导他们树立正确的世界观和价值观，增强他们的责任感。政府可以定期召开新生代"创二代"发展恳谈会、新老企业家经验座谈会、老企业家创业心得交流会等多种相互交流和学习的平台，了解他们的成长现状。还可以选派新生代"创二代"出国学习，开拓他们的国际视野，全面了解国际市场的发展，学习国外先进的管理理念和企业治理结构。政府还可以推进一些有卓越成就的老企业家、政府有关职能部门负责同志以及金融、法律等专业人士组建新生代"创二代"导师团，与新生代"创二代"结成帮扶小组，通过以老带新，以强带新，以专带新的方式，加快对新生代"创二代"各项管理创新能力的提升。定期举办一些新法规、新技术、新政策、新信息的培训班，邀请优秀的新生代"创二代"参与，并给予一定的资金扶持，提升他们的学习积极性，并帮助他们了解最新的政策动态。为了增强新生代"创二代"的责任意识，政府可以定期组织开展"优秀青年企业家""青年创业之星""中国特色社会主义优秀建设者"等评比活动，借助媒体开辟"新生代"事迹宣讲栏目，积极宣传新生代"创二代"创新、创业的先进事迹。对于政治素质较好、能诚信合法经营并具有良好社会影响的新生代"创二代"，在人大代表、政协委员及劳动模范评选等方面，应适当增加相应的名额和比例，充分激发新生代"创二代"的社会责任感和政治荣誉感。

（二）创建良好的社会舆论环境

中国社会环境对创业失败很不宽容，在这样的背景下，新生代"创二代"作为一个特殊的群体，一方面肩负着老一代企业家的殷切希望，承担着企业创新发展的重要责任；另一方面他们又肩负着为社会创造大量财富，解决劳动力就业，乃至推动社会经济发展的重要社会责任。因此他们的一举一动更是受到社会各界的巨大关注，同时他们的成长也受到社会舆论的巨大影响。新闻媒体要对这一群体进行公证客观的评述，而不能因少数"富二代"在社会上的不良言行对这一群体进行错误的定性，要抛开社会对"富二代"的认识偏见，正确认识和对待新生代"创二代"，要通过各种新闻媒体进行正确的舆论导向，发现、培养和树立一批新生代"创二代"先进典型，大力宣传他们创业、创新中的事迹，赢得社会对他们的认可，充分激发这一群体的社会责任感和历史使命感，促进他们的健康成长。

新生代"创二代"与老一代企业家相比，他们的成长备受呵护和关注，他们有着丰富的知识、开阔的视野、灵活的头脑和现代化管理理念，但是同时也因为实践经验匮乏、缺少吃苦精神，闯劲不足，经不起挫折和考验而备受质疑。但是他们"传承—创新"素质能力好坏将直接影响到企业能否做大做强做长远，影响到民营经济的健康快速发展。因此在中国市场经济不断成熟、改革开放不断深入的经济转型期背景下，对企业新生代"创二代""传承—创新"素质能力的研究有助于我国大部分民营企业正确选择传承人与传承时机，大大缩短传承的过渡时期并实现企业的可持续发展，帮助民营企业抓住"十二五"的发展机遇期，维持并提升中国民营企业对国民经济发展的重要的推动作用。

参考文献

一 专著

[1] [美]安德森：《创客：新工业革命》，中信出版社2013年版。

[2] [美]伯顿·克拉克：《建立创业型大学：组织上转型的途径》，王承绪译，人民教育出版社2003年版。

[3] [美]弗兰克·罗德斯：《创造未来：美国大学的作用》，王晓阳等译，清华大学出版社2007年版。

[4] [美]卡尔·J.施拉姆：《创业力》，王莉、李英译，上海交通大学出版社2007年版。

[5] [美]斯劳特、莱斯利：《学术资本主义：政治、政策和创业型大学》，北京大学出版社2008年版。

[6] 曹胜利、雷家骕：《中国大学创新创业教育发展报告》，万卷出版公司2009年版。

[7] 陈时见：《当代世界教育改革》，重庆出版社2006年版。

[8] 程方平：《中国教育报告——入世背景下中国教育的现实问题与基本对策》，中国社会科学出版社2002年版。

[9] 国家教育部高教司：《创业教育在中国——试点与实践》，高等教育出版社2006年版。

[10] 韩俊：《中国农民工战略问题研究》，上海远东出版社2009年版。

[11] 赫里斯·彼得斯：《创业学》，王玉译，清华大学出版社2014年版。

[12] 侯慧君、林光彬：《中国大学创业教育蓝皮书——大学生创业教育实践研究》，经济科学出版社2011年版

[13] 黄兆信、王志强：《地方高校创业教育转型发展研究》，浙江大学出版社2013年版。

[14] 贾少华等：《成为淘宝创业的超级毕业生》，电子工业出版社2010年版。

[15] 姜磊：《都市里的移民创业者》，社会科学文献出版社 2010 年版。
[16] 姜彦福、张筛：《创业管理学》，清华大学出版社 2005 年版。
[17] 李光：《创业导论》，武汉大学出版社 2003 年版。
[18] 李良智、查伟晨、钟运动：《创业管理学》，中国社会科学出版社 2007 年版。
[19] 李志永：《日本高校创业教育》，浙江教育出版社 2010 年版。
[20] 廉永杰：《创业教育及比较研究》，科学出版社 2006 年版。
[21] 林玉体：《西方教育思想史》，九州出版社 2006 年版。
[22] 刘建钧：《创业投资——原理与方略》，中国经济出版社 2003 年版。
[23] 罗天虎：《创业学教程》，西北工业大学出版社 2004 年版。
[24] 梅伟惠：《美国高校创业教育》，浙江教育出版社 2010 年版。
[25] 缪仁炳：《创业导向的文化根植——基于温州与关中两地的实证分析》，上海三联书店 2006 年版。
[26] 牛长松：《英国高校创业教育研究》，学林出版社 2009 年版。
[27] 彭钢：《创业教育学》，江苏教育出版社 2000 年版。
[28] 钱贵晴、刘文利：《创新教育概论》，北京师范大学出版社 2009 年版。
[29] 佘宇等：《"村官"小政策，人才大战略——"大学生村官"政策评估研究》，中国发展出版社 2013 年版。
[30] 盛来运：《流动还是迁移：中国农村劳动力流动过程的经济学分析》，上海远东出版社 2008 年版。
[31] 石丹林、湛虹：《大学生创业理论与实务》，清华大学出版社 2012 年版。
[32] 谭蔚沁、林德福、吕萍：《大学生创业教育概论》，云南大学出版社 2011 年版。
[33] 韦恩·霍伊、塞西尔·米斯克尔：《教育管理学：理论、研究、实践》，教育科学出版社 2007 年版。
[34] 吴吉义、柯丽敏：《中国大学生网络创业现状与趋势》，电子工业出版社 2010 年版。
[35] 席升阳：《我国大学创业教育的观念、理念与实践》，科学出版社 2008 年版。
[36] 徐小洲：《国外中学创业教育》，浙江教育出版社 2010 年版。

[37] 宣勇:《激活学术心脏地带——创业型大学学术系统的运行与管理》,高等教育出版社 2013 年版。

[38] 严中华:《社会创业》,清华大学出版社 2008 年版。

[39] 杨安、夏伟、刘玉:《创业管理——大学生创新创业基础》,清华大学出版社 2012 年版。

[40] 叶映华、徐小洲:《中国高校创业教育》,浙江教育出版社 2010 年版。

[41] 游振声:《美国高等学校创业教育研究》,四川大学出版社 2012 年版。

[42] 张涛、熊晓云:《创业管理》,清华大学出版社 2007 年版。

[43] 张玉利、李新春:《创业管理》,清华大学出版社 2007 年版。

[44] 郑晓齐:《研究型大学基层学术组织改革与发展》,清华大学出版社 2009 年版。

[45] 中国村社发展促进会:《2015 年中国"大学生村官"发展报告》,中国农业出版社 2015 年版。

[46] 中华人民共和国教育部高等教育司:《高等学校创业教育经验汇编》,高等教育出版社 2011 年版。

[47] 中华人民共和国教育部高等教育司:《世界主要国家创业教育情况》,高等教育出版社 2012 年版。

二 期刊论文

[1] 阿莎·古达:《建立创业型大学:印度的回应》,《教育发展研究》2007 年第 11 期。

[2] 毕佳洁、李海波:《高校创新创业教育的内涵分析》,《文教资料》2011 年第 4 期。

[3] 边燕杰:《网络脱生:创业过程的社会学分析》,《社会学研究》2006 年第 6 期。

[4] 蔡克勇:《加强创业教育——21 世纪的一个重要课题》,《清华大学教育研究》2000 年第 1 期。

[5] 曹吕年:《大学生创新创业教育的调查分析与思考》,《发明与创新(综合版)》2005 年第 11 期。

[6] 曾尔雷、黄新敏:《创业教育融入专业教育的发展模式及其策略研究》,《中国高教研究》2010 年第 12 期。

［7］曾尔雷：《高校创业型人才培养的路径选择》，《中国大学教学》2011年第6期。

［8］曾骊：《"网瘾学生"转型"网创人才"的教育导引》，《当代青年研究》2011年第2期。

［9］柴旭东：《中国、美国和印度三国大学创业教育比较》，《高校教育管理》2009年第1期。

［10］陈浩凯、徐平磊：《印度与美国创业教育模式对比与中国的创业教育对策》，《中国高教研究》2006年第9期。

［11］陈霞玲、马陆亭：《MIT与沃里克大学：创业型大学运行模式的比较与启示》，《高等工程教育研究》2012年第2期。

［12］陈永杰：《小微企业发展研究——小微企业在我国经济中的地位和作用》，《经济研究参考》2013年第32期。

［13］陈昭玖、朱红根：《人力资本、社会资本与农民工返乡创业政府支持的可获性研究》，《农业经济问题》2011年第5期。

［14］陈震红、董俊武、刘国新：《创业理论的研究框架与成果综述》，《理论探索》2004年第9期。

［15］程郁、罗丹：《信贷约束下农户的创业选择：基于中国农户调查的实证分析》，《中国农村经济》2009年第11期。

［16］储小平：《家族企业研究：一个具有现代意义的话题》，《中国社会科学》2000年第5期。

［17］邓汉慧：《美国创业教育的兴起发展与挑战》，《中国青年研究》2007年第9期。

［18］邓汉慧：《美国的高校创业教育课程设置》，《中国大学生就业》2008年第4期。

［19］邓婉婷、岳胜男、沙小晃：《新生代农民工创业意向调查实践报告》，《学理论》2011年第18期。

［20］丁三青：《中国需要真正的创业教育——基于"挑战杯"全国大学生创业计划竞赛的分析》，《高等教育研究》2007年第3期。

［21］董世洪：《社会参与：构建开放性的大学创新创业教育模式》，《中国高教研究》2010年第2期。

［22］段锦云、韦雪艳：《新生代农民工创业意向现状及其影响因素的质性研究》，《苏州大学学报》（自然科学版）2012年第1期。

[23] 范新民：《创业与创新教育——新加坡高校教育成功的启示》，《河北师范大学学报》2014年第3期。

[24] 房国忠、刘宏妍：《美国创业大学生创业教育模式及其启示》，《外国教育研究》2006年第12期。

[25] 房汝建、朱锡芳、伍缚：《论高校创新创业教育体系的构建》，《常州工学院学报》（社会科学版）2011年第6期。

[26] 冯艳飞、童晓玲：《研究型大学创新创业教育质量评价模型与方法》，《华中农业大学学报》（社会科学版）2013年第1期。

[27] 高明：《斯坦福大学——美国研究型大学向创业型大学转型的典范》，《当代教育科学》2011年第19期。

[28] 辜胜阻等：《区域经济文化对创新模式影响的比较分析——以温州和硅谷为例》，《中国软科学》2006年第4期。

[29] 顾明远：《终身学习与人的全面发展》，《北京师范大学学报》2008年第6期。

[30] 郭洪、毛雨、白璇等：《大学创业教育对学生创业意愿的影响研究》，《软科学》2009年第9期。

[31] 郭军盈：《中国农民创业的区域差异研究》，《经济问题探索》2006年第6期。

[32] 郭如平、孔冬：《第二代浙商企业社会责任认知实证研究》，《社会科学战线》2016年第4期。

[33] 黄扬杰、邹晓东：《新美国大学的自定义式跨学科组织述评》，《高等工程教育研究》2013年第5期。

[34] 黄扬杰、邹晓东：《新美国大学框架下的Asu创业实践》，《高等工程教育研究》2011年第6期。

[35] 黄扬杰、邹晓东：《学术创业研究新趋势：概念、特征和影响因素》，《自然辩证法研究》2013年第1期。

[36] 黄扬杰：《国外学术创业研究现状的知识图谱分析》，《高教探索》2013年第6期。

[37] 黄耀华等：《高校创业教育的新视角》，《南昌大学学报》2003年第11期。

[38] 黄兆信、陈赞安、曾尔雷、施永川：《内创业者及其特质对我国高校创业教育的启示》，《高等教育研究》2011年第9期。

[39] 黄兆信、曾尔雷、施永川:《美国创业教育中的合作:理念、模式及其启示》,《高等教育研究》2010 年第 4 期。

[40] 黄兆信、曾尔雷:《以岗位创业为导向:高校创业教育转型发展的战略选择》,《教育研究》2012 年第 12 期。

[41] 黄兆信、王志强:《论高校创业教育与专业教育的融合》,《教育研究》2013 年第 12 期。

[42] 黄兆信、吴新慧等:《新生代农民工创业的现状与对策研究》,《江西社会科学》2012 年第 10 期。

[43] 黄兆信、赵国靖、唐闻婕:《众创时代高校创业教育的转型发展》,《教育研究》2015 年第 7 期。

[44] 黄兆信:《以岗位创业为导向的人才培养体系研究与实践》,《教育研究》2013 年第 6 期。

[45] 黄兆信等:《地方高校融合创业教育的工程人才培养模式》,《高等工程教育研究》2012 年第 5 期。

[46] 黄兆信等:《内创业者及其特质对我国高校创业教育的启示》,《高等教育研究》2011 年第 9 期。

[47] 黄兆信等:《以岗位创业为导向的高校创业教育新模式》,《高等教育研究》2014 年第 8 期。

[48] 纪淑军:《创业富民战略视野下的高职院校创业教育》,《中国成人教育》2009 年第 10 期。

[49] 季文、应瑞瑶:《农民工流动、人力资本与社会资本》,《江汉论坛》2006 年第 4 期。

[50] 季学军:《美国高校创业教育的动因及特点探析》,《外国教育研究》2007 年第 3 期。

[51] 雷家骕:《国内外创新创业教育发展分析》,《中国青年科技》2007 年第 2 期。

[52] 李东、张忠臣、纪玉超:《体验式创业教育模式科研体系建设研究》,《中国冶金教育》2011 年第 3 期。

[53] 李国平、郑孝庭、李平等:《大学生创新创业教育质量的模糊综合评判与控制方法研究》,《特区经济》2004 年第 9 期。

[54] 李华晶、王睿:《知识创新系统对我国大学衍生企业的影响——基于三螺旋模型的解释性案例研究》,《科学管理研究》2011 年第

1 期。
[55] 李家华:《我国创业教育发展状况》,《中国大学生就业》2008 年第 2 期。
[56] 李嘉、黄林冲:《创新型大学教育体系构建的研究》,《长沙铁道学院学报》(社会科学版) 2007 年第 12 期。
[57] 李培林:《流动民工的社会网络和社会地位》,《社会学研究》1996 年第 4 期。
[58] 李世超、苏俊:《大学变革的趋势——从研究型大学到创业型大学》,《科学学研究》2006 年第 4 期。
[59] 李小建、时慧娜:《务工回乡创业的资本形成、扩散及区域效应——基于河南省固始县个案的实证研究》,《经济地理》2009 年第 2 期。
[60] 李晓华、徐凌霄、丁萌琪:《构建我国高校创新创业教育体系初探》,《中国高等医学教育》2006 年第 11 期。
[61] 李育球:《论大学教师学术创新力的基础:知识谱系能力》,《比较教育研究》2011 年第 7 期。
[62] 李哲、何云景、代强:《构建以乡镇为重点的创业支持系统》,《集体经济》2011 年第 1 期。
[63] 李忠云、邓秀新:《高校协同创新的困境——路径及政策建议》,《中国高等教育》2011 年第 17 期。
[64] 梁传杰、曾斌:《对南京大学学科特区建设管理模式的分析与思考》,《中国高教研究》2009 年第 3 期。
[65] 林娟娟、施永川:《地方大学创业型人才培养的困境与发展策略》,《中国高教研究》2010 年第 9 期。
[66] 刘保存:《确立创新创业教育理念 培养创新精神和实践能力》,《中国高等教育》2010 年第 12 期。
[67] 刘传江、周铃:《社会资本和农民工的城市融合》,《人口研究》2004 年第 5 期。
[68] 刘传江:《农民工生存状态的边缘化与市民化》,《人口与计划生育》2004 年第 11 期。
[69] 刘传江:《新生代农民工的特点、挑战与市民化》,《人口研究》2010 年第 2 期。

[70] 刘帆、陆跃祥：《中美两国高校创业教育发展比较研究》，《中国青年研究》2008年第5期。

[71] 刘军仪：《创业型大学：美国研究型大学发展的新动向》，《全球教育展望》2008年第12期。

[72] 刘丽君：《美国一流大学理工创业教育与我国创业教育人才的培养》，《中国高教研究》2009年第5期。

[73] 刘莉萍：《日本和新加坡创业教育比较研究及启示》，《工业和信息化教育》2015年第2期。

[74] 刘林平：《外来人群体的关系运用——以深圳"平江村"为个案》，《中国社会科学》2001年第5期。

[75] 刘林青：《创业型大学的创业生态系统初探》，《高等教育研究》2009年第3期。

[76] 刘献君：《大学校长与战略——我国大学战略管理中需要研究的几个问题》，《高等教育研究》2006年第6期。

[77] 刘学方、王重鸣、唐宁玉、朱健、倪宁：《家族企业接班人胜任力建模——一个实证研究》，《管理世界》2006年第5期。

[78] 刘瑛、何云景：《创业支持系统复杂适应性的结构维度分析》，《经济问题》2012年第1期。

[79] 刘元芳、彭绪梅等：《基于创新三螺旋理论的我国创业型大学的构建》，《科技进步与对策》2007年第11期。

[80] 刘原兵：《社会创业视域下日本大学社会服务的考察》，《比较教育研究》2015年第6期。

[81] 刘智勇、姜彦福：《新创企业动态能力：微观基础、能力演进及研究框架》，《科学学研究》2009年第7期。

[82] 卢立珏、林娟娟：《地方本科高校创业教育体系的构建——以大学生创业教育中的"温州模式"为案例》，《大学教育科学》2010年第2期。

[83] 卢小珠：《创业教育的国际比较及启示》，《教育与职业》2004年第4期。

[84] 陆康强：《特大城市外来农民工的生存状态与融入倾向》，《财经研究》2010年第5期。

[85] 骆四铭：《学科制度与创新型人才培养》，《教育研究》2009年第

9 期。

[86] 马德龙：《高职院校创业教育模式研究——基于温州资源的分析》，《职教论坛》2013 年第 19 期。

[87] 马陆亭：《高等教育支撑国家技术创新需有整体架构》，《高等工程教育研究》2016 年第 1 期。

[88] 马廷奇：《交叉学科建设与拔尖创新人才培养》，《高等教育研究》2011 年第 6 期。

[89] 马志强：《创业型大学崛起的归因分析》，《江西教育科研》2006 年第 7 期。

[90] 冒澄：《创业型大学研究文献综述》，《理工高教研究》2008 年第 27 期。

[91] 梅伟惠、徐小洲：《中国高校创业教育的发展难题与策略》，《教育研究》2009 年第 4 期。

[92] 梅伟惠：《美国高校创业教育模式研究》，《比较教育研究》2008 年第 5 期。

[93] 木志荣：《我国大学生创业教育模式探讨》，《高等教育研究》2006 年第 11 期。

[94] 倪好：《高校社会创业教育的基本内涵与实施模式》，《高等工程教育研究》2015 年第 1 期。

[95] 牛盼强、谢富纪：《创新三重螺旋模型研究新进展》，《研究与发展管理》2009 年第 5 期。

[96] 潘东华、尹大为：《三螺旋接口组织与创新中的知识转移》，《科学学研究》2008 年第 5 期。

[97] 彭仁贤：《新生代农民工问题研究述评》，《经济问题探索》2011 年第 4 期。

[98] 戚振江、赵映振：《公司创业的要素、形式、策略及研究趋势》，《科学学研究》2003 年第 12 期。

[99] 任玥：《创业文化体系视角下的大学社会服务创新——以 Mit 与 128 公路的兴衰与再崛起为例》，《比较教育研究》2008 年第 9 期。

[100] 荣军、李岩：《澳大利亚创业型大学的建立及对我国的启示》，《现代教育管理》2011 年第 5 期。

[101] 商光美：《高等院校创业教育体系的构建策略》，《福州大学学报

（哲学社会科学版）》2011 年第 6 期。

[102] 施冠群、刘林青、陈晓霞：《创新创业教育与创业型大学的创业网络构建：以斯坦福大学为例》，《外国教育研究》2009 年第 6 期。

[103] 施永川、黄兆信、李远煦：《大学生创业教育面临的困境与对策》，《教育发展研究》2010 年第 21 期。

[104] 施永川：《创业教育促进大学生就业问题研究》，《江西社会科学》2015 年第 5 期。

[105] 施永川：《大学生创业教育应为与何为》，《高等工程教育研究》2013 年第 3 期。

[106] 施永川：《我国高校创业教育十年发展历程研究》，《中国高教研究》2013 年第 4 期。

[107] 石变梅、陈劲：《可持续创新：美国史蒂文斯理工学院 Ae 模式》，《高等工程教育研究》2011 第 1 期。

[108] 宋斌、王磊：《高校创业教育的现状、问题及对策》，《教育发展研究》2011 年第 11 期。

[109] 宋东林、付丙海等：《创业型大学的创业能力评价指标体系构建》，《科技进步与对策》2011 年第 9 期。

[110] 苏竣、姚志峰：《孵化器的孵化——三螺旋理论的解释》，《科技进步与对策》2007 年第 3 期。

[111] 苏跃增、徐剑波：《高校科技创新平台建设的几个问题》，《教育发展研究》2006 年第 23 期。

[112] 孙珂：《21 世纪英国大学的创业教育》，《比较教育研究》2010 年第 10 期。

[113] 唐靖、姜彦福：《创业能力概念的理论构建及实证检验》，《科学学与科学技术管理》2008 年第 8 期。

[114] 田丰：《城市工人与农民工的收入差距研究》，《社会学研究》2010 年第 2 期。

[115] 涂秀珍：《美国创业型大学的文化生态系统及其有益启示——Mit 和斯坦福大学案例研究》，《福州大学学报：哲学社会科学版》2011 年第 4 期。

[116] 汪忠、廖宇、吴琳：《社会创业生态系统的结构与运行机制研究》，《湖南大学学报》（社会科学版）2014 年第 5 期。

[117] 王彩华：《我国创业教育运行机制与体系的构建研究》，《煤炭高等教育》2008年第5期。

[118] 王春光：《农民工的社会流动和社会地位的变化》，《江苏行政学院学报》2003年第4期。

[119] 王春光：《新生代的农村流动人口对基本公民权的渴求》，《民主与科学》2000年第1期。

[120] 王春光：《新生代农村流动人口的社会认同与城乡融合的关系》，《社会学研究》2001年第3期。

[121] 王东、秦伟：《农民工代际差异研究》，《人口研究》2002年第9期。

[122] 王贺元、胡赤弟：《学科—专业—产业链：协同创新视域下的基层学术组织创新》，《中国高教研究》2012年第12期。

[123] 王杏芬：《后金融危机时代的研究生创新创业教育研究》，《高等教育研究》2010年第12期。

[124] 王延荣：《创业动力及其机制分析》，《中国流通经济》2004年第3期。

[125] 王占仁：《"经由就业走向创业"教育体系建设研究》，《东北师大学报》（哲学社会科学版）2013年第5期。

[126] 王占仁：《英国高校职业生涯教育之启示——以英国里丁大学为个案》，《教育研究》2012年第7期。

[127] 文丰安：《地方高校大学生创新创业教育浅谈》，《教育理论与实践》2011年第5期。

[128] 文建龙：《试论对大学生进行创业教育》，《当代教育论坛》2003年第12期。

[129] 文军：《论我国城市劳动力新移民的系统构成及其行为选择》，《南京社会科学》2005年第1期。

[130] 文少保：《美国大学"有组织的"跨学科研究创新的战略保障》，《中国高教研究》2011年第10期。

[131] 吴峰：《本科专业的创业教育——以环境科学与工程专业为例》，《高等理科教育》2007年第1期。

[132] 吴金秋：《创业教育的目标与功能》，《黑龙江高教研究》2004年第11期。

[133] 吴伟、邹晓东:《德国研究型大学向创业型大学转型的改革——基于慕尼黑工业大学的分析》,《教育发展研究》2010 年第 13 - 14 期。

[134] 西尔维·德姆希尔,马克·格甘特等:《农民工是中国城市的二等工人吗?——一种相关的数学解析模型》,李贵苍译,《国外理论动态》2009 年第 8 期。

[135] 夏清华、宋慧:《基于内容分析法的国内外学者创业动机研究》,《管理学报》2011 年第 8 期。

[136] 向春:《创业型大学的理论与实践》,《高等工程教育研究》2008 年第 4 期。

[137] 向晓书:《创新创业教育在创业与实践教学中的应用》,《中国现代教育装备》2009 年第 8 期。

[138] 谢建社:《农民工分层:中国城市化思考》,《广州大学学报(社会科学版)》2006 年第 10 期。

[139] 谢建社:《农民工融入城市过程中的冲突与分析——以珠三角 S 监狱为个案》,《广州大学学报(社会科学版)》2007 年第 4 期。

[140] 谢洪明、程聪:《企业创业导向促进创业绩效提升了吗?——一项 Meta 分析的检验》,《科学学研究》2012 年第 7 期。

[141] 谢志远:《构建大学生创业教育的"温州模式"》,《中国高教研究》2008 年第 5 期。

[142] 熊桉:《农民工返乡创业与中部新农村建设——基于资源配置的分析》,《经济社会体制比较》2009 年第 5 期。

[143] 熊华军、岳芩:《斯坦福大学创业教育的内涵及启示》,《比较教育研究》2011 年第 11 期。

[144] 徐菊芬:《创业教育——大学生社会实践新功能》,《高等理科教育》2002 年第 4 期。

[145] 徐小洲、李志永:《我国高校创业教育的制度与政策选择》,《教育发展研究》2011 年第 11 期。

[146] 徐小洲、梅伟惠:《高校创业教育的战略选择:美国模式与欧盟模式》,《高等教育研究》2010 年第 6 期。

[147] 徐小洲、叶映华:《大学生创业认知影响因素与调整策略》,《教育研究》2010 年第 6 期。

[148] 徐小洲：《社会创业教育：哈佛大学的经验与启示》，《教育研究》2016年第1期。

[149] 徐小洲：《英国高校创业教育新政策述评》，《比较教育研究》2010年第7期。

[150] 许传新：《"落地未生根"——新生代农民工城市社会适应研究》，《南方人口》2007年第4期。

[151] 许俊卿：《大学生网络商业行为调查及其成因和引导》，《青年探索》2010年第3期。

[152] 宣勇：《论创业型大学的价值取向》，《教育研究》2012年第4期。

[153] 颜士梅：《并购式内创业维度及其特征的实证分析》，《科学学研究》2007年第3期。

[154] 杨菊华：《新生代农民工：特征、问题与对策——对新生代流动人口的认识误区》，《人口研究》2010年第2期。

[155] 杨连生：《大学学术团队创新能力提升的SWOT分析及其策略选择》，《学位与研究生教育》2009年第5期。

[156] 姚明龙、王远军：《国外家族企业研究最新进展述评》，《浙江社会科学》2004年第6期。

[157] 衣俊卿：《中国高校创业教育现状分析》，《教育》2006年第18期。

[158] 易高峰：《我国大学衍生企业发展的影响因素分析》，《清华大学教育研究》2010年第4期。

[159] 殷朝晖、龚娅玲：《美国加州大学洛杉矶分校构建创业生态系统的探索》，《高教探索》2012年第8期。

[160] 余新丽：《中国研究型大学创业能力研究——基于多元统计分析》，《复旦教育论坛》2011年第3期。

[161] 袁登华：《内创业者及其培育》，《商业研究》2003年第12期。

[162] 袁晓辉、王卫卫：《创业型经济背景下"大学生村官"的角色转变与功能拓展》，《农村经济》2011年第3期。

[163] 张帆：《美国大学创业教育发展及对中国的启示》，《中国人才》2003年第8期。

[164] 张改清：《农民工返乡创业：意愿、行为与效应的代际差异比较》，《统计与决策》2011年第18期。

[165] 张健、姜彦福、林强:《创业理论研究与发展动态》,《经济学动态》2003年第5期。

[166] 张金华:《地方高校全面推进大学生创业教育的思考》,《中国成人教育》2010年第15期。

[167] 张娟、高振:《高等学校创新教育保障机制的构建》,《煤炭高等教育》2006年第11期。

[168] 张力:《产学研协同创新的战略意义和政策走向》,《教育研究》2011年第7期。

[169] 张立昌:《创新·教育创新·创新教育》,《华东师范大学学报》1999年第2期。

[170] 张平:《创业教育:高等教育改革的价值取向》,《中国高教研究》2002年第12期。

[171] 张帏、高建:《斯坦福大学创业教育体系和特点的研究》,《科学学与科学技术管理》2006年第9期。

[172] 张炜:《我国大学跨学科学术组织发展的演进特征与创新策略》,《浙江大学学报(人文社会科学版)》2011年第6期。

[173] 张秀萍:《基于三螺旋理论的创业型大学管理模式创新》,《大学教育科学》2010年第5期。

[174] 张学军:《关于福建青年创业现状的调查报告》,《福州大学学报》2005年第3期。

[175] 赵浩兴:《农民工创业地点选择的影响因素研究》,《中国人口科学》2012年第4期。

[176] 赵红路:《对高校创新创业教育的若干思考》,《现代教育科学》2009年第7期。

[177] 郑玲玲、费江涛:《高校大学生创业能力的培养》,《经营管理者》2009年第11期。

[178] 钟秉林:《强化办学特色,推进教育创新——组建北京师范大学教育学部的若干思考》,《中国高教研究》2009年第12期。

[179] 周彬、黄琴:《大学创新创业激励机制研究》,《经济研究导刊》2011年第3期。

[180] 周玮、吴兆基、王娇、吴玉:《高校在"大学生村官"实践中的对策研究》,《农村经济与科技》2007年第4期。

[181] 周兆农：《美国创业教育对我国高等教育的启示》，《科研管理》2008年第12期。

[182] 周振堂：《论高等学校创业教育及保障体系的构建》，《白城师范学院学报》2007年第3期。

[183] 朱红根：《政策资源获取对农民工返乡创业绩效的影响》，《财贸研究》2012年第1期。

[184] 朱力：《农民工阶层的城市适应》，《江海学刊》2002年第6期。

[185] 朱新秤：《论大学生就业能力培养》，《高教探索》2009年第4期。

[186] 祝智庭、孙妍妍：《创客教育：信息技术使能的创新教育实践场》，《中国电化教育》2015年第1期。

[187] 卓高生、曾纪瑞：《创业大学生社会融合现状及社会支持体系的构建》，《广州大学学报》（社会科学版）2013年第2期。

[188] 卓泽林、王志强：《构建全球化知识企业：新加坡国立大学创新创业策略研究及启示》，《比较教育研究》2016年第1期。

[189] 邹晓东：《创业型大学：概念内涵、组织特征与实践路径》，《高等工程教育研究》2011年第3期。

三　学位论文

[1] 柴旭东：《基于隐性知识的大学创业教育研究》，博士学位论文，华东师范大学，2010年。

[2] 陈晨：《基于我国创业教育的大学生成功创业教育问题研究》，硕士学位论文，中国地质大学，2010年。

[3] 陈周见：《大学创新教育评价研究》，硕士学位论文，中南大学，2003年。

[4] 董晓红：《高校创业教育管理模式与质量评价研究》，博士学位论文，天津大学，2009年。

[5] 黄敏：《基于协同创新的大学学科创新生态系统模型构建的研究》，博士学位论文，第三军医大学，2011年。

[6] 金丽：《英国高校创业教育探究》，硕士学位论文，东北师范大学，2009年。

[7] 李会峰：《我国大学生创业教育研究——以教育部创业教育试点院校及兰州大学为例》，硕士学位论文，兰州大学，2010年。

[8] 李晶：《组织创业气氛及其对创业绩效影响机制研究》，博士学位论

文，浙江大学，2008年。
[9] 刘沫:《理工科大学生创新教育的理论研究与实践》，硕士学位论文，南京工业大学，2005年。
[10] 刘文富:《人力资本对大学生创业的影响研究》，硕士学位论文，湖南师范大学，2010年。
[11] 刘艳华:《高校学科组织结构及创新行为与学科创新能力的相关性和实证研究》，博士学位论文，河北工业大学，2009年。
[12] 彭绪梅:《创业型大学的兴起与发展研究》，硕士学位论文，大连理工大学，2008年。
[13] 齐鹏:《大学生创业教育研究》，硕士学位论文，江苏大学，2010年。
[14] 任世强:《中美大学创业教育比较研究》，硕士学位论文，西南大学，2009年。
[15] 沈培芳:《大学生创业素质调查研究》，硕士学位论文，华东师范大学，2010年。
[16] 王彩华:《我国高校创业教育研究》，硕士学位论文，华东师范大学，2007年。
[17] 王雁:《创业型大学：美国研究型大学模式变革的研究》，博士学位论文，浙江大学，2005年。
[18] 姚鹏磊:《创业资源与创业绩效关系的实证研究》，硕士学位论文，东北财经大学，2010年。
[19] 张玲玲:《高校科研团队创新能力提升研究》，博士学位论文，大连理工大学，2010年。
[20] 郑秋枫:《当代大学生创业中的社会网络解析——以温州大学生创业实践为例》，硕士学位论文，云南大学，2014年。
[21] 邹晓东:《研究型大学学科组织创新研究》，博士学位论文，浙江大学，2003年。

四 英文文献

[1] Autio E., R. H. Keeley, M. Klofsten, G. G. C. Parker, & M. Hay, Entrepreneurial Intent among Students in Scandinavia and in the USA, *Enterprise and Innovation Management Studies*, Volume 2, Number 2, 2001.

[2] Batjargal B., The dynamics of entrepreneurs' networks in a transition economy: the case of Russia. *Entrepreneurship and Regional Development*, 2006, 18 (4).

[3] Binks M., *Entrepreneurship Education and Integrative Learning*, National Council for Graduate Entrepreneurship Policy Paper, University of Nottingham, 2005.

[4] Bloom G., *The Social Entrepreneurship Collaboratory (SE Lab): A University Incubator for a Rising Generation of Social Entrepreneurs*, Oxford, Oxford University Press, 2006.

[5] Brazeal D. V., Managing an Entrepreneurial Organization Environment, *Journal of Business Research*, 1996, 35 (1): 55–67.

[6] Brennan M. C., & Mcgowan. P., Academic Entrepreneurship: an Exploratory Case Study, *International Journal of Entrepreneurial Behaviour & Research*, 2006 (3).

[7] Brockhaus, R., *Entrepreneurship Education and Research Outside North America*, The Project for Excellence in Entrepreneurship Education, 2004.

[8] Brockhaus, Robert H., & Pamela S. Horwitz, *The Psychology of the Entrepreneur, Entrepreneurship: Critical Perspectives On Business And Management*, London, Routledge, 2002.

[9] Cartnert, & W. B., What are We Talking About When We Talk About Entrepreneurship, *Entrepreneurship Theory & Practice*, 1990.

[10] Churchill, N. C., Research issues in entrepreneurship, In D. L. Sexton & J. D. Kasarda, *The state of the art of entrepreneurship*, Boston: PWS-Kent. 1992: 579–586.

[11] Clarysse B., The Impact of Entrepreneurial Capacity, Experience and Organizational Support On Academic Entrepreneurship, *Research Policy*, 2011 (40).

[12] Colyvas & Powell, From Vulnerable to Venerated: The Institutionalization of Academic Entrepreneurship in the Life Sciences, *Research in the Sociology of Organizations*, 2007 (25).

[13] Commission of the European Communities, Report on the implementation

of the Entrepreneurship Action Plan, Brussels, 2006.

[14] Cooper A. C. & Dunkelberg W. C., Entrepreneurial Research: Old Question, New Answers And Methodological Issues, *American Journal of Small Business*, 1987 (1).

[15] Cooper, S. Bottomley, C., & Gordon J, Stepping out of the classroom and up the ladder of learning: An experiential learning approach to entrepreneurship education, *Industry & Higher Education*, 2004 (1).

[16] Czarnitzki D., Is there a Trade – Off Between Academic Research and Faculty Entrepreneurship? Evidence From US NIH Supported Biomedical Researchers, *Economics of Innovation and New Technology*, 2010 (19).

[17] Czuchry A., Yasin M., & Gonzales M., Effective Entrepreneur Education: A Framework for Innovation and Implementation, *Journal of Entrepreneurship Education*, 2004 (2).

[18] D'Este P., Mahdi S., & Neely A., Academic Entrepreneurship: What are the Factors Shaping the Capacity of Academic Researchers to Identify and Exploit Entrepreneurial Opportunities, *Danish Research Unit for Industrial Dynamics Working Paper*, 2010 (10).

[19] Donald F., & Kuratko, Entrepreneurship Education in the 21'st Century: from Legitimization to Leadership, *A Coleman Foundation White Paper USASBE National Conference*, 2004.

[20] DOrazio, PMonaco, & EPalumbo R., Determinants of Academic Entrepreneurial Intentions in Technology Transfer Process: An Empirical Test, *Ssrn Electronic Journal*, 2012.

[21] Dr. Shailendra Vyakarnam, Embedding entrepreneurship education at the University level, http://www.ost.gov.uk/enterprise/index.htm.pdf.

[22] Dr. Habil, & László Szerb, Student's entrepreneurial attitudes and entrepreneurship education in 14 countries, http://ideas.repec.org/p/ags/cudawp/127271.html.

[23] Etzkowitz H. et al., The future of the university and the university of the future: evolution of ivory tower to entrepreneurial paradigm, *Research Policy*, 2000 (29).

[24] Etzkowitz H., The Second Academic Revolution and the Rise of Entrepreneurial Science, Technology and Society Magazine, IEEE, 2001 (20).

[25] Etzkowitz H., Research groups as "quasi – firms": the invention of the entrepreneurial university, *Research Policy*, 2003 (32).

[26] European Commission, *Enterprise and Industry Directorate – General. Entrepreneurship in Higher Education, especially in Non – business Studies*, 2008.

[27] European Commission, *Entrepreneurship Education in Europe: Fostering Entrepreneurial Mindsets through Education and Learning*, Final Proceedings, OSLO, October 2006.

[28] European Commission, *Entrepreneurship Education: A Guide for Educators*, Enterprise and Industry, 2013.

[29] European Commission, *Effects and impact of entrepreneurship programmes in higher education*, Brussels, 2012.

[30] Eurydice Report, Entrepreneurship Education at School in Europe: National Strategies, Curricula and Outcomes, http://www.cedefop.europa.eu/en/news/19773.aspx.

[31] Frank H., Korunka C., Lueger M., & Mugler J., Entrepreneurial orientation and education in Austrian secondary schools – status quo and recommendations, *Small Business and Enterprise Development*, 2003 (2).

[32] Gary Gorman, Dennis Hanlon, & Wayne King, Some research perspectives on entrepreneurship education, enterprise education and education for small business management: a ten year literature view. *International Small Business Journal*, 1997 (5).

[33] Gibb A., A., Enterprise culture and education: Understanding enterprise education and its links with small business, entrepreneurship and wider educational goals, *International Small Business Journal*, 1993 (3).

[34] Gibb A., In pursuit of a new "enterprise" and "entrepreneurship" paradigm for learning: Creative destruction, new values, new ways of doing

things and new combinations of knowledge, *International Journal of Management Reviews*, 2002 (3).

[35] Godsey, Monica L., Terrence C., & Sebora, Entrepreneur Role Models and High School Entrepreneurship Career Choice: Results of a Field Experiment, *Small Business Institute Journal*, 2010 (1).

[36] Greg Dees, The Meaning of Social Entrepreneurship, http://www.fuqua.duke.edu/centers/case/documents/dees_ SE. pdf.

[37] Grimaldi R., & Kenney M., 30 Years After Bayh–Dole: Reassessing Academic Entrepreneurship", *Research Policy*, 2011 40 (8SI): 1045–1057.

[38] Gurau C., Dana L., & Lasch F., *Academic Entrepreneurship in UK Biotechnology Firms: Alternative Models and the Associated Performance*, Enterprising Communities: People and Places in the Global Economy, 2012 (2).

[39] Harry Matlay, & Charlotte Carey, Entrepreneurship education in the UK: a longitudinal perspective, *Small Business and Enterprise Development*, 2007 (2).

[40] Henry C., Hill, F., & Leitch C., Entrepreneurship education and training: Can entrepreneurship be taught? Part I., *Education & Training*, 47 (2/3) 2005, 98–112.

[41] Herrmann W., *The Future of the European University: Issues, Entrepreneurship and Alliances, the Future of the Research University: Meeting the Global Challenges of the 21st Century*, Ewing Marion Kauffman Foundation, 2008.

[42] Hurst E., & Lusardi A., Liquidity Constraints, Household Wealthand Entrepreneurship, *Journal of Political Economy*, 2004, 112 (2): 319–347.

[43] Hynes, Briga, Yvonne Costin, & Naomi Birdthistle, *Practice–based learning in entrepreneurship education: A Means of Connecting Knowledge Producers and Users*, Higher Education, Skills and Work–based Learning, 2011 (1).

[44] Institute, University of Glamorgan, Pontypridd, UK. Promoting entrepreneurship at the University of Glamorgan through formal and informal learning. *Journal of Small Business and Enterprise Development* Vol. 12

No. 4, 2005 pp. 613 – 62 Emerald Group Publishing Limited 1462 – 6004 DOI 10. 1108/1462600051062826.

[45] Jacob M. , Lundqvist M. , & Hellsmark H. , Entrepreneurial transformations in the Swedish university system: the case of Chalmers University of Technology, *Research Policy*, 2007 (9).

[46] Jason Kislin, & Roy Probst, The Entrepreneurial Environment of the Lehigh Valley: A Regional Benchmarking Study, *Lehigh University Community Research and Policy Service*, 1999.

[47] Jensen R. , & Thursby M. , *Facilitating Academic Entrepreneurship*, Analysis, 2013 (5).

[48] Joannisson, B. & Halvarsson, D. Lovstal, E. , Stimulating and fostering entrepreneurship through university training—learning within an organizing context. In: Brockhaus, R. H. , Hills, G. E. , Klandt, H. Welsch, H. P. (Eds.), Entrepreneurship Education—A Global View. Ashgate, Aldeshot, UK, 2001.

[49] Karen Wilson, Entrepreneurship Education in Europe, Entrepreneurship And Higher Education, 2008.

[50] Karen Wilson, *The Role of Higher Education in the Entrepreneurial Ecosystem: Myths and Realities*, Nordic Entrepreneurship Conference, 2011.

[51] Katzja, The Chronology and Intellectual Trajectory of American Entrepreneurship Education, *Journal of Business Ventyring*, 2003, 18 (2).

[52] Kelly Smith, Edgbaston, Lynn M. Martin, & Perry Barr, Graduate entrepreneurship education in the United Kingdom, *Education Training*, 2007 (48).

[53] Kenney M. , & Goe W. R. , The Role of Social Embeddedness in Professional Entrepreneurship: A Comparison of Electrical Engineering and Computer Science at UC Berkley and Stanford, *Research Policy*, 2004 (33).

[54] Kirby D. , Creating entrepreneurial universities in the UK: applying entrepreneurship theory to practice, *Journal of Technology Transfer*, Vol.

31 No. 5, 2006.

[55] Kirby D. A., Urbano D., & Guerrero M., Making Universities More Entrepreneurial: Development of a Model", Canadian Journal of Administrative Sciences – Revue Canadienne Des Sciences De L Administration, 2011, 28 (3SI).

[56] Krueger N., M. D., & Reillyetal, *Competing models of entrepreneurial intentions: Business Venturing*, 2006 (1).

[57] Kuratko, D. F., Ireland, R. D., & Hornsby, J. S., Improving Firm Performance Through Entrepreneurial Actions: Acordia's Corporate Entrepreneurship Strategy, *Academy of Management Executive* 2001, 15 (4): 60 – 71.

[58] Kwiek M., Academic Entrepreneurship vs Changing Governance and Institutional Management Structures at European Universities, *Policy Futures in Education*, 2008 (6).

[59] L. Papayannakis, I. Kastelli, D. Damigosand, & G. MavrotaS, Fostering entrepreneurship education in engineering curricula in Greece: Experience and challenges for a Technical University, *European Journal of Engineering Education*, 2008 (2).

[60] Lange, J. E. et al., Does An Entrepreneurship Education Have Lasting Value? A Study Of Careers Of 4,000 Alumni, *Frontiers of Entrepreneurship Research*, 2011 (31).

[61] Laukkanen M., Exploring Academic Entrepreneurship: Drivers and Tensions of University – Based Business, *Journal of Small Business and Enterprise Development*, 2003, 10 (4).

[62] Lazzeretti L., & Tavoletti E., Higher Education Excellence and Local Economic Development: The Case of the Entrepreneurial University of Twente, *European Planning Studies*, 2005, 13 (4): 475 – 493.

[63] Lee, S. M, & Peterson S., Culture, entrepreneurial orientation and global competitiveness, World Business, 2000, http://www.usnews.com/usnews/edu/college/rankings/business/topprogs.htm.

[64] Lenoir, Timothy, Nathan Rosenberg, Henry Rowen, Christopher Lecuyer, Jeannette Colyvas, & Brent Goldfarb, Inventing the entrepreneurial

university: Stanford and the coevolution of Silicon Valley, http://www.siepr.stanford.edu/programs/SST_ seiminars/Lenoir.pdf.

[65] Louise – Jayne Edwards & Elizabeth J., Promoting entrepreneurship at the University of Glamorgan through formal and informal learning, *Journal of Small Business and Enterprise Development*, 2005 (4).

[66] M. Gallant, S. Majumdarand, & D. Varadarajan, Outlook of Female Students Towards Entrepreneurship: An Analysis of a Selection of Business Students in Dubai, Education, *Business and Society*, 2010 (3).

[67] Marilyn L. Kourilsky, Entrepreneurship education: Opportunity in Search of Curriculum, *Business Education Forum*. 1995 (10).

[68] Markku Ikävalko, & Elena Ruskovaara, Rediscovering Teacher's Role in Entrepreneurship Education, http://developmentcentre.lut.fi/files/muut/EFMD_ rediscovering.pdf.

[69] Mars. M. M., Academic Entrepreneurship (Re) defined: Significance and Implications for the Scholarship of Higher Education, *Higher Education*, 2010 (59): 441 – 460.

[70] Martinelli A., Meyer M., & Tunzelmann N., Becoming an Entrepreneurial University? A Case Study of Knowledge Exchange Relationships and Faculty Attitudes in a Medium – Sized, Research – Oriented University, *The Journal of Technology Transfer*, 2008, 33 (3): 259 – 283.

[71] Matthew M. & Mars, The Diverse Agendas of Faculty within an Institutionalized Model of Entrepreneurship – Education, *Entrepreneurship Education*, 2007 (10).

[72] McKeown, Julie, Cindy Millman, Srikanth Reddy Sursani, Kelly Smith, & Lynn M. Martin, Graduate entrepreneurship education in the United Kingdom, Education + Training, 2006.

[73] Meyer, A. D., Aten, K., Krause, A. J., Metzger, M., & Land Holloway, Creating a university technology commercialization programme: confronting conflicts between learning, discovery and commercialization goals, *Entrepreneurship and Innovation Management*, 2011 (2).

[74] Meyer, G. Dale, Heidi M. Neck, & Michael D. Meeks, "The Entre-

preneurship – Strategic Management Interface", Strategic Entrepreneurship, Creating a New Mindset, Edited by Michael A. Hitt, R. Duane Ireland, S. Michael Camp, Donald L. Sexton, 2002 by Blackwell Publishers Ltd., 2002.

[75] NIRAS Consultants, Survey of Entrepreneurship in Higher Education in Europe, European Commission, Directorate General for Enterprise and Industry, 2008, http://foranet.dk/publicationer/rapporter.aspx? lang = en.

[76] Osborne, S. W., Falcone, T. W., & Nagendra, P. B., From unemployed to entrepreneur: A case study in intervention. *Journal of Development Entrepreneurship*, 2000, 5 (2).

[77] Peterman, N. E., & Kennedy, J., Enterprise education: Influencing students' perceptions of entrepreneurship, *Entrepreneurship Theory and Practice*, 2003 (2).

[78] Pittaway, Luke, Hannon, Paul, Gibb, Allan, Thompson, & John, Assessment practice in enterprise education, *International Journal of Entrepreneurial Behaviour & Research*, 2009.

[79] Report and Evaluation of the Pilot Action High Level Reflection Panels on Entrepreneurship Education initiated by DG Enterprise and Industry and DG Education and Culture, Towards Greater Cooperation and Coherence in Entrepreneurship Education, March 2010.

[80] Rushin, F. W., Entrepreneurship and Education. In Calvin A. Kent (Eds.), Entrepreneurship Education: Current Developments, Future Directions. *Quorum Books*. 1990.

[81] Schaper, & M. T., The impact of tertiary education courses on entrepreneurial goals and intentions, *Handbook of Research in Entrepreneurship Education*, 2007.

[82] Shane S., Venkataraman S., The promise of entrepreneurship as a field of research, *Academy of Management Review*, 2000, 25 (1).

[83] Shikha Chaturvedi, & Pallavi Mishra, Enrepreneurship Education: An Innovation Whosetime Has Come, Gyanodaya, 2009, 12 (1).

[84] Solomon, G. T., Duffy S., & Tarabishy A., The State of Entrepreneurship Education in the United States: A Nationwide Survey and Anal-

ysis, *Entrepreneurship Education*, 2002 (1).

[85] State Directors of Career and Technical Education, *The State of Entrepreneurship Education* 2012, February 2012.

[86] Stevenson H. H., & Jarillo J. C., A Paradigm of Entrepreneurship: Entrepreneurial Management, *Strategy Management Journal*, 1990 (11).

[87] The Aspen Youth Entrepreneurship Strategy Group, Youth Entrepreneurship Education In America: A Policymaker's Action Guide, 2008.

[88] The Kauffman Panel on Entrepreneurship Curriculum in Higher Education: Entrepreneurship in American Higher Education, 2006.

[89] The Ministry of Education, Department for Education and Science Policy, Government Finland, Guidelines for entrepreneurship education, 2009, http://www.minedu.fi/OPM/publications.

[90] Thomas Hopkins, Vail Consultancy, & Howard Feldman, Changing Entrepreneurship Education: Finding the Right Entrepreneur for the Job, *Organizational Change Management*, University of Colorado – Boulder, 2007.

[91] Tora Aasland, *Entrepreneurshi in Education and Training – from compulsory school to higher education* 2009 – 2014, 2010.

[92] Tuzin Baycan – Levent, & Peter Nijkamp, Characteristics of migrant entrepreneurship in Europe, *Entrepreneurship & Regional Development*, 2009 (6).

[93] Uhlaner L. and Thurik A. R., Post – materialism: A Cultural Factor Influencing Total Entrepreneurial Activity across Nations, Paper on Entrepreneurship, *Growth and Public Policy*, 2004.

[94] Van der SluisJ, Van Praag M. & Vijverberg W., Entrepreneurship Selection and Performance: A Meta – analysis of the Impact of Education in Developing Economies. *The World Bank Economic Review*, 2006 (2).

[95] World Economic Forum Switzerland, *Educating the Next Wave of Entrepreneurs: Unlocking Entrepreneurial Capabilities to Meet the Global Challenges of the 21st Century*, 2009.

附 录

调查问卷（一）
高校创业学院建设调查问卷

各高校创业学院：

  为深入了解和掌握各高校创业学院建设方面的一些基本情况，现开展高校创业学院建设研究调查工作。问卷结果只用于基础科研与学术论文的撰写，不涉及任何评价或商业用途。我们保证对您所提供的一切信息保密，衷心感谢您的支持与配合！

国家社科基金重点招标项目课题组

  填写说明：请根据实际情况直接勾选答案，将答案或所选的序号填在对应的_____或（　　　）内，如无特殊说明的情况，每题只选一项。答题时如选项为"其他"，请详细说明原因。

第一部分　创业学院基本建设情况

1. 学校名称：_____
2. 创业学院成立时间：_____
3. 是否独立设置（□是/□否）
   创业学院院长（□专职/□兼职）
   （姓名：_____联系电话：_____）
   创业学院副院长（□专职/□兼职）
   （姓名：_____联系电话：_____）
   在创业学院学生人数（人）：_____；在校学生人数（人）_____

4. 若非独立，牵头职能部门
（部门名称：_____；负责人姓名：_____；
联系人电话：_____）
5. 创业学院建设理念（宗旨）：_____

第二部分　创业学院的组织领导建设

1. 贵校是否把创新创业教育工作列入学校重要工作地位，纳入学校整体发展规划（　　）
   A. 是　　　　　　　　B. 否
2. 贵校是否有较为系统的创新创业教育发展规划（　　）
   A. 是　　　　　　　　B. 否
3. 若贵校有较为系统的创新创业教育发展规划，请填写

_____
_____
_____

4. 贵校是否已成立创新创业教育工作组织机构（　　）
   A. 是　　　　　　　　B. 否
5. 若贵校设有完善的创新创业教育工作组织机构，请填下表：

岗位	人数	职责

6. 若贵校已有创新创业教育工作组织机构，是否有专门的办公场所（　　），若"是"，请填写创业学院办公场所面积_____
   A. 是　　　　　　　　B. 否
7. 贵校参与创新创业工作的协同、监督部门包括（　　）
   A. 教务处　　　B. 学生工作部（处）教务处
   C. 团委　　　　D. 财务处
   E. 组织部　　　F. 人事处
   G. 校友办　　　H. 学校办公室

I. 其他（请填写）_____

8. 有多少政府部门参与贵校的创业学院建设（　　），如有，请列举_____

9. 有多少家企业参与贵校的创业学院建设（　　）

10. 贵校在创业学院建设过程中的宣传媒介包括（　　）

A. 创业学院网站

B. 创业学院微信平台

C. 创业学院微博

D. 其他（请填写）_____

第三部分　创业人才培养实施情况

1. 请描述贵校创新创业教育人才培养理念（结合贵校是如何促进专业教育与创新创业教育有机融合，培养学生创新精神、创业意识和创新创业能力）：

_____

_____

_____

2. 是否开展"3+1""2+1"等多种形式的创新创业教育改革模式（　　）

A. 是　　　　　　　　　　　B. 否

3. 是否有创业教育必修课或模块选修课（　　）

A. 是　　　　　　　　　　　B. 否

4. 创业教育必修课或模块选修课的学生数：_____

5. 在线学习创业教育学生人数：_____

6. 创业教育必修课和相应选修课科目，请填下表

课程名称	必修课/选修课	学分/学时

7. 开发创新创业教育优质课堂教学课程数：_____

8. 开发创新创业教育优质视频教学课程数：_____

9. 编写创新创业教育教材数：_____

10. 正在使用哪些创新创业教育教材：

_____

_____

11. 描述贵校创新创业学分管理制度：

_____

_____

12. 描述贵校创新创业学分管理实行情况：

_____

_____

13. 贵校创业教育师资队伍组成情况（请填下表）

师资队伍		总人数（人）	专业背景	是否有创业经验	平均任职年限（年）
创业教育专职教师					
兼职教师	本校其他专业教师				
	就业指导教师				
	企业家				
	成功创业的校友				
	其他_____				
其他_____					

14. 贵校是否建设创业导师数据库（　　）

 A. 是　　　　　　　　　　B. 否

15. 贵校是否开展创业导师与创业学生对接活动（　　）

 A. 是　　　　　　　　　　B. 否

16. 贵校是否将教师指导学生创业实践和创业项目等纳入教师业绩考核（　　）

 A. 是　　　　　　　　　　B. 否

17. 贵校对创业教育教师授课提出明确要求（　　）

　　A. 是（请具体列举：□参加人社部门组织的创业导师培训并取得资质；

　　□参加全省创业导师培训工程并取得证书；

　　□参加校内创业教师师资培训并获得合格；

　　□其他_____）

　　B. 否

18. 贵校参加浙江省创业导师培养工程人数：_____

19. 贵校是否为浙江省创业导师培养工程教学点：_____

20. 贵校是否将创业教育专职教师纳入教师编制队伍（　　）

　　A. 是　　　　　　　　B. 否

21. 贵校创业实践平台数量（　　）

22. 请描述贵校实践平台建设情况：_____

_____

_____

23. 学校是否建立了较为完善的创新创业指导服务体系（　　）

　　A. 是　　　　　　　　B. 否

24. 学校对参与创新创业学生是否能够实行持续帮扶、全程指导和一站式服务（　　）

　　A. 是　　　　　　　　B. 否

25. 贵校建立的创业指导服务体系包括（可多选）（　　）

　　A. 提供项目论证　　　　B. 提供创业场地支持

　　C. 定期开展创业指导　　D. 提供创业扶持经费

　　E. 提供公司注册服务　　F. 提供财务管理服务

　　G. 提供法律咨询服务　　H. 提供专利代理服务

　　I. 提供物业管理服务　　J. 特色项目培训

　　K. 其他_____

26. 请描述贵校举办各类创新创业实践活动及组织情况，是否制度化、常态化、成效如何？

_____

_____

_____

27. 贵校近三年来学生参与省级、国家级各类创业大赛获奖的数量（   ），获奖率为＿＿＿＿＿＿＿＿＿＿

28. 贵校2016年度举办大学生创新创业宣传活动量：＿＿＿＿＿＿

29. 贵校是否设有创业教育和创业教学专项研究项目（   ）

　　A. 是　　　　　　　　　　B. 否

30. 贵校公开发表创新创业教育相关论文、著作等研究成果数量情况：
＿＿＿＿＿＿＿＿＿＿＿＿＿＿＿＿＿＿＿＿＿＿＿＿＿＿＿＿＿＿＿

31. 简要描述创业学院承接面向校外各类社会培训及服务：
＿＿＿＿＿＿＿＿＿＿＿＿＿＿＿＿＿＿＿＿＿＿＿＿＿＿＿＿＿＿＿
＿＿＿＿＿＿＿＿＿＿＿＿＿＿＿＿＿＿＿＿＿＿＿＿＿＿＿＿＿＿＿

32. 贵校是否制定创新创业能力培养计划及建立创新创业档案和成绩记载系统（   ）

　　A. 是　　　　　　　　　　B. 否

第四部分　创业学院建设保障机制

1. 贵校是否设有创新创业教育专项工作经费，并纳入学校年度预算（   ）

　　A. 是　　　　　　　　　　B. 否

2. 贵校创新创业教育专项工作经费年度预算为：＿＿＿＿＿＿＿＿＿＿

3. 贵校创新创业教育专项工作经费用于（可多选）（   ）

　　A. 创业教育理论课程　　　　B. 学生创业教育活动
　　C. 创业导师培训　　　　　　D. 举办创业教育讲座
　　E. 建立创业园　　　　　　　F. 宣传普及政策知识
　　G. 建立校企联合创业基地　　H. 设立创业基金
　　I. 其他（请填写）＿＿＿＿＿＿＿＿＿

4. 贵校创新创业教育专项经费支出（请填下表）

创业学院支出经费	支出金额（万元）
创业教育理论课程	
学生创业教育活动	

续表

创业学院支出经费	支出金额（万元）
创业导师培训	
举办创业教育讲座	
建立创业园	
宣传普及政策知识	
建立校企联合创业基地	
宣传普及政策知识	
建立校园创业基金	
建立校企联合创业基地	
其他	

5. 贵校是否设立创业基金（　　），若"是"，则创业基金个数为_____

　　A. 是　　　　　　　　　　B. 否

6. 若贵校设立创业基金，则基金额度为_____

7. 贵校创业基金来源包括（可多选）（　　）

　　A. 高校内部经费分配　　　B. 产学研合作的收入

　　C. 创业学院自筹　　　　　D. 社会捐赠

　　E. 招收海外留学生　　　　F. 国际教育资助

　　G. 部分学生服务项目社会化　H. 其他（请填写）_____

8. 贵校创业基金主要用于（可多选）（　　）

　　A. 资助大学生创业　　　　B. 孵化师生初创企业

　　C. 扶持产学研项目转化落地　D. 设立大学生创新创业奖助学金

　　E. 其他（请填写）_____

9. 贵校创业基金支出经费（请填下表）

创业学院支出经费	支出金额（万元）
资助大学生创业	
孵化师生初创企业	
扶持产学研项目转化落地	
设立大学生创新创业奖助学金	
其他	

10. 近三年，贵校用于大学生创业的扶持资金：_____万

11. 贵校是否已建立完善的促进创新创业教育的教学管理制度，包括（可多选）（　　）

　　A. 学分转换制　　　　　　　　B. 弹性学制
　　C. 保留学籍休学创业制度　　　D. 其他（请填写）：_____

12. 请描述贵校创新创业教育的教学管理制度：_____

13. 贵校是否建立了完善的、切实可行的大学生的创业扶持措施和办法，若有，请填写：

_____

_____

14. 贵校是否设有大学生创业专项奖学金（　　）

　　A. 是　　　　　　　　　　　　B. 否

15. 近三来，贵校大学生创新创业训练项目立项数量：_____

16. 贵校是否制定相关制度，促进实验示范中心、实训中心及专业实验室、实验设备等各类实验教学平台面向创业学生开放使用（　　）

　　A. 是　　　　　　　　　　　　B. 否

17. 贵校是否和各级政府共同出台各类帮助大学生创业的优惠政策（　　）

　　A. 是　　　　　　　　　　　　B. 否

18. 贵校用于大学生创业教育与实践的场地面积_____

第五部分　创业学院建设阶段性工作成效

1. 学生对于贵校创新创业人才培养质量和创业指导服务水平的满意度_____

2. 贵校近三年初次就业率水平_____；学生自主创业比例_____；大学生创业企业成活三年及以上的数量_____以及比例_____

3. 描述贵校相对稳定且能够在高校间推广的有特色、具有示范效应的机制或做法：_____

4. 贵校创新创业教育媒体专题报道数量_____，高层次相关会议经验分享次数_____，自主举办高层次的

创新创业教育相关会议或论坛次数_____，创新创业经验和做法受到上级部门的奖励或荣誉数量_____

5. 贵校目前创业教育开展过程中遇到的障碍是（多选请排序）（　　）

　　A. 缺乏专业的创业教育师资　　B. 缺乏完善的创业教学计划
　　C. 缺少创业教育教材　　　　　D. 学生参与创业教育的积极性不高
　　E. 缺乏创业氛围　　　　　　　F. 缺少学校领导的支持
　　G. 创业教育经费紧张　　　　　H. 创业实践场地、条件不足
　　I. 缺乏相关政策支持　　　　　J. 创业学院建设缺乏特色
　　K. 其他（请填写）_____

6. 请描述学校在创新创业工作理念、工作模式和方法、体制机制建设等方面，提出的新思路、新方法和新举措等，以及由此形成的特色工作体系、运行机制及保障措施；该模式的开展对创新创业人才培养、创业指导服务、高质量创业就业工作产生的显著进展和突出成效。

_____
_____

调查问卷（二）
大学生创业现状调查问卷

亲爱的同学：

　　为深入了解高校大学生的创业状况，为政府及学校进一步做好创业工作提供决策参考，以更好地促进毕业生创业，特开展此次专项调查活动。问卷结果只用于基础科研与学术论文的撰写，不涉及任何评价或商业用途。我们保证对您所提供的一切信息保密，衷心感谢您的支持与配合！

国家社科基金重点招标项目课题组

　　填写说明：请根据实际情况直接将答案或所选的序号填在对应的_____或（　　）内，在无特殊说明的情况下，每题只选一项。答

题时如选项为"其他",请注明原因。

第一部分 基本信息

1. 您的性别是_____民族是_____
2. 您的政治面貌是(　　)

　A. 中共党员　　　　　　　　B. 共青团员

　C. 民主党派　　　　　　　　D. 群众

3. 您就读高校所在的省份是_____
4. 您所就读的学校是(　　)

　A. 985 高校　　　　　　　　B. 211 高校

　C. 普通本科　　　　　　　　D. 独立学院

　E. 高职高专

5. 您所就读的学校名称是_____
6. 您在读的学历为(　　)

　A. 专科(高职高专)　　　　　B. 本科

　C. 硕士研究生　　　　　　　D. 博士研究生

7. 您的学制是_____年
8. 您的主修专业是属于哪个学科门类?(　　)

　A. 哲学　　　B. 经济学　　　C. 法学　　　D. 教育学

　E. 文学　　　F. 历史学　　　G. 理学　　　H. 工学

　I. 农学　　　J. 医学　　　　K. 管理学　　L. 军事学

　M. 艺术学　　N. 其他

9. 您的生源地所在省份是_____

　入学前您的家庭户籍所在地位于(　　)

　A. 直辖市　　　　　　　　　B. 省会城市

　C. 地级市城区　　　　　　　D. 县级市城区或县城

　E. 乡镇　　　　　　　　　　F. 农村

10. 您父母目前的工作单位是:父亲(　　)母亲(　　)

　A. 党政机关　　　　　　　　B. 国有企业

　C. 外资企业　　　　　　　　D. 民营企业

　E. 科研单位　　　　　　　　F. 高等教育单位

　G. 中初级教育单位　　　　　H. 医疗卫生单位

I. 部队   J. 其他事业单位

K. 农（林、牧、渔）民   L. 离退休

M. 无业、失业、半失业   N. 其他

11. 职位是：父亲（　　），母亲（　　）

    A. 高层管理人员   B. 普通管理人员

    C. 技术人员   D. 普通工人

    E. 其他

12. 父母的最高学历：父亲（　　），母亲（　　）

    A. 研究生   B. 本科生

    C. 专科   D. 高中或中专

    E. 初中   F. 小学及以下

13. 创业前，您的家庭人均年收入大约为_____元，您觉得你的家庭经济状况与学校其他学生相比（　　）

    A. 很好   B. 比较好   C. 一般

    D. 比较差   E. 很差

14. 您的学业成绩一般排在班级的前百分之_____

15. 您在校期间是否担任过学生干部（　　）

    A. 是   B. 否

16. 您在校期间是否从事过勤工助学（　　）

    A. 是   B. 否

第二部分　创业状况

1. 您的企业（公司）的创办地是_____省（市）_____区（县）。

2. 您是企业的（　　）

    A. 第一发起人   B. 创办的参与人

3. 您的企业是_____年_____月成立的，企业的人数是_____人（其中，大学生_____人，合伙人_____人，其他员工_____人），固定资产_____元，年利润_____元，员工平均年收入约_____元。

4. 您的企业目前的盈利状况是（　　）

    A. 利润丰厚   B. 稍有盈余   C. 收支平衡

    D. 略有亏损   E. 亏损严重

5. 您估计，5年后，您企业的人数可能达到_____人，年利润

可能达到_____元。

6. 您的企业属于哪个行业（　　　）

 A. 农、林、牧、渔业　　　　　　B. 采矿业

 C. 制造业　　　　　　　　　　　D. 电力、燃气及水的生产和供应业

 E. 建筑业　　　　　　　　　　　F. 批发和零售业

 G. 交通运输、仓储和邮政业　　　H. 住宿和餐饮业

 I. 信息传输、计算机服务和软件业　J. 金融业

 K. 房地产业　　　　　　　　　　L. 租赁和商务服务业

 M. 科学研究和技术服务业　　　　N. 水利、环境和公共设施管理业

 O. 居民服务、修理和其他服务业　P. 教育

 Q. 卫生和社会工作　　　　　　　R. 文化、体育和娱乐业

 S. 公共管理、社会保障和社会组织　T. 国际组织

7. 您创业的领域属于（　　　）

 A. 与自身专业相结合的领域

 B. 自己感兴趣的领域

 C. 往当今热门的方向发展（如软件、网络等高科技行业）

 D. 启动资金少、容易开业且风险相对较低的行业

 E. 其他_____

8. 您的创业属于下面哪种形式？（可多选）（　　　）

 A. 合伙投资经营，采取自我雇用式管理

 B. 加盟直营、区域代理或购买特许经营权

 C. 将自身专长或技术发明通过技术入股创办企业

 D. 争取创业基金投资支持进行创业项目孵化

 E. 以具有创新性的设想或创意进行创业活动

 F. 借助网络平台、电子商务等进行商贸交易

 G. 个体独立投资经营或利用自身专长自谋职业

 H. 其他_____

9. 您的企业提供的产品、技术或服务对于顾客而言是（　　　）

 A. 全新的　　　　　　　　　　　B. 比较新颖

 C. 一般　　　　　　　　　　　　D. 不太新颖

 E. 完全不新颖

10. 您对创业的兴趣是从什么时候开始的（　　　）

A. 一年级　　　B. 二年级　　　C. 三年级

D. 四年级　　　E. 五年级

11. 您的创业想法主要来源于（　　）

A. 家庭影响　　　　　　　　B. 朋友影响

C. 传媒影响　　　　　　　　D. 学校创业教育影响

E. 个人自发产生　　　　　　F. 其他_____

12. 促使您做出创业决策最直接的原因是（　　）

A. 未找到合适的工作　　　　B. 准备创业的朋友的带动

C. 家庭或学校的支持　　　　D. 有好的创业项目

E. 想抓住好商机　　　　　　F. 个人理想就是成为创业者

G. 可以获得更高收入　　　　H. 其他_____

13. 您创业资金的主要来源有（可多选）（　　）

A. 家人或亲友支持　　　　　B. 个人积累

C. 风险投资　　　　　　　　D. 政府创业基金等

E. 银行贷款　　　　　　　　F. 与朋友或他人合资

G. 政策性贷款　　　　　　　H. 私人借款

I. 其他_____

14. 您认为您的创业伙伴应当具备何种素质（限选三项）（　　）

A. 能够给予自己创业信心　　B. 在资金上能够给予自己帮助

C. 与自己的性格互补　　　　D. 熟悉法律法规

E. 具备较强的管理、领导能力　F. 具有良好的人际资源

G. 具有较强的创新能力　　　H. 专业知识技术较好

I. 具有较强的沟通和交际能力　J. 具有较强的挑战精神

K. 具有较强的团队合作能力　L. 其他_____

15. 您认为最佳创业时机是（　　）

A. 在校期间（不包括毕业当年）　B. 毕业当年

C. 工作1—3年后　　　　　　D. 自由职业1—3年后

E. 其他_____

16. 您认为影响创业的客观因素最重要的3项是（　　）

A. 资金　　　B. 政策　　　C. 市场环境　　　D. 人脉关系

E. 就业压力　　F. 社会阅历　　G. 亲朋好友意见

17. 您认为影响创业的主观因素最重要的3项是（　　）

A. 责任感　　　B. 知行统一　　C. 合作意识　　　D. 创新精神

E. 市场意识　　F. 兴趣爱好　　G. 个人性格

18. 您认为大学生创业相对于社会其他阶层的优势在哪里（限选三项）（　　）

  A. 年轻有活力　　　　　　　B. 专业素质高

  C. 学习能力强　　　　　　　D. 创新能力强

  E. 家庭负担轻　　　　　　　F. 政策支持等多

  G. 其他_____

19. 您认为造成当前大学生很少选择自主创业的最重要原因有（限选三项）（　　）

  A. 害怕承担创业风险

  B. 创业与学业的矛盾

  C. 缺乏好的项目或创意

  D. 追求稳定就业的传统观念的影响

  E. 大学生普遍缺乏创业意识和创业素质

  F. 创业支持环境不够好，大学生创业缺乏各个层面的有效支持

  G. 缺乏社会关系

  H. 缺乏足够的资金

  I. 社会舆论压力影响

  J. 亲友不支持创业

  K. 对创业没兴趣

  L. 看不到创业的美好前景

  M. 其他_____

20. 您在校学习期间获取创业知识的来源是（可多选）：（　　）

  A. 教师授课　　　　　　　　B. 活动加训练

  C. 亲身实践　　　　　　　　D. 家庭环境

  E. 同学或朋友　　　　　　　F. 媒体和社会宣传

  G. 阅读有关书籍　　　　　　H. 其他_____

21. 您在大学的创业教育经历是（　　）

  A. 从未接受过创业教育　　　B. 听过一些创业课程或讲座

  C. 听过很多创业课程或讲座　D. 接受过较为系统的创业教育

  E. 接受过非常系统的创业教育

22. 您对高校创业教育的以下几个方面最满意的有（可多选）（　　）

A. 创业课程　　　　　　　　B. 创业教育师资
C. 创业项目　　　　　　　　D. 创业竞赛
E. 创业讲座　　　　　　　　F. 创业辅导
G. 创业社团　　　　　　　　H. 创业基金
I. 创业氛围　　　　　　　　J. 创业科技园或孵化器
K. 创业实践　　　　　　　　L. 其他_____

23. 您对高校创业教育的以下几个方面最不满意的有（可多选）（　　）

A. 创业课程　　　　　　　　B. 创业教育师资
C. 创业项目　　　　　　　　D. 创业竞赛
E. 创业讲座　　　　　　　　F. 创业辅导
G. 创业社团　　　　　　　　H. 创业基金
I. 创业氛围　　　　　　　　J. 创业科技园或孵化器
K. 创业实践　　　　　　　　L. 其他_____

24. 认为高校采取何种创业教育形式最好？（限选三项）（　　）

A. 创业园实训　　　　　　　B. 到企业实习实践
C. KAB 教学或 ERP 沙盘　　　D. 创业指导课程
E. 企业家创业讲座　　　　　F. 专家或创业者创业讲座
G. 创业计划大赛　　　　　　H. 创业社团俱乐部
I. 其他_____

25. 您认为下列大学生创业支持政策哪些需要进一步加强和落实：（　　）

A. 放宽市场准入条件　　　　B. 资金扶持政策
C. 培训指导服务政策　　　　D. 税费减免优惠政策
E. 在创业地办理落户手续　　F. 提供科技创业实习基地
G. 其他_____

26. 您在创业过程中遇到的最大的困难（最多选三项）是（　　）

A. 个人创业能力经验不足　　B. 缺乏亲友的支持
C. 团队合作的不好　　　　　D. 缺乏充足的创业信息
E. 难以找到合格、稳定的员工　F. 政策变动影响大
G. 市场进入门槛高　　　　　H. 难以找到合适的经营场所
I. 找不到合适的项目　　　　J. 资金短缺

K. 用工成本高　　　　　　　　L. 市场竞争激烈

M. 缺乏社会关系　　　　　　　N. 其他_____

27. 就大学生创业遇到的困难，您认为哪些方面需要加强（　　）

A. 大学生创业基金支持

B. 社会专业机构的服务

C. 小额贷款及税收减免等政策扶持

D. 建立大学生创业孵化基地

E. 开设创业指导课程

F. 开展创业能力与实务培训

G. 营造鼓励创业的氛围

H. 学校对学生创业提供更多指导和帮助

I. 获得更多创业成功人士的经验

J. 其他_____

28. 您觉得大学生创业过程中最大的阻碍是什么？（　　）

A. 资金不足　　　　　　　　　B. 经验技术不足

C. 缺乏社会关系　　　　　　　D. 没有好的创业方向

E. 合作伙伴难找　　　　　　　F. 对市场的认识水平不足

G. 家人反对　　　　　　　　　H. 不了解政策法规

I. 其他_____

29. 对于以下观点，您的态度是：（请在相应框内打"√"）

	5 完全赞同	4 比较赞同	3 说不清楚	2 比较不赞同	1 完全不赞同
对于大学生而言，有相当多创办新公司的好机会：					
对于大学生而言，创办新公司的好机会比能把握这些机会的人要多					
对于大学生而言，个人可以很容易把握创业机会					
对于大学生而言，创办公司的好机会在过去5年内大量增长					
大学生创业所需的资金有充足的来源					
政府对大学生创业有许多优惠政策支持					
科技园或企业孵化器等给大学生创业提供了有效支持					
大学里设置了足够的关于创业的课程和项目					

续表

	5	4	3	2	1
	完全赞同	比较赞同	说不清楚	比较不赞同	完全不赞同
大学创业者在需要时能获得足够的关于创业的培训和指导					
政府和学校能够有力支持大学生研究成果的商业化					
大学生创业能够得到足够好的法律、会计、咨询等服务和帮助					
大学生创业能够得到良好的场地等基础设施的支持					
大学生创业能够很容易地进入新市场					
大学生创业者很受学校、亲朋的理解和支持					
学校的校园文化鼓励创造、创新和创业					
我对创业很感兴趣					
我自身的创业能力很好					
大多数大学生相信创办新的企业是容易的					
许多大学生知道如何管理一家小公司					
许多大学生有创办新公司的经验					
许多大学生能对创办新公司的好机会迅速作出反应					
许多大学生有能力组织创办新公司所需的资源					
当前大学生创业的社会环境很好					
鼓励大学生创业的政策对大学生创业很有作用					
当前学校的创业教育对大学生创业帮助很大					

30. 以下能力素质中：您认为对于大学生创业最重要的三个是（　　）；您在这些素质方面的现实状况是（请在相应框内打"√"）

		很擅长	比较擅长	一般	不擅长	很不擅长
A	领导能力					
B	创新能力					
C	机遇把握能力					
D	资源整合能力					
E	实践能力					
F	学习能力					
G	逻辑分析能力					

续表

		很擅长	比较擅长	一般	不擅长	很不擅长
H	人际交往能力					
I	团队合作能力					
G	抗压能力					
K	踏实执着					
L	责任担当					
M	勇气胆识					
N	自信乐观					

31. 如果您对大学生创业、创业教育问题有更好的意见和建议，请写在下面。

_____

_____

_____

调查问卷（三）
大学生社会创业的支持体系研究调查问卷

亲爱的同学：

您好！本问卷旨在了解大学生对于社会创业活动的看法和认知，以此关注大学生社会创业的现状和动向。问卷结果只用于基础科研与学术论文的撰写，不涉及任何评价或商业用途。我们保证对您所提供的一切信息保密，衷心感谢您的支持与配合！

国家社科基金重点招标项目课题组

第一部分

您的基本情况（请在相应的选项□中打"√"）

1. 性别：
   □男　　　　　□女
2. 学历：

☐专科生　　　　☐本科生　　　☐研究生

3. 学科：

☐理科　　　　　☐工科　　　　☐文科

☐医科　　　　　☐农科

4. 年级：

☐一　　　　　☐二　　　　　☐三　　　　　☐四

5. 您所就读的学校：

☐温州大学　　　　　　　　☐温州大学瓯江学院

☐温州医科大学　　　　　　☐温州科技职业学院

☐温州职业技术学院　　　　☐浙江工贸职业技术学院

☐其他_____

第二部分

社会创业（Social Entrepreneurship）又称为公益创业、社会创新或公益创新，是一种新型的创业理念，是指将社会价值与经济价值进行创造性的融合，通过采用商业化的运作模式来解决社会问题，满足社会需要的创业。

填写说明：请根据实际情况直接将你的答案或所选的序号填在对应的_____或（　　）内，在无特殊说明的情况下，每题只选一项。答题时如选项为"其他"，请注明原因。

1. 您了解社会创业吗？（　　）

   A. 第一次听说　　　　　B. 听说过，但不了解

   C. 了解一点　　　　　　D. 比较了解

   E. 非常了解

2. 您认为社会创业的理念有价值吗？（　　）

   A. 非常有价值　　　　　B. 比较有价值

   C. 一般　　　　　　　　D. 比较没有价值

   E. 没有价值

3. 您认为社会创业的发展前景如何？（　　）

   A. 发展前景不错，社会公众的接受度和参与度会越来越高

   B. 发展前景不明确，随国家政策变化而变化

C. 发展前景不好，客观的限制因素很多，公益事业需要大量资金投入

D. 不清楚

4. 您是否支持大学生创业？（   ）

A. 非常支持　　B. 比较支持　　C. 比较不支持　　D. 反对

5. 您是否支持大学生从事社会创业？（   ）

A. 非常支持　　B. 比较支持　　C. 比较不支持　　D. 反对

6. 对于大学生社会创业的总体评价，您认为最准确的一项是（   ）

A. 解决社会问题，发展公益事业，帮助弱势群体

B. 将公益事业与经济活动相结合，是一种有前途的发展道路

C. 增强个人综合能力，提高个人素质，有利于解决大学生的就业问题

D. 社会创业是有钱人的事，对大学生来说困难重重，不提倡

7. 您认为大学生从事社会创业有哪些主要的困难？（   ）（多选题）

A. 时间、精力不够

B. 经验不足

C. 资金短缺

D. 自身的专业素养和社会责任意识欠缺

E. 家人、朋友不支持

F. 学校不够重视社会创业教育

G. 缺少社会创业的孵化与服务支持

H. 缺乏优秀、有创意的社会创业项目

I. 注册、税收等方面的政策限制

J. 公民社会不够成熟

K. 其他_____

8. 如果选择社会创业，您的社会创业动机是什么？（   ）

A. 履行公民义务，更好地服务社会

B. 实现个人价值，提高个人能力，丰富个人经验

C. 迫于传统就业或创业压力

D. 获取经济利益

9. 如果选择社会创业，您最有可能选择哪些行业和领域？（   ）（多选题）

A. 教育文化　　　　　　　　B. 扶贫开发

C. 环境保护　　　　　　　　D. 医疗卫生

E. 老人和残障　　　　　　　F. 妇女儿童

G. 信息传输、计算机和软件　H. 其他_____

10. 驱使您选择这些行业或者领域的关键因素是（　　　）

A. 与自身专业联系紧密

B. 自己很感兴趣

C. 现实的社会需求

D. 现阶段的热门行业

E. 启动资金少、风险相对较低

F. 其他_____

11. 如果从事社会创业，您最希望得到哪些支持？（　　　）（多选题）

A. 政府、企业等给予资金上的支持

B. 相关政策的出台和既有政策的告知与解读

C. 专业技能、相关培训、社会责任意识培养等社会创业教育的支持

D. 社会创业实训基地、服务中心等孵化支持

E. 亲朋好友的理解

F. 社会大众的支持

G. 其他_____

12. 您认为政府可以从哪些方面对大学生社会创业进行扶持？（　　　）（可多选）

A. 对大学生社会创业制定单独的政策措施

B. 敦促各大高校重视社会创业教育

C. 为社会创业拓宽资金来源渠道

D. 制定激励大学生社会创业者的奖励方法

E. 引导鼓励大学生社会创业的舆论氛围

F. 其他_____

13. 您是否了解国家、本省、本地区有关社会创业大学生的优惠扶持政策？（　　　）

A. 很了解　　　B. 基本了解　　　C. 不了解　　　D. 没听说过

14. 你认为是否应该对大学生进行社会创业的教育？（　　　）

A. 不应该，社会创业并不是基础课程，对同学们帮助不大

B. 应该，社会创业是一条良好的发展道路，可以给同学一个新的发展方向

C. 应该，社会创业有自己的一套运营方式，可以拓展视野、提升素质

D. 应该，社会创业有其公益性，可以培养同学们的社会责任感

15. 您是否了解面向社会创业大学生设立的创业园、科技园、企业孵化基地等场所？（   ）

A. 完全了解，自己还参加过相关场所的活动

B. 有所了解

C. 基本不了解，学校没有设立相关场所

D. 完全不了解

16. 您希望高校对社会创业大学生提供哪些支持？（   ）（可多选）

A. 设立大学生社会创业基金，给予资金上的支持

B. 建立健全相关的孵化基地，提供社会创业实践平台

C. 解读相关的支持政策并出台相关的规定

D. 将大学生参加志愿活动、参与社会创业活动纳入学分体系

E. 加强创业教育，将社会创业纳入创业教育体系

F. 加强学生社会责任意识、公益素养的培育，培养具有公益人格的社会创业者

G. 邀请社会企业家进行交流，传递社会企业家精神与经验

H. 其他_____

17. 您认为企业、社会企业和公益组织能够给大学生社会创业提供哪些支持？（   ）（可多选）

A. 积极与大学生社会创业者进行互动，分享优质资源与经验

B. 举办专业的知识和技能培训，开展社会创业大赛

C. 帮助学校建立健全大实践基地（创业园、科技园、企业孵化器等）

D. 企业可以提供社会创业的资金支持

E. 社会企业和公益组织可以提供公益实习机会

F. 其他_____

18. 以下是生活中常见的社会创业信息来源，请对其实施效果和实施现状进行评估。（请在相应的选项中打"√"）

实施现状

	很好	较好	一般	较差	差	不清楚
学校开设的社会创业课程或讲座						
政府、企业和公益组织及开展的活动						
校内外的社会创业组织或社团						
各类社会创业大赛						
报刊、电视、网络等媒体						

实施效果

	很多	较多	一般	较少	偶尔	几乎没有
学校开设的社会创业课程或讲座						
政府、企业和公益组织及开展的活动						
校内外的社会创业组织或社团						
各类社会创业大赛						
报刊、电视、网络等媒体						

调查问卷（四）
"大学生村官"创业的社会支持体系研究调查问卷

亲爱的"大学生村官"：

您好！本问卷旨在了解"大学生村官"对于创业活动的认识、态度和参与度，以此关注"大学生村官"创业的现状和动向。请您在仔细阅读材料之后，填写本问卷。本问卷结果将只用于学术研究，不涉及任何评价或商业用途，我们保证对您所提供的一切信息保密。衷心感谢您的支持与配合！

国家社科基金重点招标项目课题组

填写说明：请根据实际情况直接将你的答案或所选的序号填在对应的_____或（　　）内，如无特殊说明的情况，每题只选一项。答题时如选项为"其他",请注明原因。

1. 您的性别（　　）
   A. 男　　　　B. 女
2. 您做"大学生村官"的时间（　　　）
   A. 刚到任　　B. 一年　　　C. 一年半
   D. 两年　　　E. 两年多
3. 您担任的职务是（　　）
   A. 村干部助理　B. 镇政府助理　C. 其他_____
4. 目前您主要负责哪项工作？（　　）
   A. 内勤内务值班
   B. 处理村务，村支部书记、主任秘书
   C. 独当一面负责某项工作
   D. 远程教育管理员
   E. 没有固定工作，随意性大
5. 您认为对创业这一活动描述最为贴近的一项是（　　）
   A. 开办、经营和管理属于自己的企业或公司
   B. 开发一项前沿的科技或商业项目
   C. 开创任何一项事业
   D. 致力于发展和完善特定岗位或行业
6. 您是否有过创业的经历或打算？（　　）
   A. 没有创业的经历和准备　　B. 曾经创业
   C. 准备创业　　　　　　　　D. 正在创业
7. 对于"大学生村官"创业活动的总体评价，您认为最准确的一项是（　　）
   A. 创业非常好，能够提升村官的综合素质，实现他们的个人价值和社会价值，带领当地村民致富
   B. 创业比起其他出路充满了未知的风险，"大学生村官"需要审时度势，谨慎行事
   C. 创业只是培养小老板，"大学生村官"应该有更有价值的事情去做，这项活动不值得提倡
   D. 没有看法

8. 如果选择创业，您认为影响您做出创业选择的因素有哪些？（　　）

　　A. 改善经济状况，获取物质财富

　　B. 提升个人素质，实现人生价值

　　C. 应对就业压力 获取更多更广阔的个人发展机会和平台

　　D. 获得他人和社会的尊重、肯定

　　E. 改善当地农村生活，带领村民致富

9. 您认为"大学生村官"创业的阻碍因素有哪些？（　　）

　　A. 资金短缺，集资困难

　　B. 实用技术欠缺，难以引进项目

　　C. 村民排斥或不支持，难以开展工作

　　D. 行业知识和经验的问题

　　E. 信息不畅通，难以找到门路

　　F. 创业优惠政策问题

　　G. 社会舆论环境问题

　　H. 对村里情况掌握欠缺

　　I. 村干部的态度

10. 您认为在农村创业的主要难点在哪里？（　　）

　　A. 没有合适的项目　　　　　　B. 缺乏创业资金

　　C. 缺乏技术支持　　　　　　　D. 人员素质差，难管理

　　E. 市场风险波动大，难以控制　F. 其他_____

11. 与当地村干部相比，您认为"大学生村官"的优势在于（可多选）（　　）

　　A 文化程度高，知识面比较广，能够帮助农民解决较多的科学、法律等问题

　　B. 年轻有活力，能够比较好地带动工作的气氛

　　C. 头脑灵活，获取有用信息能力强

　　D. 具有开拓创新精神

　　E. 有良好的组织能力

　　F. 有先进的管理理念

　　G. 能够传播先进科技、文化知识与新思想

　　H. 村民无利益关系，更易获取信任与支持

I. 没什么优势

J. 其他_____

12. 与当地村官相比，您认为自己的劣势在于（可多选）（   ）

A. 缺乏工作经验

B. 缺乏对农村尤其是所在村的了解

C. 解决问题的实用办法少

D. 与村民的沟通太少

E. 语言表达能力差

F. 应变能力较差

G. 组织协调能力较差

H. 其他（请填写）_____

13. 如果选择创业，您的创业资金主要来源于（   ）

A. 个人积蓄和家庭支持

B. 向朋友借

C. 政府政策支持下的相关创业贷款

D. 企业的创业帮扶基金

E. 个人的银行借贷

F. 学校的创业基金

G. 其他_____

14. 您是否了解国家、本省、本地区有关"大学生村官"的优惠扶持政策？（   ）

A. 没听说过　　B. 基本了解　　C. 不了解　　D. 很了解

15. 您了解相关创业政策及信息的渠道主要包括哪些？（可多选）（   ）

A. 政府门户网站

B. 政府相关部门的宣传材料

C. 手机终端（短信、微博、微信等）

D. 学校的创业就业管理机构

E. 他人的口头传播

F. 创业信息网站

G. 其他_____

16. 您希望政府在帮扶"大学生村官"创业方面做出哪些举措？（可

多选)（　　）

　　A. 放宽贷款限制

　　B. 引导舆论支持

　　C. 提供税收优惠

　　D. 放宽小微企业审批及简化程序

　　E. 拓宽融资渠道

　　F. 创业导师帮扶政策，鼓励当地企业帮扶指导"大学生村官"创业

　　G. 其他_____

17. 您是否曾经学习过高校开设的面向大学生的相关创业教育课程？（　　）

　　A. 没有听说过，学校没有开设过

　　B. 学校没有开设，没有学习过

　　C. 作为公选课有过接触

　　D. 系统学习过，参加过学校的创业班培训

18. 您认为高校创业教育应该注重哪方面知识的学习？（　　）

　　A. 经济和商业法律法规

　　B. 创业心理和创业精神

　　C. 市场营销

　　D. 人际交流与沟通技巧

　　E. 个性化辅导

　　F. 财务税收

　　G. 其他_____

19. 您觉得当前高校创业教育课程的改革趋势是什么？（可多选）（　　）

　　A. 创新教育内容，优化课程结构，渗透到专业教学中

　　B. 根据我国高校实际，重组教学体系

　　C. 鼓励实践教学，丰富教学手段

　　D. 转变教学理念

　　E. 组成专业教师团队，专兼结合，提升师资水平

　　F. 其他

20. 大学期间是否曾经参与创业活动（　　）

　　A. 参加过学校的职业生涯规划大赛、营销大赛等

B. 参加过省级的挑战杯等类似活动

C. 自己开过工作室

D. 没了解

21. 您是否了解面向大学生设立的创业园、科技园、企业孵化基地等场所？（　　）

   A. 完全了解，自己就在相关场所创业

   B. 有所了解

   C. 基本不了解，学校没有设立相关场所

   D. 完全不了解

22. 您希望高校在帮扶"大学生村官"创业方面做出哪些举措？（可多选）（　　）

   A. 设立相关创业基金，鼓励大学生到村创业

   B. 建立健全面向大学生的创业实践基地

   C. 协助政府按时对"大学生村官"普及创业教育

   D. 解读支持政策

   E. 开展培育创业精神，做好创业心理辅导活动

   F. 邀请成功企业家进行交流，传递经验

   G. 其他＿＿＿＿＿＿＿＿

23. 您认为社会企业在帮扶"大学生村官"创业方面所起到的作用是什么？（可多选）（　　）

   A. 为"大学生村官"创业提供企业导师的指导

   B. 为"大学生村官"提供创业实践基地

   C. 设立当地企业创业支持基金

   D. 帮助政府开展对创业"大学生村官"的技能培训

   E. 其他＿＿＿＿＿＿＿＿

24. 当前您多是从哪儿了解"大学生村官"的发展信息？（　　）

   A. 电视新闻　　　　　　　　B. 报纸

   C. 微信手机终端　　　　　　D. 腾讯手机终端

   E. 其他＿＿＿＿＿＿＿＿

25. 社会舆论报道多是关于"大学生村官"哪些方面的消息（　　）

   A. 宣传村官政绩，鼓励村官创业

   B. 宣传各地村官政策，吸引企业村官创业投资

C. 描述村官日常生活

D. 吐槽村官一职

26. 您觉得当前社会舆论对于"大学生村官"的创业活动的大多数看法是什么？（　　）

  A. 鼓励和支持：缓解就业压力，实现村官更大价值

  B. 批评和反对："大学生村官"不应该做小老板，大材小用，荒废自身的高学历

  C. 中立：一种合理的自我选择途径

  D. 没有关注过，不了解当前的舆论动向

调查问卷（五）
农民工创业现状调查问卷

亲爱的农民工朋友：

  您好！为深入了解和掌握农民工创业的现状及存在问题，现开展此项调查问卷。问卷结果只用于基础科研与学术论文的撰写，不涉及任何评价或商业用途。我们保证对您所提供的一切信息保密。因此，请不要有任何不必要的顾虑，把您真实情况和想法告诉我们。衷心感谢您的大力支持！

国家社科基金重点招标项目课题组

调查地（调查员填写）：_____

以下这个问题由调查员在调查对象填写问卷之前进行筛选性提问：

1、您现在在：

  A. 务工　　　　B. 创业

（若调查对象回答"务工"则调查终止，否则继续。请调查员简单解释创业包括创办企业、个体工商经营、合伙经营等自负盈亏的行为）

  填写说明：请根据实际情况将答案或所选的序号填在对应的_____或（　　）内，如无特殊说明的情况，每题只选一项。答题时如选项为"其他"，请详细说明原因。

第一部分　基本情况

1. 您的性别（　　）

   A. 男　　　　　B. 女

2. 您原户口来自（　　）

   A. 城市　　　　B. 城镇　　　　C. 农村

   具体是：_____省_____市_____县/区

3. 您的婚育状况（　　）

   A. 未婚　　　　　　　　B. 已婚并生育

   C. 已婚未生育　　　　　D. 其他

4. 您的受教育程度（　　）

   A. 小学及以下　　　　　B. 初中

   C. 高中或中专　　　　　D. 大专

   E. 本科及以上

5. 您以前在学校时的学业成绩（　　）

   A. 名列前茅　　　　　　B. 优秀

   C. 良好　　　　　　　　D. 及格

   E. 其他

6. 您以前在学校时的同学关系（　　）

   A. 与几乎所有的同学关系很好

   B. 与超过一半的同学关系很好

   C. 与一半左右的同学关系很好

   D. 只是与少数同学关系很好

   E. 几乎没有关系很好的同学

7. 您以前在学校时的师生关系是（　　）

   A. 教过您的老师都喜欢您

   B. 教过您的很多老师喜欢您

   C. 有一部分教过您的老师喜欢您

   D. 教过您的老师很少喜欢您

   E. 几乎没有老师喜欢您

8. 您是否获得目前居住城市的户口（　　）

   A. 是　　　　　　　　　B. 否

9. 您在目前所在城市工作生活的时间（　　）

A. 1 年以内　　　　　　　　　B. 1—3 年

C. 3—5 年　　　　　　　　　D. 5—8 年

E. 8 年以上

10. 您从事目前工作的时间（　　）

A. 1 年以内　　　　　　　　　B. 1—3 年

C. 3—5 年　　　　　　　　　D. 5—8 年

E. 8 年以上

11. 您的出生年代为（　　）

A. 60 年代以前　　　　　　　B. 60—70 年代

C. 70—80 年代　　　　　　　D. 80—90 年代

E. 1990 年后

第二部分　城市社会的适应

1. 估算一下，您家目前的存款大概为（　　）

A. 10 万以内　　　　　　　　B. 10 万—30 万

C. 30 万—50 万　　　　　　　D. 50 万—100 万

E. 100 万以上

2. 您家庭月收入为（　　）

A. 2000 元以下　　　　　　　B. 2000—4000 元

C. 4000—6000 元　　　　　　D. 6000—8000 元

E. 8000 元以上

3. 目前您的住房情况：

产权（　　）

A. 自购的产权房　　　　　　B. 租用的房子

C. 借用的房子　　　　　　　D. 其他（请注明）

规格（　　）

A. 别墅　　　　　　　　　　B. 高级商业套房

C. 普通套房　　　　　　　　D. 其他（请注明）

面积（　　）

A. 40m² 以下　　　　　　　　B. 40—80m²

C. 80—120m²　　　　　　　　D. 120—200m²

E. 200m² 以上

4. 您家庭月平均消费（　　）

A. 2000 元以下　　　　　　　　B. 2000—4000 元

C. 4000—6000 元　　　　　　　D. 6000—8000 元

E. 8000 元以上

5. 您每天的工作时间平均为（　　）

A. 3 小时以下　　　　　　　　B. 3—5 小时

C. 5—8 小时　　　　　　　　　D. 8—12 小时

E. 12 小时以上

6. 您现在的配偶或交往对象是（　　）

A. 农村人　　　　　　　　　　B. 目前所在城市的城里人

C. 其他城市的城里人　　　　　D. 城镇人

7. 您在城市生活中，交往最密切的人是（　　）

A. 城市的老乡　　　　　　　　B. 城市的亲戚

C. 邻居　　　　　　　　　　　D. 生意伙伴

E. 其他

8. 您在工作生活上遇到困难，通常找谁帮忙（　　）

A. 城市的老乡　　　　　　　　B. 城市的亲戚

C. 邻居　　　　　　　　　　　D. 生意伙伴

E. 其他

9. 您在城市中的社交圈是（　　）

A. 非常广　　　　　　　　　　B. 比较广

C. 一般　　　　　　　　　　　D. 比较窄

E. 非常窄

10. 您对所在社区活动的参与情况是（　　）

A. 热心组织　　　　　　　　　B. 经常参与

C. 偶尔参与　　　　　　　　　D. 几乎不参与

E. 完全无兴趣

11. 当看到违反社会公共道德的行为时您会（　　）

A. 主动提出批评

B. 比较气愤但不批评

C. 只当没有看到

12. 您是否感觉城市工作生活的节奏太快，精神紧张（　　）

　　A. 几乎每天　　　　　　　　B. 经常

　　C. 有些时候是　　　　　　　D. 很少

　　E. 没有

13. 您觉得周围的城里人对您的态度是（　　）

　　A. 厌恶　　　　　　　　　　B. 冷漠

　　C. 无所谓　　　　　　　　　D. 同情

　　E. 友善

14. 您觉得您现在是（　　）

　　A. 城里人　　　　　　　　　B. 接近成为城里人

　　C. 不确定　　　　　　　　　D. 更接近农村人

　　E. 农村人

15. 您对未来的打算（　　）

　　A. 去更大的城市　　　　　　B. 在这个城市定居

　　C. 回老家所在县城　　　　　D. 回农村老家

　　E. 视情况定

16. 您是否在城市里感受到种种歧视和社会的不公平（　　）

　　A. 经常　　　　　　　　　　B. 有一些

　　C. 偶尔　　　　　　　　　　D. 很少

　　E. 没有

17. 您孩子在哪里上学（　　）

　　A. 农村老家　　　　　　　　B. 城市私立农民工子弟学校

　　C. 城市普通公立学校　　　　D. 城市重点学校

　　E. 暂无小孩

18. 您在工作之余最经常的娱乐活动是（　　）

　　A. 睡觉　　　　　　　　　　B. 看书报电影电视

　　C. 聚会聊天　　　　　　　　D. 上网

　　E. 其他

19. 您的企业或您自己加入了行业协会或其他类似组织（　　）

　　A. 是　　　　　　　　　　　B. 否

20. 您对城市生活的适应状况是（　　）

　　A. 非常适应　　　　　　　　B. 比较适应

C. 一般　　　　　　　　　　　　D. 不太适应

E. 很不适应

第三部分　创业相关情况

1. 您现在从事的工作是（　　）

　A. 私营企业主　　　　　　　　B. 包工头

　C. 个体工商户　　　　　　　　D. 企业控股股东

　E. 企业普通股东　　　　　　　F. 职业投资者

　G. 无证小摊贩　　　　　　　　H. 其他

2. 迄今为止，您已经当过几次老板（　　）

　A. 1 次　　　　　　　　　　　B. 2 次

　C. 3 次　　　　　　　　　　　D. 4 次

　E. 5 次以上

3. 您进城后从事过哪些行业（可多选）（　　）

　A. 制造业　　　　　　　　　　B. 技术服务

　C. 餐饮　　　　　　　　　　　D. 家具

　E. 家政　　　　　　　　　　　F. 废品收购

　G. 安保服务　　　　　　　　　H. 其他

4. 您以前曾经是（可多选）（　　）

　A. 企业老板　　　　　　　　　B. 管理者

　C. 部门经理　　　　　　　　　D. 骨干员工

　E. 普通员工　　　　　　　　　F. 个体工商户

5. 您拥有的企业或生意处在（　　）

　A. 创建阶段　　　　　　　　　B. 快速成长阶段

　C. 成长速度放缓　　　　　　　D. 成熟阶段

　E. 衰退阶段

6. 您的企业或生意带来的收入（　　）

　A. 几乎没有什么收入　　　　　B. 数额不大且不稳定

　C. 数额不大但比较稳定　　　　D. 数额大但不稳定

　E. 数额大且稳定

7. 您创业的首要出发点是（　　）

　A. 解决就业　　　　　　　　　B. 获取财富

C. 兴趣爱好 　　　　　　　　D. 提高地位

E. 其他

8. 您对自己创业前景的态度是（　　）

A. 自信 　　　　　　　　B. 迷惘

C. 有压力 　　　　　　　　D. 赌博感

E. 其他

9. 您选择的创业形式是（　　）

A. 合伙创业 　　　　　　　　B. 家庭创业

C. 独立创业 　　　　　　　　D. 其他

10. 您现在已经拥有了一个稳定的团队（　　）

A. 是 　　　　　　　　B. 否

11. 您主要产品或服务属于（　　）

A. 竞争者很多竞争，非常激烈

B. 有一些竞争者，竞争比较激烈

C. 竞争者虽多，但有自身特色

D. 特色明显，竞争者较少

E. 具有独特性，几乎没有竞争者

12. 您在创业过程中最大的障碍是（　　）

A. 资金不足 　　　　　　　　B. 没有好的创业方向

C. 经验不够 　　　　　　　　D. 缺乏社会关系

E. 面对风险心理承受能力不足　　F. 其他（请注明）

13. 您进城创业的决策所依据的信息来源是（　　）

A. 自己对市场的调研 　　　　　　　　B. 亲戚朋友的介绍

C. 政府的引导 　　　　　　　　D. 报纸媒体的报道

E. 其他（请注明）

14. 您创业资金的主要来源（　　）

A. 家人 　　　　　　　　B. 亲戚

C. 朋友 　　　　　　　　D. 银行贷款

E. 其他（请注明）

15. 当您进入城市工作后，您感觉您最缺乏的是（　　）

A. 城市生活规则的了解 　　　　　　　　B. 职业技能

C. 语言能力 　　　　　　　　D. 人际关系

E. 法律常识　　　　　　　　　　F. 其他

16. 您雇用的人数为（　　）

A. 暂时没有　　　　　　　　　B. 1—10 人

C. 10—20 人　　　　　　　　 D. 20—30 人

E. 30 人以上

17. 您对目前事业发展的评价是（　　）

A. 很满意　　　　　　　　　　B. 满意

C. 一般　　　　　　　　　　　D. 不满意

E. 很不满意

18. 您对您在城市中的经济生活适应的评价是（　　）

A. 非常适应　　　　　　　　　B. 比较适应

C. 一般　　　　　　　　　　　D. 不怎么适应

E. 很不适应

19. 您认为在经营过程中需要向政府支付不合理的费用（　　）

A．经常是　　　　　　　　　　B. 有一些

C. 偶尔是　　　　　　　　　　D. 很少是

E. 几乎没有

20. 您对企业周边的治安环境（　　）

A. 很满意　　　　　　　　　　B. 满意

C. 一般　　　　　　　　　　　D. 不满意

E. 很不满意

21. 这个城市出台的政策有利于外来人员创业（　　）

A. 完全符合事实　　　　　　　B. 比较符合事实

C. 不好判断　　　　　　　　　D. 不太符合事实

E. 完全不符合事实

22. 您对政府部门服务效率的总体评价是（　　）

A. 很满意　　　　　　　　　　B. 满意

C. 一般　　　　　　　　　　　D. 不满意

E. 很不满意

调查问卷（六）
新生代企业家创业现状调查问卷

亲爱的企业家朋友：

您好！为深入了解和掌握新生代企业家创业的现状及存在问题，现开展此项调查问卷。问卷结果只用于科研与学术论文的撰写，不涉及任何评价或商业用途。我们保证对您所提供的一切信息保密。因此，请不要有任何不必要的顾虑，把您真实情况和想法告诉我们。衷心感谢您的大力支持！

国家社科基金重点招标项目课题组

填写说明：请根据实际情况，在相应的选项□中打"√"，或者直接将你的答案或所选的序号填在对应的_____或（   ）内，如无特殊说明的情况，每题只选一项。答题时如选项为"其他"，请注明原因。

第一部分　填写人及企业基本情况

1. 您的性别是：
□男　　　　　　　　　　□女

2. 您的年龄是：
□20 岁以下　□20—25 岁　□26—30 岁　□31—35 岁
□36 岁以上

3. （1）您是独生子女吗？
□是　　　　　　　　　　□否（如果否，请填写下一小题）

（2）您兄弟姐妹共有_____人，按出生先后，您排第_____位。

4. 贵企业的发起人和您的关系是_____（请填写具体）

5. 您属于贵企业的_____企业家：
□企业创始人　□第二代　□第三代　□其他_____（请注明）

6. 您第一次正式来到自己的企业工作是_____岁。

7. 您目前的学业情况是
□初中以下　　□高中及大专　　□大学本科　　□硕士研究生

□博士研究生

8. 您所学的专业所属学科为：
□管理类　　　□哲学　　　　□经济学　　　□文学
□历史学　　　□工学　　　　□农学　　　　□医学
□教育学类　　□其他

9. 您的职称是：
□初级职称　　□中级职称　　□高级职称

10. 您是否获得相关领域的执业资格：
□是　　　　　□否　　　　　□正在准备

11. 贵公司创建于_____年；企业所在地_____市_____县（市、区）。

12. 贵公司所属行业是（可多选）：
□IT　　　　　　□制造业　　　　□房地产　　　　□金融
□广告传媒　　　□零售贸易　　　□能源　　　　　□酒店旅游
□科研/教育　　 □咨询/中介服务 □加工制造　　　□医药保健
□农/林/牧/渔

13. 贵企业的职工人数：
□50人以下　　□50—100人　　□100—500人　　□500—1000人
□1000—5000人　□5000人以上

第二部分　新生代企业家在企业传承交接班的经历

1. 您在进入家族企业之前的接班意愿是：
□愿意　　　　□无所谓　　　□不愿意

2. 您在正式进入家族企业之前，曾经有过以下哪些经历（可多选）：
□从小就一直在公司帮忙
□去过其他企业历练
□自己创业
□学校系统教育结束后专门学习企业经营管理课程
□海外留学

3. 您刚进入公司的时候，扮演什么角色：
□公司最高领导者
□领导者助理或秘书

☐公司基层普通员工

☐公司某一职能部门负责人（具体哪一部门_____）

☐其他_____

4. 您在正式接班前接受过企业的系统接班人培训吗？

☐有　　　　　☐没有　　　　　☐不太清楚

5. 如果有，您接受过哪些培训？

☐企业不同岗位轮岗学习企业业务

☐企业所在行业的相关技术训练

☐企业以前领导者的一对一指导

☐去专业的培训机构接受经营管理类课程培训

☐作为企业领导者的助理随时学习企业管理知识和累积经验

6. 您现在在公司扮演什么角色？

☐公司最高领导者

☐领导助理或秘书

☐公司基层普通员工

☐公司某一职能部门负责人（具体哪一部门_____）

☐其他

7. 贵公司是否聘请职业经理人帮助您打理公司日常事务管理？

☐已经聘请

☐尚未聘请，但有意愿

☐并无此打算

8. 促使您接手企业的原因有_____：（限选3项）

（1）实现父辈以及家族的期望

（2）保护并增值企业的资产

（3）与我人生发展规划吻合

（4）追求财富

（5）认可企业的发展前景及行业发展

（6）进入家族企业工作有挑战性

（7）其他社会工作太辛苦

（8）父辈领导人因各种原因无法继续管理企业

第三部分 新生代企业家对于接手企业后的成效认知

序号	项目	完全不同意	比较不同意	很难说	比较同意	完全同意
1	我认为构建企业接班人培养计划是非常有必要的	1	2	3	4	5
2	作为家族的一员,我认为自己有责任实现家族企业的持续发展	1	2	3	4	5
3	我认为在家族企业中工作能实现自己的个人发展目标	1	2	3	4	5
4	企业的父辈在交班给我之前对我的培养是有计划的	1	2	3	4	5
5	企业的父辈在交班给我之前对我的培养是非常有效的	1	2	3	4	5
6	企业前任领导人目前已充分认可了我的领导权	1	2	3	4	5
7	我企业的员工已经认可了我的领导权	1	2	3	4	5
8	企业内的家族成员已经充分认可了我的领导权	1	2	3	4	5
9	企业外部关系成员已经充分认可了我的领导权	1	2	3	4	5
10	父辈对我们这一辈驾驭企业的能力非常有信心	1	2	3	4	5
11	父辈对我们这一辈的诚信品质非常有信息	1	2	3	4	5
12	我已经对企业现有的业务情况了如指掌	1	2	3	4	5
13	我在接手企业后已经对现在的业务发展制定了明确的计划	1	2	3	4	5
14	我已经非常清楚企业交班后的发展战略	1	2	3	4	5
15	我现在已经成功构建的核心管理团队	1	2	3	4	5
16	本企业的股权结构已经进行了合理的安排	1	2	3	4	5
17	我已经能很好地认可之前的企业文化并能根据自己对企业和环境的把握进行调整	1	2	3	4	5
18	除了企业传统经营项目外,我已经开始带领企业向新的业务领域迈进	1	2	3	4	5
19	我现在对驾驭企业很有信心	1	2	3	4	5

第四部分　新生代企业家工作现状调查

1. 你平时工作中加班频率是怎样的：

　□几乎天天加班　　　　　□一个礼拜 2—3 次

　□一个月 2—3 次　　　　 □很少加班

　□从不加班

2. 您平常每天会花多少时间在工作上：

　□4 小时不到　　　　　　□4—8 小时

　□8—10 小时　　　　　　□10—12 小时

　□12 小时以上

3. 在企业的经营管理中经常会遇到哪些困扰你的问题（按重要程度排序，最重要的在方框内写 1，次重要的写 2，依此类推）：

　□企业战略方向的把握（　　）　□产品技术革新（　　）

　□市场发展趋势的预测（　　）　□营销手段运用（　　）

　□人力资源管理（　　）　　　　□企业财务（　　）

　□人际关系的维系（　　）

4. 您在企业经营活动中投入最多精力的工作是：（按重要程度排序，最重要的在方框内写 1，次重要的写 2，依此类推）：

　□寻找新的发展机会，制定企业战略（　　）

　□企业内部管理工作（　　）

　□市场开拓与销售（　　）

　□企业文化的构建（　　）

　□基建项目或技改项目（　　）

　□协调与政府相关部门的关系（　　）

　□人才的网络与培养（　　）

　□协调与其他公众的关系（　　）

　□与合作伙伴的沟通（　　）

　□其他（　　）

5. 您通常会采用以下哪些方式去解决知识缺少的情况_____（可以多选）

　□看书学习　　□邀请专家　　□参与专业培训课程

　□向父辈请教　□与朋友沟通求助

6. 您平时工作日程中有专门的学习计划?

□有 □没有 □看情况，偶尔会制定

7. 您平时有阅读的习惯吗？

□有 □没有 □偶尔会有

8. 您喜欢阅读以下哪些内容（可多选）：

□报纸/杂志 □小说 □管理书籍 □专业技术书籍

□散文诗歌

9. 您在工作中遇到困难感觉压力很大时，仍努力工作的三项主要理由是（　　）

（1）为员工利益　　　　　　（2）实现自我价值

（3）在困难中磨炼、提高自我　（4）为社会做贡献

（5）提高社会地位　　　　　　（6）追求更多经济收入

（7）充实生活　　　　　　　　（8）获得快乐

（9）建立威信　　　　　　　　（10）维持地位

（11）没有更好的选择

10. 您认为企业家应该具备的道德素质为：（按重要程度排序，最重要的在方框内写1，次重要的写2，依此类推）

□诚实守信（　　）　　　□爱岗敬业（　　）

□遵纪守法（　　）　　　□实现自我价值（　　）

□勇于创新（　　）　　　□爱护职工（　　）

□乐于奉献（　　）　　　□追求最大利润（　　）

□吃苦耐劳（　　）　　　□勤俭节约（　　）

□全力维护出资者利益（　　）　□全力维护企业利益（　　）

□善行天下，回报社会（　　）　□其他＿＿＿＿＿（　　）

11. 您有没有参加过一些慈善活动：

□定期参加 □从未参加 □偶尔参加

12. 促使您参加慈善活动最主要的原因是：

□履行社会责任

□树立本企业及个人良好社会形象

□发扬爱心

□其他

13. 在经济不景气的情况下，您是否面临包括人才、资金、土地稀缺等多项挑战（　　）

□非常符合　　□比较符合　　□比较不符合　　□非常不符合

14. 在面对这些挑战时，您能很好地找到解决问题的方法吗？

□非常符合　　□比较符合　　□比较不符合　　□非常不符合

15. 您的企业已进入或打算进入的高新技术领域是（　　）。（可多选，如果没有进入或没打算进入，则请直接回答第18个问题）

（1）新材料　　　　　　　　（2）环保新技术

（3）信息产业　　　　　　　（4）生物技术

（5）新医药　　　　　　　　（6）新能源

（7）新生产工艺　　　　　　（8）其他_____（请说明）

16. 您所在的企业建立了（　　）（可多选）：

（1）技术研究开发中心（部门）

（2）培训中心（部门）

（3）信息中心（部门）

（4）以上三个中心（部门）都没有

17. 假设给您一次投资机会，面对各种可能的风险和收益，您选择的投资项目是（　　）

投资项目	成功率（%）	成功后年收益率（%）	失败后损失率（%）
（1）	100	4	0
（2）	90	7	-5
（3）	80	15	-10
（4）	60	50	-30
（5）	40	100	-50
（6）	10	300	-100

18. 您对本企业创新感到满意的程度如下（在您认为合适的空格中打"√"）：

项目	很满意	比较满意	一般	较不满意	很不满意
观念创新					
管理创新					
技术创新					
制度创新					

19. 您认为当前企业技术创新和制度创新的制约因素是：

（1）技术创新三个主要制约因素为：

☐创新人才缺乏

☐创新资金引进渠道不畅

☐缺乏鼓励创新的社会环境

☐创新风险与收益不对称

☐知识产权保障不力

☐其他（请说明）

（2）制度创新的三个主要制约因素为：

☐政企职责不分

☐社会保障制度不健全

☐产权制度改革滞后

☐法律法规不配套

☐没有形成职业经理人队伍

☐缺乏创新动力

20. 您认为自己最强三项能力是（　　）、最弱的三项能力是（　　）。

（1）战略管理能力　　　　　（2）经营决策能力

（3）组织协调与沟通能力　　（4）市场营销能力

（5）人力资源管理能力　　　（6）应变与危机处理能力

（7）学习能力　　　　　　　（8）公关协调能力

（9）表达能力　　　　　　　（10）创新能力

（11）健康的体魄　　　　　（12）乐观积极的生活态度

21. 心理及身体素质状况

序号	项目	完全不同意	比较不同意	很难说	比较同意	完全同意
1	觉得手头上工作太多，时间不够用	1	2	3	4	5
2	觉得没有时间娱乐，终日记挂着工作	1	2	3	4	5
3	遇到挫折时很难控制自己的脾气	1	2	3	4	5

续表

序号	项目	完全不同意	比较不同意	很难说	比较同意	完全同意
4	很在意别人对自己的看法，担心别人对自己的工作表现的评价	1	2	3	4	5
5	对企业的经营状况十分担心	1	2	3	4	5
6	当空闲时轻松一下也会觉得内疚	1	2	3	4	5
7	上床时觉得思潮起伏，很多事情未做，难以入睡	1	2	3	4	5
8	每日很难按时起居，睡眠通常不足6小时	1	2	3	4	5
9	需要借助香烟、酒或者药物等方式安抚不安情绪	1	2	3	4	5
10	有长期头痛、背痛或者胃痛的毛病，并开始接受治疗	1	2	3	4	5

调查问卷（七）
创业者的自我效能感的调查问卷

亲爱的企业家朋友：

您好！为深入了解和掌握企业家创业的现状及存在问题，现开展此项调查问卷。问卷结果只用于科研与学术论文的撰写，不涉及任何评价或商业用途。我们保证对您所提供的一切信息保密。因此，请不要有任何不必要的顾虑，把您真实情况和想法告诉我们。衷心感谢您的大力支持！

国家社科基金重点招标项目课题组

填写说明：请根据实际情况，直接将你的答案或所选的序号填在对应的表格内，如无特殊说明的情况，每题只选一项。答题时如选项为"其他"，请注明原因。

第一部分 基本信息

企业名称（盖章：　　　　　　　　　　　　　填写人职务：

成立时间		年　月	网址及电子邮箱			
目前经营范围					注册资本金	万元
是否留学人员创办的企业		□是；□否	是否经认定为高新技术企业			□是；□否

主要股东	持股比例	年龄	性别	教育程度	所学专业	职称或从业资格	创业前曾在何单位任何职务	任职时间
董事长								
总经理								

目前主营业务或主要科技产品			
企业是否自行组织新产品开发	□是；□否	是否从外部购买技术成果	□是；　□否
企业是否获得风险投资	□是；□否	若是，风险投资额	万元
授权的发明专利数量	项	承担国家部委或市科技计划项目数量	项
获得政府资助	万元	承担这些科技计划项目获得资金	万元
企业的资质认证(如行业资质认证或创业者获得奖励称号			

年份	2001年	2002年	2003年	2004年	2005（预计）
总资产（万元）					
负债总额（万元）					
经营总收入（万元）					
税后利润（万元）					
缴纳税金（万元）					
是否已经实现盈利	□是	若是，从创业起到实现盈亏平衡共费时＿＿＿＿个月			
	□否	若否，请估计从创业起到实现盈亏平衡共需要＿＿＿＿个月			

第二部分　创业者对取得成绩的评价

请您对比贵公司在以下项目中实际与预期的差距	非常大	大	小	实现目标	超过预期	您的选择
1. 已获资金的数量	A	B	C	D	E	
2. 获取资金的成本	A	B	C	D	E	
3. 企业目前的财务状况	A	B	C	D	E	
4. 核心技术开发的进度	A	B	C	D	E	
5. 客户关系的发展	A	B	C	D	E	
6. 团队成员合作的默契程度	A	B	C	D	E	
7. 主要创业者管理能力的成长	A	B	C	D	E	

第三部分　创业环境

您在何种程度上同意以下描述	不赞同	不太赞同	一般同意	较同意	完全同意	您的选择
1. 本行业政府的支持力度很大	A	B	C	D	E	
2. 公司所在地政府的管理效率很高	A	B	C	D	E	
3. 当地的基础设施状况优良	A	B	C	D	E	
4. 公司向当地的金融机构融资的难度不大	A	B	C	D	E	
5. 公司所需的实验设施在当地很容易找到	A	B	C	D	E	
6 在当地很容易就能找到公司所需人才	A	B	C	D	E	

第四部分　创业者的一般自我效能感

您自信:	不赞同	不太赞同	一般同意	较同意	完全同意	您的选择
1. 如果您尽力去做的话，您总是能够解决难题的	A	B	C	D	E	
2. 即使别人反对，您仍有办法取得您所需要的	A	B	C	D	E	
3. 对您来说，坚持理想和达成目标是轻而易举的	A	B	C	D	E	
4. 您自信能有效地应付任何突如其来的事情	A	B	C	D	E	

续表

您自信：	不赞同	不太赞同	一般同意	较同意	完全同意	您的选择
5. 以您的才智，您定能应付意料之外的情况	A	B	C	D	E	
6. 如果您付出必要的努力，您一定能解决大多数的难题	A	B	C	D	E	
7. 您能冷静地面对困难，因为您很信赖自己处理问题的能力	A	B	C	D	E	
8. 面对一个难题时，您能够找到好几个解决办法	A	B	C	D	E	
9. 有麻烦的时候，您通常能想到一些应付的方法	A	B	C	D	E	
10. 无论什么事在您身上发生，您都能够应付自如	A	B	C	D	E	

第五部分 创业者的创业自我效能感

您自信：	不赞同	不太赞同	一般同意	较同意	完全同意	您的选择
1. 能够采取合适的营销方法来推广产品	A	B	C	D	E	
2. 能够成功将产品或服务销售给新顾客	A	B	C	D	E	
3. 能够识别一个创意的潜在价值	A	B	C	D	E	
4. 具有适应新的市场环境推出一项新产品或服务的能力	A	B	C	D	E	
5. 能够为企业挑选合适的员工	A	B	C	D	E	
6. 能够用有竞争优势的价格和合同来获得合作机会	A	B	C	D	E	
7. 能够用全新的商业理念来激发成员的自信	A	B	C	D	E	
8. 能够说服投资者投入大额的资金到您的企业	A	B	C	D	E	
9. 能够创造用于新产品的科技成果	A	B	C	D	E	
10. 能够与一个可以让您获得所需结果的技术团队成功合作	A	B	C	D	E	
11. 能够洞察本领域新技术的优点及其局限性并掌握应用新技术的途径	A	B	C	D	E	

续表

您自信：	不赞同	不太赞同	一般同意	较同意	完全同意	您的选择
12. 能够准确估计正在运行的新项目或企业的成本。	A	B	C	D	E	
13. 能够恰当地评估企业的财务价值	A	B	C	D	E	
14. 能写下一个清晰和完整的商业计划	A	B	C	D	E	
15. 对企业的未来发展，您能进行明确的规划	A	B	C	D	E	

第六部分　创业策略（市场进入策略）

请在下列选项中选择最符合贵公司的创业策略	编号	选择
1. 根据自身所特有的资源或技术优势进入一个主流产品市场中某一个具有高度针对性的领域（比如主流产品的配件或者一个细分市场），率先提供该领域中的全新产品（利基市场领跑策略）	A	
2. 跟进到一个产品市场中某一个具有高度针对性的领域中，并对该领域现有的新产品进行模仿（利基市场模仿策略）	B	
3. 跟进到一个新兴产品市场中某一个具有高度针对性的领域中，并对该领域现有的新产品进行改良或创新（利基市场革新策略）	C	
4. 根据自身所拥有的资源或技术优势进入一个主流产品市场中，提供全新的主流产品（主流市场领跑策略）	D	
5. 跟进到一个新兴主流产品市场中，以较低的成本对该新产品进行模仿（主流市场模仿策略）	E	
6. 跟进到一个新兴主流产品市场中，并对该主流产品进行改良或创新（主流市场革新策略）	F	
7. 其他（请简要概括该策略的特点：＿＿＿＿＿＿＿＿＿＿＿＿）	G	

第七部分　创业者的关系网络

您在何种程度上同意下列描述	不赞同	不太赞同	一般同意	较同意	完全同意	您的选择
1. 您与朋友的交情通常都能长久地维持	A	B	C	D	E	
2. 您经常通过熟人接洽到新客户	A	B	C	D	E	

续表

您在何种程度上同意下列描述	不赞同	不太赞同	一般同意	较同意	完全同意	您的选择
3. 您与您的客户交情都很好	A	B	C	D	E	
4. 您总是能够和他人融洽相处	A	B	C	D	E	
5. 您有很多关系密切交往频繁的亲戚和朋友	A	B	C	D	E	
6. 您频繁交往的人当中很多人具有较高的收入	A	B	C	D	E	
7. 您频繁交往的人当中有不少政府官员	A	B	C	D	E	
8. 你频繁交往的人当中有不少是高学历者	A	B	C	D	E	
9. 在开始创业时,您曾经向很多亲戚朋友征求过意见	A	B	C	D	E	
10. 从创业到现在,很多亲戚朋友向您提供过帮助	A	B	C	D	E	
11. 您的父母能调动较多的资源	A	B	C	D	E	
12. 您相信,当公司遇到困难时,您的亲戚朋友能够帮助您渡过难关	A	B	C	D	E	

第八部分　创业团队

您在何种程度上同意下列对您所在团队的描述	不赞同	不太赞同	一般同意	较同意	完全同意	您的选择
1. 团队成员自创业以来高度稳定	A	B	C	D	E	
2. 团队成员之间彼此非常信任,彼此私人感情也很好	A	B	C	D	E	
3. 团队成员的目标比较一致	A	B	C	D	E	
4. 团队成员具有知识技能上的高度互补性	A	B	C	D	E	
5. 团队成员所学专业涉及技术研发、营销、管理和财务	A	B	C	D	E	
6. 团队成员的知识和技能能够适应企业发展需要	A	B	C	D	E	
7. 团队成员的素质都很高	A	B	C	D	E	
8. 团队成员具有较丰富的本行业从业经验	A	B	C	D	E	
9. 团队成员具有较丰富的本行业或其他行业的管理经验	A	B	C	D	E	
10. 团队整体具有广泛的社会人际关系	A	B	C	D	E	

问卷到此结束,请再检查一遍有没有漏填的问项,再次感谢您的支持!

《新生代创业教育论》
课题组成员

组　　长： 黄兆信

副组长： 李炎炎　黄扬杰

成　　员： 王志强　刘婵娟　张　驰　钟卫东　黄蕾蕾
　　　　　　罗志敏　王占仁　卓泽林　韩冠爽　刘明阳
　　　　　　曾　骊　向　敏　李远煦　林爱菊　赵国靖
　　　　　　杜金宸　张中秋　贺　捷　陈晓忠　陈超祥
　　　　　　徐玉艳　何慧君　刘丝雨　杨　义　谈　丹